◇现代经济与管理类系列教材

新编基础会计学

（第4版）

主编 李 琳 邬 娟

清华大学出版社
北京交通大学出版社
·北京·

内容简介

本书以会计核算方法为主线展开阐述。首先从会计学的基本原理入手,介绍会计的含义,会计的职能、目标及会计核算的方法体系。然后详细地阐述会计的七种核算方法,包括会计科目与账户、复式记账法及其在实务中的具体应用、会计凭证、会计账簿、成本计算、财产清查及会计报表等内容;同时对会计核算组织程序及账户的分类进行了系统的总结。最后,对包括会计法规体系、会计职业道德等会计基础工作进行了说明。

本书的特色在于创新性、系统性、完整性和实用性的有机结合。其创新性体现在依据最新的会计准则和财务会计法规来构建会计核算体系和本书的架构;系统性与完整性体现在教学体系的连续性与完整性;实用性体现在教学上的实用性和可操作性。

本书可供高等院校会计专业和经济管理类专业教学使用,也可供其他层次人员教学、培训使用和参考。

本书封面贴有清华大学出版社防伪标签,无标签者不得销售。
版权所有,侵权必究。侵权举报电话:010-62782989 13501256678 13801310933

图书在版编目(CIP)数据

新编基础会计学 / 李琳,邬娟主编. —4版. —北京:北京交通大学出版社:清华大学出版社,2020.7(2024.9重印)
现代经济与管理类规划教材
ISBN 978-7-5121-3881-0

Ⅰ.①新… Ⅱ.①李… ②邬… Ⅲ.①会计学-高等学校-教材 Ⅳ.①F230

中国版本图书馆 CIP 数据核字(2019)第 065674 号

新编基础会计学
XINBIAN JICHU KUAIJIXUE

策划编辑:吴嫦娥	责任编辑:赵彩云			
出版发行:清华大学出版社	邮编:100084	电话:010-62776969	http://www.tup.com.cn
北京交通大学出版社	邮编:100044	电话:010-51686414	http://www.bjtup.com.cn
印 刷 者:三河市华骏印务包装有限公司				
经 销:全国新华书店				
开 本:185 mm×260 mm 印张:19.25 字数:499千字				
版 次:2019年5月第4版 2024年9月第5次印刷				
书 号:ISBN 978-7-5121-3881-0/F•1862				
印 数:12 001~13 000册 定价:49.00元				

本书如有质量问题,请向北京交通大学出版社质监组反映。对您的意见和批评,我们表示欢迎和感谢。
投诉电话:010-51686043,51686008;传真:010-62225406;E-mail:press@bjtu.edu.cn。

第4版前言

会计是国际通用的商业语言，会计准则对促进全球经贸合作日益发挥重要作用。我国始终根据经济改革和对外开放进程，持续推进中国会计准则与国际准则全面趋同，并与欧盟、中国香港地区实现了会计准则等效。2014年至今，财政部根据经济发展特别是资本市场发展要求，结合国际准则的最新进展，两次大规模地修订、增补了金融工具、收入、公允价值计量、财务报表列报等16项准则，进一步保持了中国会计准则与国际准则的持续趋同。

税收体制是国家治理体系的基础性和支撑性要素。改革开放40年历程中，税制改革始终围绕服务改革开放发展大局而不断推进。自2013年以来，我国进入全面深化改革时期，这是我国改革开放以后税制改革完善的阶段，也是继1994年分税制改革以来税制改革助力经济高质量发展的新跨越。2016年5月1日全面推开营改增试点，增值税在中国实现了对三次产业的全覆盖，实行了60多年的营业税正式退出历史舞台，成功实现了税制平稳转换；2017年7月1日起，简并增值税税率结构，取消13%的增值税税率；2017年11月19日，增值税暂行条例第二次修订通过；2018年5月1日起，增值税税率下调；2019年3月21日，财政部、国家税务总局、海关总署联合发布公告，宣布2019年空前力度的增值税税率下调将于4月1日正式启幕，并公布了一系列深化增值税改革的配套举措。资源税从价计征改革全面推开，2018年12月23日，资源税法草案首次提请十三届全国人大常委会第七次会议审议。2018年1月1日起，施行《中华人民共和国环境保护税法》。

根据新的会计准则和税收法规，我们对《新编基础会计学》（第3版）进行了全面修订，具体分工为：李琳编写第1～5章；邬娟编写第6～11章。其中，邬娟老师在对主要内容的修订整理、图表制作及习题修改方面付出了艰辛的努力。

本次修订主要包括以下内容。

（1）"本章相关法规"栏目内容按照现行会计及税收法规修改，及时传递新法规的要求；补充"学术论文参考"栏目中近年的文献资料，使学习者更好地

I

追踪学术前沿问题。

（2）在第 2 章中，重写所有者权益要素项目，并补充政府会计对于会计核算基础的应用要求；在第 3 章中，修改并补充"其他综合收益"等 7 项会计科目。

（3）在第 5 章中，依据 2017 年 11 月 19 日修订的增值税暂行条例，以及 2018 年、2019 年最新的增值税税率要求，重写生产准备业务和销售业务的核算内容，将材料分为实际成本和计划成本计价核算方式，介绍 2017 年修订的新收入准则，调整"税金及附加""管理费用""营业外收入""营业外支出"账户核算内容。

（4）在第 6 章、第 7 章中，根据 2016 年施行的新会计档案保管办法，修订会计凭证和会计账簿归档保管要求；在第 8 章中，根据增值税暂行条例实施细则修订资产盘亏的增值税处理业务。

（5）在第 9 章中，按照财政部 2018 年度一般企业财务报表格式的要求，修改资产负债表、利润表和所有者权益变动表列示项目及报表格式。

（6）在第 11 章中，根据新修订或发布的会计法、企业会计准则、政府会计准则及相关法规，修订会计法规体系内容；根据 2016 年施行的新会计档案保管办法，重写会计档案的管理内容。

（7）在附录中，根据 2017 年 11 月 4 日第十二届全国人民代表大会常务委员会第三十次会议有关会计法的第二次修正，修订会计法内容；在参考文献中，核查或增加相关条目，同时补充了体现互联网教育时代变革的在线教育平台"中国大学 MOOC"条目，希望每一个有意愿提升自己的学习者都可以免费获得更优质的高等教育资源。

回首十年过往，我们未曾想过本书会如一颗树苗般不断成长，为此，我们由衷感谢北京交通大学出版社吴嫦娥编辑及全体出版人员的辛勤付出。同时，对于始终支持、关心我们的读者，我们也充满深深谢意。不过，我们在这一路上其实更多的是心存忐忑，唯恐不能合理揭示会计领域的内涵。幸好 2018 年诺贝尔医学奖获得者免疫学家本庶佑受访时曾说，"对教科书写的不能都信，要常常保持怀疑的态度，真正的到底是怎样的，这样的心态很重要"，才让我们有些许释然。总之，我们愿携如一的初心，和每位进取的读者继续同行。

编者

2019 年 5 月

第3版前言

经济和资本市场的全球化迅猛发展对世界各国产生日益深刻的影响，作为国际商业活动通用语言的会计准则不断趋同。自2001年4月改组为国际会计准则理事会（International Accounting Standards Board，简称IASB）并宣称制定"全球会计准则"以来，会计准则国际趋同的步伐明显加快。IASB颁布的国际会计准则受到包括欧盟在内全球范围各国的广泛认可，世界上大部分国家和地区已经完成了向国际会计准则的转换。

2006年2月15日，我国财政部正式发布了新会计准则，标志着我国会计准则实现了与国际会计准则的实质趋同。2011年至今，国际会计准则呈现出较大的变化，为了保持和国际会计准则持续趋同，从2014年1月起，财政部先后修订了5项并新增发布了3项具体准则，7月对基本准则进行了修改，经过大规模修订后的企业会计准则将对企业决策产生重大影响，也对企业经济管理人员及时更新知识提出了新要求。

随着我国市场经济的发展，会计改革也不断深入，会计准则体系日趋完善，相关法律法规修订工作不断推进。2011年10月，财政部发布《小企业会计准则》，要求符合适用条件的小企业自2013年1月1日起执行。2012年12月，财政部修订发布《事业单位会计准则》，自2013年1月1日起在各级各类事业单位施行。2013年12月，财政部发布《企业会计信息化工作规范》，自2014年1月6日起施行。2014年7月，《会计法》的修订工作正式启动；8月，十二届全国人大常委会第十次会议表决通过关于修改《注册会计师法》等五部法律的决定；12月，财政部发布《会计档案管理办法（征求意见稿）》，公开征求意见。此外，2014年4月财政部对会计从业资格考试大纲进行了全新修订，自2014年10月1日起施行。

反映会计领域的最新变化、帮助学习者增进对新内容的理解，是会计教育工作者的使命和责任，有基于此，我们对《新编基础会计学》（第2版）进行了相应的修订，主要包括如下方面。

（1）全书的"本章相关法规"栏目，根据现行法规进行修改，第5章、第9

章和第 11 章的相关条目集中展现了会计法规的变化。

（2）充分体现新的会计从业资格考试大纲要求，从而帮助学习者能够合理准备考试：第 1 章，补充会计"评价经营业绩"职能；第 6 章，补充原始凭证填制手续完备的要求；第 7 章，增加"横线登记式明细分类账"类别；第 8 章，增加"按清查的执行系统"分类方式，补充清查结果处理的步骤。

（3）在第 2 章中，按照新修订的《企业会计准则——基本准则》修改"公允价值"定义，在公允价值计量下，资产和负债按照市场参与者在计量日发生的有序交易中，出售资产所能收到或者转移负债所需支付的价格计量。

（4）在第 9 章中，按照新修订的《企业会计准则第 30 号——财务报表列报》全面修改会计报表的编制要求，强调企业持续经营的能力、报表项目的重要性等；重新确定资产负债表、利润表、所有者权益变动表和附注的列示内容，增加了如综合收益、有助于财务报表使用者评价企业管理资本的目标和政策及程序的信息等项目。

（5）在第 11 章中，修订我国会计法规体系内容，参照会计档案管理办法的征求意见修改企业会计档案保管期限表，根据新法规重写会计电算化小节并修改课后习题。

（6）在参考文献里，修订网站名称及网址，补充果壳网 MOOC 学院开放在线互动课程、网易公开课 Coursera 官方中文学习社区条目，希望读者能充分利用互联网实现自主学习，激发学习兴趣、促进沟通与合作能力、提高专业英语素养。

最后，我们向本书的读者由衷地表示感谢。七年来，我们在教学中能得到大家积极的支持和配合实在是荣幸之事，尤其是大连海事大学和吉林工商学院的同学，你们认真的求知态度将始终是我们不断前行的动力。真诚祝福大家在学习及人生的路途上"Stay hungry. Stay foolish."

编者
2015 年 5 月

第2版前言

管理的关键在于决策，而决策的依据源自信息。会计作为一个经济信息系统，需要向组织内部和外部的使用者提供有助于决策的信息。"基础会计学"是经济管理类专业的重要专业基础必修课，为学习者提供了解和掌握从事经济管理、企业管理等理论与实务工作所必需的会计学基础知识。

本书第1版始于2008年2月，遵循了我国现行的会计准则体系，体现了创新性、系统性、完整性和实用性的特点。自出版以来，本书得到了众多读者的认可，共印刷5次，累计发行量达16 000册。对于《新编基础会计学》的第2版，我们根据新修订的税法及相关法规的变化、会计工作方面的新规定以及在会计教学中遇到的问题，及时对有关章节做了相应的修改和补充。同时，我们还尝试将国际上优秀的会计教学理念和方法融入本书修订之中。主要体现在以下6个方面。

(1) 每章的开篇，采用导入案例或故事的形式，让读者在对章节主要内容有初步了解的基础上，进一步激发深入学习的兴趣。

(2) 每章的阅读资料中，增加了"学术论文参考"栏目，引导读者提高文献信息查询能力，开阔会计知识视野，逐步培养学术研究的良好习惯。

(3) 第2章内容中，引入国际上通行的"会计等式分析法"，补充财务报表简介，通过会计等式把经济业务与财务报表紧密结合起来，清晰揭示经济业务、会计等式与会计报表之间的内在联系，便于读者的理解与应用。

(4) 为了更好地帮助学习者掌握企业主要经济活动的业务核算，并力求核算结果的合理性，按照新修订的税法等法规对第5章相关业务进行了删减及数字调整；同时，将原来第6章中账户分类的主要内容合并到第5章，以增强学习者对相关账户形成完整的认识体系。

(5) 在第9章内容中，补充了财务报表分析简介，强调合理利用财务报表信息的重要性，力图从使用者的视角理解会计信息对于决策的有用性。

(6) 在第1、第9章的习题中，补充了"互联网搜索练习"，有助于推进读者将所学的会计学理论知识与丰富多彩的资本市场实践活动实现有机结合。

参与本书修订的人员为付丽（哈尔滨商业大学）、李琳（大连海事大学）、邬娟（大连海事大学）和方佳敏（吉林工商学院）。其中，李琳老师在从再版思路的形成到主要内容的修订、整理，以及人员交流沟通方面做了大量辛苦的工作；哈尔滨商业大学的硕士研究生赵娟霞同学为本次的修订稿进行了校对。

本书第1版得到了广大读者的肯定和大力支持，我们在此表示深深的谢意，特别要提到的是大连海事大学2006—2010级学生，他们在教学中提出了许多非常有益的意见和建议。最后，我们由衷希望本书第2版能得到读者一如既往地支持和使用，并始终欢迎各位不断对本书提出批评和指正，联系邮箱为 fuli6704@sina.com、lintiger74@163.com、wujuan1029@gmail.com、ccfjm@sina.com。如需教学PPT、课后习题参考答案，请从北京交通大学出版社网站 http://press.bjtu.edu.cn 下载或发邮件至 cbswce@jg.bjtu.edu.cn 索取。

编者
2011年4月

前　言

　　基础会计学是高等院校经济管理类专业一门重要的专业基础必修课程。它为其他各门专业会计课程的学习奠定了基础。

　　2006 年是我国会计改革取得突破的一年，2 月 15 日，新企业会计准则的颁布，使我国会计准则与国际会计准则达到了实质性趋同。新的企业会计准则体系由 1 项基本准则和 38 项具体准则构成。新准则是在立足国情的前提下，充分体现理念创新、体系创新、内容创新、国际趋同的特点，是一套可以独立实施的会计准则体系。同时，新会计准则体系也适应了我国进一步改革开放的需要，顺应中国经济融入世界潮流，促进中国会计行业"做大、做强、走出去"发展战略的实施。

　　会计准则体系的不断发展与完善，对会计人员及相关人员的会计知识水平、业务技能及素质提出了更高的要求，也为培养学生提出了新的目标。因此，为适应新准则的变化，进行教学内容的更新，我们编写了本教材。本教材是我们在长期从事会计理论和会计实务教学与研究的基础上，以现代会计理论为基石，积极吸收会计研究的最新成果，同时充分借鉴国内外同类教材的成功经验，以《会计法》和 2006 年发布的企业会计准则体系为依据来完成的。

　　本书的特色主要表现为以下四个方面。

　　1. 创新性。本教材的优势在于突出"新"的特点，依据最新的财务会计法规和会计准则，汲取最新的一些研究成果，总结、提炼出编者多年的教学经验和实践经验，具有创新性。

　　2. 系统性。在教材内容的设置上，完全符合由浅入深、由简入繁的教学规律，通俗易懂地阐述教学内容。并保证与中级财务会计课程的衔接，体现出会计学教学的连续性与系统性。

　　3. 完整性。本书主要阐述会计学的基本理论、基本技能、基本方法。在每一种方法的讲解中，体现内容的完整性。让本科阶段低年级的学生系统地了解新准则下会计的基本操作方法，教材针对性强。

　　4. 实用性。本书在明确概念的基础上，采用实例进行说明。另外，本书在结构安排上有自己的独到之处：每一章的开篇有"学习目标"的说明，每章结尾有"本章小结"、"英文关键词"及"阅读材料"和"相关法规"的补充说明。此外，在每章的后面都附有相应的练习题作为课程内容的补充，对于教学有较强的实用性和可操作性。

本书由付丽、李琳主编。具体分工为：付丽编写第1~5章；李琳编写第6~12章。本书可供高等院校会计专业和经济管理类专业教学使用，也可供其他层次人员教学、培训使用和参考。

本书在编写过程中，得到了多方面的大力支持。专业负责人刘斌教授为本书的出版起到了巨大的推动作用，郭恩才教授、周东生教授、周显文副教授和谭小芳老师等各位同仁给予了诸多支持和帮助。本书还参考了国内外相关教材、论著等许多宝贵资料，在此一并感谢。北京交通大学出版社编辑吴嫦娥女士为本书的出版做了大量辛苦的工作，她的工作热情和豁达的性格，令我们感动。也正是由于她的力促才使本书得以顺利出版，在此向她及北京交通大学出版社相关人员一并表示衷心感谢。

本书课后练习题答案，可从北京交通大学出版社网站（http：//press.bjtu.edu.cn）下载或发邮件至 cbswce@jg.bjtu.edu.cn 索取。

由于作者水平有限，书中疏漏之处在所难免，恳请读者斧正。联系方式：fuli6704@sina.com，lintiger74@163.com。

编者

2008年1月

目 录

第1章　总论 ………………………………… 1
　1.1　会计概述 ………………………………… 2
　1.2　会计的职能和目标 ……………………… 5
　1.3　会计对象 ………………………………… 9
　1.4　会计假设 ………………………………… 11
　1.5　会计信息质量要求原则 ………………… 13
　1.6　会计方法 ………………………………… 15
　1.7　会计学与会计学科体系 ………………… 19
　◇　本章小结 ………………………………… 20
　◇　英文专业词汇 …………………………… 20
　◇　本章相关法规 …………………………… 21
　◇　阅读材料 ………………………………… 21
　◇　学术论文参考 …………………………… 22
　◇　本章练习题 ……………………………… 22

第2章　会计要素与会计等式 ……………… 25
　2.1　会计要素 ………………………………… 26
　2.2　会计核算基础和会计计量属性 ………… 33
　2.3　会计等式 ………………………………… 34
　2.4　财务报表简介 …………………………… 40
　◇　本章小结 ………………………………… 41
　◇　英文专业词汇 …………………………… 42
　◇　本章相关法规 …………………………… 42
　◇　阅读材料 ………………………………… 43
　◇　学术论文参考 …………………………… 43
　◇　本章练习题 ……………………………… 44

第3章　会计科目与账户 …………………… 47
　3.1　会计科目 ………………………………… 48
　3.2　账户 ……………………………………… 51
　◇　本章小结 ………………………………… 53
　◇　英文专业词汇 …………………………… 53
　◇　本章相关法规 …………………………… 53
　◇　阅读资料 ………………………………… 54
　◇　学术论文参考 …………………………… 54
　◇　本章练习题 ……………………………… 55

第4章　复式记账 …………………………… 59
　4.1　复式记账原理 …………………………… 60
　4.2　借贷记账法 ……………………………… 61
　4.3　总分类账户与明细分类账户 …………… 72
　◇　本章小结 ………………………………… 76
　◇　英文专业词汇 …………………………… 77
　◇　本章相关法规 …………………………… 77
　◇　阅读材料 ………………………………… 77
　◇　学术论文参考 …………………………… 78
　◇　本章练习题 ……………………………… 78

第5章　制造企业主要经济业务的核算 …… 82
　5.1　制造企业主要经济业务的内容 ………… 83
　5.2　资金筹集业务的核算 …………………… 83
　5.3　生产准备业务的核算 …………………… 86
　5.4　产品生产业务的核算 …………………… 98
　5.5　产品销售业务的核算 …………………… 106
　5.6　财务成果业务的核算 …………………… 111
　5.7　账户的分类 ……………………………… 119
　◇　本章小结 ………………………………… 129
　◇　英文专业词汇 …………………………… 130
　◇　本章相关法规 …………………………… 130
　◇　阅读材料 ………………………………… 132
　◇　学术论文参考 …………………………… 132
　◇　本章练习题 ……………………………… 133

第6章　会计凭证 …………………………… 140
　6.1　会计凭证的意义和种类 ………………… 141
　6.2　原始凭证 ………………………………… 142

6.3 记账凭证 …… 146
6.4 会计凭证的传递与保管 …… 151
◇ 本章小结 …… 153
◇ 英文专业词汇 …… 153
◇ 本章相关法规 …… 153
◇ 阅读材料 …… 154
◇ 学术论文参考 …… 154
◇ 本章练习题 …… 154

第 7 章 会计账簿 …… 158
7.1 会计账簿的意义和种类 …… 159
7.2 会计账簿的启用和记账规则 …… 161
7.3 会计账簿的登记 …… 163
7.4 对账和结账 …… 171
7.5 错账查找与更正 …… 173
7.6 账簿的更换和保管 …… 175
◇ 本章小结 …… 176
◇ 英文专业词汇 …… 177
◇ 本章相关法规 …… 177
◇ 阅读材料 …… 177
◇ 学术论文参考 …… 178
◇ 本章练习题 …… 178

第 8 章 财产清查 …… 182
8.1 财产清查的意义 …… 183
8.2 财产清查的种类和准备工作 …… 183
8.3 财产清查的方法 …… 185
8.4 财产清查结果的处理 …… 190
◇ 本章小结 …… 194
◇ 英文专业词汇 …… 195
◇ 本章相关法规 …… 195
◇ 阅读材料 …… 196
◇ 学术论文参考 …… 196
◇ 本章练习题 …… 196

第 9 章 财务会计报告 …… 200
9.1 财务会计报告概述 …… 201
9.2 资产负债表 …… 205
9.3 利润表 …… 216
9.4 现金流量表 …… 224
9.5 所有者权益变动表 …… 230
9.6 会计报表附注 …… 232

9.7 财务报表分析简介 …… 233
◇ 本章小结 …… 236
◇ 英文专业词汇 …… 236
◇ 本章相关法规 …… 237
◇ 阅读材料 …… 238
◇ 学术论文参考 …… 238
◇ 本章练习题 …… 238

第 10 章 会计核算组织程序 …… 244
10.1 会计核算组织程序的意义和种类 …… 245
10.2 记账凭证核算组织程序 …… 246
10.3 科目汇总表核算组织程序 …… 247
10.4 汇总记账凭证核算组织程序 …… 249
10.5 多栏式日记账核算组织程序 …… 250
10.6 日记总账核算组织程序 …… 252
◇ 本章小结 …… 253
◇ 英文专业词汇 …… 254
◇ 本章相关法规 …… 254
◇ 阅读材料 …… 254
◇ 学术论文参考 …… 255
◇ 本章练习题 …… 255

第 11 章 会计基础工作 …… 260
11.1 会计法规体系 …… 261
11.2 会计工作组织 …… 265
11.3 会计人员的职业道德 …… 270
11.4 会计电算化 …… 272
◇ 本章小结 …… 276
◇ 英文专业词汇 …… 276
◇ 本章相关法规 …… 276
◇ 阅读材料 …… 278
◇ 学术论文参考 …… 278
◇ 本章练习题 …… 279

附录 A 中华人民共和国会计法 …… 282
附录 B 企业会计准则——基本准则 …… 289
参考文献 …… 294

第 1 章

总　　论

【学习目标】

本章阐述会计学的基本理论问题。通过本章的学习，要求：(1) 明确会计的基本职能是核算和监督；(2) 在理解会计含义的基础上，深刻理解会计的对象，包括一般对象和具体对象；(3) 明确会计的职能和目标；(4) 掌握会计假设和信息质量要求；(5) 熟悉会计核算方法；(6) 了解会计学科体系的组成。

【案例或故事】

会计很重要吗？

提到会计，大概很少有人没听说过。在生活中，我们都曾使用过某种形式的会计信息。例如，当你决定是否上大学时，就会考虑学习的相关费用（学费、书本费等），同时，还会考虑收益（获得高薪职位的能力或者更满意的工作）。类似地，当你考虑是否买车时，会使用会计形式的信息来确定自己是否能买得起，以及是租还是买。在经济飞速发展的今天，即使你可能不做一名会计人员，但无论是在个人生活还是职业工作方面，会计对我们每个人来说都是重要的。假定你是一家餐厅的出资人或者经理，正考虑在周边的城镇再开一家分店。那么，餐厅的会计信息将成为你在决定是否新设分店，或者对于银行而言是其决定应否对该项目提供贷款支持的主要因素。

通过本章学习，将有助于你了解会计的一些基本知识。

1.1 会计概述

1.1.1 会计的产生和发展

会计是经济管理的重要组成部分，它是适应社会生产的发展和经济管理的需要而产生和发展的。物质资料的生产，是人类社会生存和发展的基础。进行生产活动，一方面要创造物质财富，取得劳动成果；另一方面又要发生劳动消耗，耗费人力和物力。在社会生产实践活动中，人们总是力求以尽可能少的劳动消耗，取得尽可能多的劳动成果。也就是要求少投入、多产出，提高经济效益。因此，为了合理地安排生产，了解生产过程的所耗与所得，就需要对劳动耗费和劳动成果进行记录和计算，并将发生的劳动耗费和取得的劳动成果加以比较和分析，据以总结过去，了解现状，预测未来。会计就是适应社会生产的这种需要而产生的。

会计的发展经历了以下三个发展阶段。

1. 古代会计

会计产生初期只是"生产职能的附带部分"，即由生产者凭头脑记忆或简单记录，在生产时间之外附带地把收支情况、支付日期等记载下来。只有当社会生产力发展到一定水平，出现了剩余产品，出现了社会分工和私有制，会计才逐渐"从生产职能中分离出来，成为特殊的专门委托当事人的独立职能"。在国外，埃及《泽兰莎草纸稿》（以下简称《纸稿》）记载了埃及托勒密二世的财政大臣阿波罗尼斯私人庄园的财产和收支。《纸稿》证明，远在2 000多年前，埃及的大奴隶主就利用会计对钱粮财物进行管理和监督。在我国，根据《周礼》记述，我国西周王朝时期，经济已经相当繁荣，计量和记录也发展到了很高的水平，建立起了一套比较完整的会计工作系统，设有"司书""司会"等官职，专门从事会计工作。当然，早期的会计是比较简单的，只是对财物收支进行实物数量的记录和计算。在我国奴隶社会和封建社会时期，各级官府为了管理通过贡赋租税等方式获取、占有的钱粮财物，逐步建立和完善了官厅政府的收付会计。官厅会计便成为我国古代会计的中心，主要计量、记录、计算和考核朝廷的财物赋税收支，这是古代会计的显著特征。

随着社会生产力的发展和生产规模的社会化，会计经历了一个由简单到复杂、由低级到高级的发展过程。它从早期对实物数量的简单记录和计算，逐渐发展成为用货币作为计量单位来进行综合核算和管理监督。在我国，从秦汉到唐宋，在生产力发展的基础上，逐步形成了一套记算账的古代会计的基本模式，即"四柱清册"方法。所谓"四柱"，是指"旧管""新收""开除""实在"，分别相当于"上期结存""本期收入""本期支出""本期结存"。"四柱清册"方法，把一定时期财物收支记录，通过"旧管＋新收＝开除＋实在"这一关系式进行总结验证，既可检查日常财物收支记录的正确性，又可系统、全面、综合地反映财物收支的全貌。"四柱清册"方法是我国古代会计的一大杰出成就。

2. 近代会计

近代会计是商品经济发达的产物。在十四五世纪，地中海沿岸的一些城市如意大利的热那亚、威尼斯、佛罗伦萨等商业、手工业、金融业有了很快的发展，海上贸易繁荣，出现了广泛的信用交易，产生了合伙经营形式和委托代理关系。这时，人们需要详细记录债权债务关系，合理分配合伙经营的利润，反映受托商人的收支业务。为了满足这种要求，就需要建立科学的簿记系统，以便完整、系统地记录经济业务。因此，产生了借贷复式记账法。1494年，意大利数学家卢卡·帕乔利（Luca Pacioli）所著《算术、几何、比与比例概要》一书在威尼斯出版，书中专设"簿记论"篇，第一次系统地介绍了借贷复式记账法，并从理论上作了阐述。"簿记论"的问世，标志着近代会计的开始，卢卡·帕乔利被称为"近代会计之父"。

在我国，明末清初，随着手工业、商业、金融业的发展，民间会计才逐步形成并达到一定水平。先后出现了"龙门账""三脚账""四脚账"等比较科学的会计方法，但在19世纪中叶以前，会计方法与理论仍较为落后。19世纪中叶以后，以借贷复式记账法为主要内容的"英式会计""美式会计"传入我国，此时我国会计学者也致力于"西式会计"的传播。这对改革中式簿记、推行近代会计、促进我国会计的发展起到一定的作用。

3. 现代会计

第二次世界大战以后，跨国公司大量涌现，企业规模愈来愈大，生产经营日趋复杂，企业间的竞争越来越激烈。为适应这种竞争的需要，企业迫切地需要降低成本，标准成本法的产生及管理会计的迅速发展，丰富了会计的内涵和外延，形成了财务会计和管理会计两大分支；丰富的社会经济实践为会计理论的逐渐形成提供了肥沃的土壤，会计成为一门应用性学科；会计标准和会计规范逐渐形成及完善，会计标准的国际化问题不断引起人们的重视；股份制公司的出现，使得社会资本不断集中，随之而来的是上市公司的出现，资本市场的产生和不断完善，使得会计信息的重要性为世人瞩目，在社会中客观上形成了注册会计师对会计报表的真实性、公允性发表审计意见的制度。一般认为，管理会计的形成与财务会计相分离而成为独立的学科，是现代会计的开端。进入20世纪70年代以后，会计进入了以电子技术和网络技术为主导的全新发展时期。

新中国成立以后，我国实行高度集中的计划经济体制，引进了与此相适应的前苏联计划经济会计模式，对旧中国会计制度与方法进行改造与革新。改革开放以后，为了适应社会主义市场经济发展的需要，会计理论与会计工作以前所未有的速度和质量迅速发展。1993年7月1日，我国对会计模式进行了重大的变革，出台了与国际会计惯例相适应的《企业会计准则》和《企业财务通则》，我国财政部从1997年开始陆续颁布了《关联方关系及其交易的披露》等具体会计准则。之后，为适应我国市场经济发展和经济全球化的需要，按照立足国情、国际趋同、涵盖广泛、独立实施的原则，财政部对上述准则作了系统的修改，并制定了一系列新的准则，于2006年2月15日，发布了包括《企业会计准则——基本准则》和38项具体准则；2006年10月30日，又发布了《企业会计准则——应用指南》，后续还制定了会计准则解释等；2013年1月1日起，实施《小企业会计准则》和《事业单位会计准则》；2014年1月起，财政部先后修订了5项并增补了3项具体准则，还对《企业会计准则——基本准则》进行了修改；2016至2018年，财政部对企业会计准则进行了第二次大规模地修订和增补，修订了7项并新增1项具体准则，截至2019年3月，已发布的企业会计准则包括1项基本准则、42项具体准则及相关准则应用指南和准则解释、会计处理规定等；此外，2016年6月财政部印发了《管理会计基本指引》，2017年1月1日起实施《政府会计准则——基本准则》，不断完善我国会计准则体系的建设，与国际会计准则保持持续趋同。

综上所述，会计是适应社会生产力的发展和经济管理的需要而产生和发展的，"经济越发展，会计越重要"。经济的发展，促进了会计理论、方法和技术的进步；会计方法、技术的发展又推动了社会文明的进程。

1.1.2 会计的含义

"会计"一词由来已久，随着时代的发展和社会的进步，人们对它的认识和理解也在不断地深化。由于会计本身是随着社会经济环境的不断演变和发展而产生和发展的，因此，社会经济环境的发展变化推动了会计方法的逐步更新和会计理论的不断丰富。尽管会计从产生到现在已有几千年的历史，但是，对于这一基本问题，古今中外却一直没有一个明确、统一的说法。究其原因，关键在于人们对会计的本质有着不同的认识，从而出现了不同的会计定义。下面将通过回顾国内外会计学界针对会计本质问题所形成的两种主流学派观点，以便在此基础上给出会计的含义。

1. 会计管理活动论

会计管理活动论认为会计的本质是一种经济管理活动。将会计作为一种管理活动并使用"会计管理"这一概念在西方管理理论学派中早已存在。"古典管理理论"的学派代表人物法约尔把会计活动列为经营的6种职能活动之一；美国人卢瑟·古利克把会计管理列为管理化功能之一；20世纪60年代以后出现的"管理经济会计学派"则认为进行经济分析和建立管理会计制度就是管理。

我国最早提倡会计管理活动的是杨纪琬、阎达五教授。他们认为，无论从理论上还是从实践上看，会计不仅仅是管理经济的工具，它本身就具有管理的职能，是人们从事管理的一种活动。杨纪琬、阎达五教授对会计的本质进行了深入的探讨，逐渐形成了较为系统的"会计管理活动论"。杨纪琬教授认为，"会计管理"的概念是建立在"会计是一种管理活动，是一项经济管理工作"这一认识基础上的，通常讲的"会计"就是"会计工作"。他还认为，"会计"和"会计管理"是同一概念，"会计管理"是"会计"这一概念的深化，反映了会计工作的本质属性。阎达五教授指出，会计作为经济管理活动的组成部分，它的核算和监督内容及应达到的目的受不同社会制度的制约。

2. 会计信息系统论

会计信息系统论，就是把会计理解为提供信息以供决策的一个系统。会计信息系统理论的思想最早起源于美国的会计学家A.C.利特尔顿。他在1953年编写的《会计理论结构》一书中指出，"会计是一门特殊门类的信息服务"，"会计的显著目的在于对一个企业经济活动提供某种有意义的信息"。20世纪60年代后期，随着信息论、系统论和控制论的发展，美国的会计学界和会计职业界倾向于将会计的本质定义为会计信息系统。如1966年美国会计学会在其发表的《会计基本理论说明书》中明确指出："会计是一个信息系统。"从此，这个概念便开始广为流传。20世纪70年代以来，将会计定义为"一个信息系统"的观点，在许多会计名著中流行。

在我国，较早接受会计是一个信息系统的会计学家是余绪缨教授。他于1980年开始在《要从发展的观点看会计学的科学属性》一文中首先提出了这一观点。目前在我国具有代表性的观点是由葛家澍、唐予华教授于1983年提出的。他们认为："会计是为提高企业和各单位的经济效益，加强经济管理而建立的一个以提供财务信息为主的经济信息系统。"

关于会计含义的解释除了上面的两种主流学派观点外，还有两种观点：一是管理工具论，即把会计理解为一种管理工具或方法；二是艺术论，即把会计理解为科学、技巧和经验相结合的艺术。通过关于主流学派对会计含义理解的分析，我们可以看到，由于对会计本质认识存在的差异，所以就形成了不同的会计含义。

"管理论"可以理解为与"受托责任观"的会计目标相一致；而"信息论"又与"决策有用观"的理念相吻合。所以在本书中，我们将"管理论"和"信息论"加以综合，对会计做出如下定义：会计是经济管理的重要组成部分，是以货币为主要计量单位，并利用专门的方法和程序，对企业和行政、事业单位的经济活动进行连续、系统、全面的核算和监督，提供以财务信息为主的经济信息，为外部有关各方的投资、信贷决策服务，是为强化内部经济管理和提高经济效益服务的一个经济信息系统。

1.2 会计的职能和目标

1.2.1 会计的职能

会计作为经济管理的组成部分，是通过会计的职能来实现的。会计的职能是指会计在经济管理中所具有的功能。马克思曾经指出，会计是对生产"过程的控制和观念总结"。这是对会计职能的科学概括。所谓"观念总结"，一般理解就是核算；所谓"控制"，一般理解主要是指监督。会计的基本职能包括会计核算和会计监督。

1. 会计核算职能

会计核算职能，是会计最基本的职能。会计核算贯穿会计工作的全过程，是指以货币为主要计量单位，运用会计的专门方法，对各会计主体所发生的经济业务进行确认、计量、记录和报告，以便提供全面、系统、可靠和相关的会计信息。会计核算职能具有以下特点。

（1）会计是以货币为主要计量单位，从价值量上反映各单位的经济活动情况。人们不可能单凭观察和记忆掌握经济活动的全面情况，也不可能简单地将不同类别的经济业务加以计量、汇总，只有通过一定程序进行加工处理后生成并以价值量表现的会计数据，才能掌握经济活动的全过程及其结果。会计上可以采用的计量单位有三种量度，即货币量度、实物量度和劳动量度，但是在商品经济条件下，人们主要利用货币计量，通过价值量的核算来综合反映经济活动的过程和结果。所以，会计核算是以货币为主要量度，以实物量度和劳动量度作为辅助量度。

(2) 会计核算主要是对已经发生的经济活动进行事后的记录、核算、分析，通过加工处理大量的信息资料，反映经济活动的现实状况及历史状况，这是会计核算的基础工作。只有在每项经济业务发生或完成以后，才能取得该项经济业务完成的书面证明，这种凭证具有客观性和可验证性，据以登记账簿，才能保证会计所提供的信息真实可靠。

(3) 会计核算具有完整性、连续性和系统性。所谓完整性，是指凡属会计反映的内容都必须加以记录，不能遗漏；所谓连续性，是指会计对每笔经济业务所做的反映，必须按照发生的时间顺序，自始至终不可间断；所谓系统性，是指进行会计核算时，必须采用一整套科学的核算方法，对会计信息进行系统的加工、整理和汇总，以便提供系统化的数据和资料，从而可以揭示客观经济活动的规律性。

2. 会计监督职能

会计监督是会计的另一个基本职能。会计监督是指会计按照一定的目的和要求，利用会计核算所提供的信息资料，对会计主体经济活动的合法性、合理性和有效性进行控制和指导，使之达到预期的管理目标。其特点有以下三个方面。

(1) 会计监督主要是利用核算职能提供的各种价值指标进行的货币监督。为了便于监督，有时还需要制定一些可供检查、分析利用的价值指标，用来监督和控制有关经济活动，以免出现大的偏差。由于各单位进行的经济活动，同时伴随着价值运动，表现为各种资产、负债、所有者权益等价值量的增减和价值形态的转化，因此，会计监督与其他各种监督相比，是一种更为有效的监督。会计监督通过价值指标可以全面、及时和有效地控制各会计主体的经济活动。

(2) 会计监督是对经济活动全过程进行的监督。会计实行对经济活动过程进行事前监督、事中监督和事后监督相结合的全面的会计监督。会计的事前监督是在经济活动开始前进行的监督，即审查未来经济活动的合理性和合法性，以及在经济上的可行性；事中监督是对正在发生的经济活动进行的审查，审查各项经济活动是否符合国家有关政策、法规和制度的规定，以及有关计划和预算的要求，揭示存在的问题，及时纠正存在的偏差及失误，提出改进意见，使其按照预定的目标及规定的要求进行，发挥控制经济活动进程的作用；事后监督是在经济活动之后，利用系统的会计核算资料，进行反馈控制，加强事后的考核、分析和评价，监督经济活动的有效性。

(3) 会计监督必须以国家的财经法规和财经纪律为依据。财经法规和财经纪律是保证财经工作顺利进行的重要保证。为此，应做到会计监督依据的合法性和合理性。合法性的依据是国家颁布的财经法律、法规、规章和制度；合理性的依据是客观经济规律及经营管理方法的要求。会计监督的目的就是保证企业经济活动的合理、合法，即保证企业的会计核算按照国家的有关法律、法规及相关的会计准则、会计惯例来进行，尽可能保证经济活动的真实性。

3. 会计核算职能和监督职能的关系

核算和监督是会计的两大基本职能。核算职能是监督职能的基础，没有核算职能提供的信息，就不可能进行会计监督。因为如果没有核算提供完整、可靠的会计信息资料，会计监督就失去了基础。同时，会计监督又是会计核算的保证，没有会计监督就不能为会计信息的使用者提供可靠的会计信息，也就不能保证会计信息的质量。离开了会计监督，会计核算就毫无意义。因此，会计的这两个基本职能是密切结合，相辅相成的。

4. 会计基本职能的发展

随着社会的进步、经济的发展，市场竞争日趋激烈，企业规模不断扩大，经济活动日益复杂化，要求经营管理加强预见性。为此，会计的职能得到进一步的发展和完善，出现了一些新的职能。会计核算由事后的核算发展到事前核算、分析和预测未来经济前景，为经营决策和管理控制提供更多的经济信息，从而更好地发挥会计的管理功能，进而出现了会计预测、会计决策和评价经营业绩等职能。在目前会计界比较流行的是会计的"六职能"论，即会计核算职能、会计监督职能、会计控制职能、会计分析职能、会计预测职能和会计决策职能。

1.2.2 会计的目标

会计的目标是指会计工作所要达到的终极目的。它直接反映着社会经济的变化。制约和影响会计目标的外部环境的因素多种多样（包括经济、法律、政治、社会环境），所有因素的变化都会影响到会计目标的变化，也就是说有什么样的环境，就会有什么样的会计目标，而会计目标又必须与不断变化的外部环境相适应。

在关于会计目标的问题上，中外会计学界先后出现了"受托责任观"和"决策有用观"两种对会计目标的不同认识。前者主要形成于公司制度的盛行时期，强调会计目标在于通过真实、可靠的财务报告，解释受托人的受托责任；后者则形成于资本市场发达的时期，强调会计目标在于为决策者提供与决策相关的会计信息。这两种观点适用的经济环境不同，受托责任观要求两权分离是直接进行的，所有者与经营者都十分明确，二者直接建立委托受托关系，没有缺位和模糊的现象；而决策有用观要求两权分离必须通过资本市场进行，二者不能直接交流，委托者在资本市场上以一个整体出现，从而二者的委托关系变得模糊不清。

但在现代企业制度中，这两种观点都是委托与受托代理关系中必不可少的。报告受托责任是外部利益关系人进行投资决策与信贷决策等决策行为的基础；而提供与决策相关的信息则是为了更好地完成受托责任，它们是互相影响、互为前提并不断循环下去的。事实上，由于现代企业错综复杂，促使会计不能满足于单纯地提供某一类信息，而产生会计具体目标呈多样化的要求。正因为如此，为适应现代企业制度外部委托者与内部管理者的不同信息的需求，会计信息系统产生了"同源分流"，形成了财务会计与管理会计两个独立的分支。因此，现代会计的目标将"受托责任观"与"决策有用观"有机地结合起来。

我国2006年颁布的《企业会计准则——基本准则》规定："财务会计报告的目标是向财务会计报告使用者提供与企业财务状况、经营成果和现金流量等有关的会计信息，反映企业管理层受托责任履行情况，有助于财务会计报告使用者作出经济决策。"据此，将企业会计的目标归纳为以下几个方面。

1. 会计要为满足国家宏观经济管理和调控提供会计信息

我国要建立社会主义市场经济体制，就是要使市场在国家宏观调控下，对资源的配置起基础性作用，使经济活动遵循价值规律的要求，适应供求关系的变化。通过价格杠杆和竞争机制的功能，把资源配置到合理的环节中去，并给企业以压力和动力，实质是优胜劣汰，促进生产和需求的及时协调。因此，会计的首要目标必须为衡量、预测、评价企业的资源分布及企业分配方案的制订与执行过程等提供信息，为国家制定税收政策、信贷政策及其他经济政策、加强宏观经济调控提供必要的会计信息。为了满足国家宏观经济调控的需要，会计核算行为必须符合国家和各种法律、法规与制度等规定，特别是应依照国家统一规范的会计确认、计量、记录与报告的标准与方法等，以统一的财务报告等形式反映企业的财务状况、经营成果及现金流量变动情况。

2. 会计要为企业外部利益相关者了解企业财务状况和经营成果提供会计信息

企业外部利益主体是多种多样的，主要包括投资者、债权人、社会公众等不同的利益主体。他们对财务报告信息的要求是不同的，在市场经济条件下，企业会计信息的使用者越来越关注企业的财务状况和经营成果。根据决策有用目标，投资者要及时地了解其所投入资源的变化情况；如实了解企业的各项收入、费用、利得和损失的金额及其变化情况；如实了解企业各项经营活动、投资活动和筹资活动所形成的现金流入和流出情况等，从而有助于现时或潜在的投资者正确、合理地评价企业的资产质量、偿债能力、盈利能力和营运效率等；有助于投资者根据相关的信息作出理性的投资决策；有助于投资者评估与投资有关的未来现金流量金额、时间和风险等。

企业贷款人、供应商等债权人主要关心企业的偿债能力和财务风险，他们需要相应的会计信息来评估企业能否如期支付贷款的本金和利息，能否如期归还所欠的货款等；社会公众同样关心企业的生产经营活动，包括对本地区经济做出的贡献，如增加就业、刺激消费、提供社区服务、环境保护等。一般情况下，为实现会计目标所提供的会计信息能够满足这一群体的会计信息的需求，也可以满足其他使用者的大部分信息需求。

3. 会计要为满足企业内部管理提供会计信息

企业管理当局必须重视企业当前的财务状况，以保持一定的偿债能力，也必须重视未来的盈利能力，注意调整经营和投资决策，以保证获得最佳的经济效益。会计是企业内部重要的信息系统，会计提供准确、可靠的信息，有助于决策者进行合理的决策，有助于强化内部管理。在激烈的市场竞争环境下，强化企业内部管理，强化企业在市场中的竞争能力，是会计服务于企业内部经济管理的一个重要内容，也是建立社会主义市场经济的必然要求。

4. 会计信息要反映管理层受托责任的履行情况

现代企业制度强调企业所有权与经营权的分离，企业管理层是受委托人的委托来经营管理企业及其各项资产，负有受托责任。企业管理层有责任妥善保管，合理、有效地运用这些资产。企业的投资人和债权人等需要及时或经常地了解企业管理层保管、使用资产情况，以便于评价企业管理层责任的履行情况和业绩情况，并决定是否需要调整投资者的投资决策或债权人的信贷决策，是否需要加强企业内部控制和其他制度建设，是否需要更换管理层等。

1.3 会 计 对 象

1.3.1 会计的一般对象

会计对象是指会计所要核算和监督的内容。会计对象就是会计的客体,是会计以其专门方法作用的特定内容。马克思指出簿记是对"过程的控制和观念总结"。这里说的过程是社会再生产过程中的价值形成过程。在商品经济条件下,价值形成过程表现为资金运动。因此,会计的一般对象是社会扩大再生产过程中的资金运动。

1.3.2 会计的具体对象

1. 制造企业的会计对象

企业为进行生产经营活动,必须拥有一定数量的资金。随着生产经营活动的持续进行,就形成了资金运动。资金运动有动态和静态两方面的表现。资金运动的动态表现包括资金投入企业的运动、资金在企业内部的循环与周转运动和资金退出企业的运动;资金运动的静态表现为资产同负债和所有权益的相对平衡关系。

资金运动可分为资金进入企业、资金在企业内部的循环和周转、资金退出企业。

1) 资金进入企业

企业的资金运动是由资金投入开始的。企业成立时,要扩大规模而自身积累不足或为解决临时的资金需要,就需要通过筹资活动从企业外部取得一定的资金。投入或取得的这些资金来源主要有两个:一是企业所有者投资,这在会计要素中表现为所有者权益增加;二是从银行以及其他金融机构借入,表现为企业的负债。

2) 资金在企业内部的循环和周转

资金投入企业后,伴随着企业生产经营过程的进行开始其持续不断的运动过程。制造企业的生产经营过程可以分为供应、生产和销售三个主要过程。在供应过程,企业购买原材料等劳动对象,发生原材料费用,与供货单位发生资金结算关系,在此过程中资金的形态由货币资金转化为储备资金。同时为了形成劳动手段,也会发生购置厂房和机器设备的活动,会使一部分货币资金转化为固定资金。在生产过程,将购进的各种原材料投入生产,劳动者借助于劳动手段对劳动对象进行加工生产出产品,其中发生材料的消耗、固定资产的折旧、支付生产工人的劳动报酬等,要发生与职工之间的工资结算关系、与提供劳务单位之间的劳务结算关系等,在此过程中资金的形态由储备资金和一部分的货币资金及固定资金转化为生产资金,然后再转化为成品资金。在销售过程,企业将生产出来的产品销售出去,实现商品的价值,这其中要发生销售费用,要收回销货价款,要支付各项税费,要与购货单位发生货款结算关系,与税务部门发生税款结算关系,在此过程中资金的形态由成品资金转化为货币资金。经过上述三个过程,资金从货币资金开始,依次顺序转化为储备资金和固定资金、生产资金和成品资金,又回到货币资金,称为资金的循环。周而复始的资金循环,称为资金的周转。在资金循环和周转运动中必然发生各种费用(成本),取得各种收入,收入与费用相抵后,即产生利润或亏损。

3) 资金退出企业

投入企业的资金,在生产经营过程中,或者一个经营过程结束时,会有一部分资金退出企业的资金循环和周转,游离于企业的资金循环周转之外。例如,上缴税金、归还贷款,偿还其他债务、分配给投资者利润等。

制造企业资金运动如图 1-1 所示。

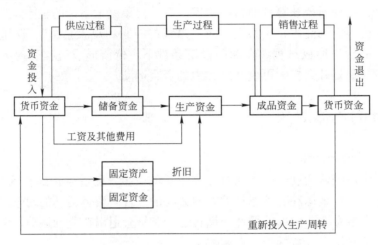

图 1-1 制造企业资金运动图

综上所述,企业资金运动在数量方面的结果不外乎是涉及资产、负债、所有者权益、收入、费用和利润的增减变动。上述六项内容在会计上称为"会计要素"。有关会计要素的具体内容将在第 2 章中讲解。

2. 商品流通企业的会计对象

商品流通企业是专门从事组织商品流通的经济实体,担负着社会商品交换的任务,也是再生产过程的重要环节,商业企业的经营资金运动与制造企业相比有所不同,一般只有供应和销售两个阶段。在供应阶段,经营资金运动表现为从货币资金形态转化为商品资金形态,主要的经济业务有商品的采购、货款的结算和采购费用的支付等。在销售过程中,经营资金运动表现为由商品资金形态转化为货币资金形态,主要的经济业务有商品销售款的结算、销售费用及工资的支付等。如此不断地循环和周转就构成了商品流通企业的经营资金运动。此外,商品流通企业的资金运动也包括资金的投入、退出、耗费和收回等增减变化。所以,商品流通企业的会计对象就是商品流通企业资金运动的过程。

3. 行政事业单位的会计对象

行政事业单位为了完成自身的任务,也需要拥有一定数量的资金。这些资金主要是列入财政预算、由国家拨给并按批准的预算来支用,一般称为预算资金。行政事业单位的财务活动主要是资金的收支活动及其结存,它构成预算资金运动过程。行政事业单位的资金收付和结存就是预算会计的对象。

综上所述,无论是制造企业、商品流通企业,还是行政事业单位,它们都是国民经济的基层单位，各自执行着不同的职能，各有自己资金运动的特点，但会计对其核算和监督的内容都是资金运动。

1.4 会计假设

会计假设是会计核算的基本前提，是对会计核算所处的时间、空间环境所作的合理设定。会计准则中所规定的各种程序和方法只能在满足会计核算基本前提的基础上进行选择使用。因此，会计人员在进行会计核算之前，必须对所处的经济环境是否符合会计核算的基本前提做出正确的判断。会计假设是会计人员在长期的会计实践中逐步认识、总结而形成的，绝不是毫无根据的猜想和简单武断的规定。离开了会计假设，会计活动就失去了确认、计量、记录、报告的基础，会计工作就会陷入混乱甚至难以进行。按照我国《企业会计准则——基本准则》的规定，会计假设包括会计主体、持续经营、会计分期和货币计量四个方面。

1.4.1 会计主体

会计主体，又称会计实体或会计个体，是指会计所服务的特定单位或组织。会计主体明确了会计工作的空间范围。《企业会计准则——基本准则》第五条规定：企业应当对其本身发生的交易或者事项进行会计确认、计量和报告。会计主体假设要求会计人员只能核算和监督所在主体的经济活动。其意义在于：一是将特定主体的交易或事项与会计主体的所有者的交易或事项区别开来；二是将该主体的交易或事项与其他会计主体的交易或事项区别开来。

值得注意的是，会计主体与法律主体不是同一概念，它可以是一个有法人资格的企业，也可以是若干家企业通过控股关系组织起来的集团公司，又可以是企业、单位下属的二级核算单位。一般来说，法律主体一定是一个会计主体，但会计主体不一定是法律主体。比如，母公司和子公司是会计主体，同时也都是法律主体；而总公司和分公司不同，前者是会计主体和法律主体，后者只是会计主体，却不是法律主体。而且一个法律主体可以包括多个会计主体（如分公司、车间），一个会计主体也可以有多个法律主体（如编制合并会计报表的集团公司）。此外，由企业管理的证券投资基金、企业年金基金等，尽管不属于法律主体，但属于会计主体，应当对每项基金进行会计确认、计量和报告。

1.4.2 持续经营

所谓持续经营，是指在可以预见的将来，会计主体将会按当前的规模和状态继续经营下去，不会停业，也不会大规模削减业务，不会破产清算。它明确了会计工作的时间范围。《企业会计准则——基本准则》第六条规定：企业会计确认、计量和报告应当以持续经营为前提。会计主体确定后，只有假定这个作为会计主体的企业或行政事业单位是持续、正常经营的，会计原则和会计方法的选择才有可能建立在非清算的基础之上。

明确了这一假设，就意味着会计主体将按照既定的用途去使用资产，负债将按照既定的合约条件到期予以偿还；债权到期也将及时收回；收入与费用按期正常地计量和记录等。同时，在此基础上，企业所采用的会计原则、会计方法才能保持稳定，才能正常反映企业的财务状况、经营成果和现金流量，从而保持了会计信息处理的一致性和稳定性。例如，只有在持续经营的前提下，企业的固定资产才可以根据历史成本进行记录，并采用折旧的方法，将历史成本分摊到各个不同的会计期间或相关产品成本中。当然，如果有理由可以判断企业不能持续经营，就应当改变会计核算的原则和会计处理方法，并在企业财务会计报告中作相应披露。例如，一旦企业破产的法律条件已经成立且即将进入清算状态，就破坏了持续经营假设，就需要借助于一些特殊的方法来处理清算过程中的会计业务，即要改用破产会计的方法对其进行核算。

1.4.3 会计分期

会计分期是指把企业持续不断的生产经营过程，划分为首尾相接、间距相等的会计期间。它是对会计工作时间范围的具体划分。《企业会计准则——基本准则》第七条规定：企业应当划分会计期间，分期结算账目和编制财务会计报告。会计分期的目的，在于通过会计分期的划分，将持续经营的生产经营活动划分为连续、相等的期间，分期结算账目，以便分阶段考核、报告其经营成果，按期编制会计报表。

会计期间是指在会计工作中，为核算生产经营活动所规定的起讫日期。会计期间通常分为年度和中期。中外各国所采用的会计年度一般都有不同的规定。我国是以日历年度作为会计年度，即从公历1月1日起至12月31日止为一个会计年度。会计中期是指短于一个完整会计年度的报告期间，包括半年度、季度和月份。

有了会计分期这个假设，才产生了本期与非本期的区别，才使不同类型的会计主体有了记账的基准，进而产生了折旧、摊销等会计处理方法，才能准确地提供财务状况、经营成果和现金流量的信息，才能进行会计信息的对比。

1.4.4 货币计量

货币计量是指企业在会计核算中要以货币为统一的计量单位，记录和反映企业生产经营活动和财务状况等会计信息。在会计核算中，日常用来登记账簿和编制会计报表的货币，就是单位主要会计核算业务所使用的货币，称为记账本位币。《企业会计准则——基本准则》第八条规定：企业会计应当以货币计量。

我国《企业会计准则——外币折算》规定：企业通常应选择人民币作为记账本位币。业务收支以人民币以外的货币为主的企业，也可以选定某种外币作为记账本位币，但编制的财务报表应当折算为人民币反映。企业记账本位币一经确定，不得随意变更，除非企业经营所处的主要经济环境发生重大变化。同时，企业选择哪种货币作为记账本位币时，还应考虑币值稳定的前提，即一种价值变动频繁的货币不宜作为记账本位币。

在以货币作为主要计量单位时，包含着币值稳定不变的假设。当货币本身价值变动不大或前后波动可以抵消时，会计核算时可以不考虑这种波动，仍按照稳定的币值进行会计处理。当然，货币本身的价值不可能不变，但在该假设条件下，会计核算也不进行币值的调整。事实上，币值每发生一次变动就对会计记录进行调整，是不现实的，也是做不到的。所以，货币计量的假设，为在会计核算时对不同时期的经济事项做出一致记录并进行比较提供了理论依据，也有利于组织会计的工作。当然，有时货币可能会发生急剧变动，出现恶性通货膨胀，此时可采用物价变动会计。

会计的四个假设是相互依存、相互补充的关系。会计主体确定了会计核算的空间范围，持续经营确定了会计核算的时间范围，而会计分期又是经营期间的具体化，货币计量则为会计核算提供了必要的计量手段。没有会计主体，就不会有持续经营；没有持续经营，就不会有会计分期；没有货币计量，就不会有现代会计。它们共同构成了企业单位开展会计工作、组织会计核算的前提条件和理论基础。

1.5 会计信息质量要求原则

会计信息质量要求原则是对企业财务报告中所提供会计信息质量的基本要求，是使财务会计报告中所提供会计信息对投资者等信息使用者决策有用应具备的基本特征，它主要包括可靠性、相关性、可理解性、可比性、实质重于形式、重要性、谨慎性和及时性等。

1. 可靠性原则

可靠性又称客观性，要求企业应当以实际发生的交易或者事项为依据进行会计确认、计量和报告，如实反映符合确认和计量要求的各项会计要素及其他相关信息，保证会计信息真实可靠、内容完整。因此，企业不得虚构、歪曲和隐瞒经济业务事项，这是杜绝会计信息失真的基本前提。

做到这一原则，要求：第一，会计记录必须以实际发生的经济业务为依据，并且有证明这些经济业务发生的原始凭证，如购回原材料时应有发票、运单和验收单据作为凭证，从而如实反映财务状况和经营成果，做到记录清楚、内容真实、数字准确、资料可靠；第二，在符合成本效益的原则的前提下，保证会计信息的完整性，包括所编报的报表及其附注内容等应当保持完整，不得随意遗漏或者减少应予披露的信息，与会计信息使用者相关的有用信息都应充分披露。

2. 相关性原则

相关性原则要求企业提供的会计信息应当与财务会计报告使用者的经济决策需要相关，有助于财务会计报告使用者对企业过去、现在或者未来的情况做出评价或者预测。即要求相关的会计信息应当能够有助于评价企业过去的决策，因而具有反馈价值。相关的会计信息还应该具有预测价值，有助于会计信息使用者根据财务报告所提供的会计信息预测企业未来的财务状况、经营成果和现金流量。

会计信息使用者包括投资者、债权人、政府、职工、其他利益主体乃至社会公众，不同的使用者使用会计信息的目的不同，因为他们各自进行的是不同的经济决策，企业的会计信息正是为这些与企业相关的各种经济决策提供信息支持，因而要求与这些经济决策相对应。

3. 可理解性原则

可理解性又称明晰性，要求企业提供的会计信息应当清晰明了，便于财务会计报告使用者理解和使用。

提供会计信息的目的在于使用，要使用会计信息首先必须了解会计信息的内涵，弄懂会计信息的内容，这就要求会计核算和财务报告必须清晰明了，易于理解。只有这样才能提高会计信息的有用性，实现财务报告的目标，满足向投资者等会计信息使用者提供决策有用信息的要求；否则，就谈不上会计信息的使用。要做到可理解性原则，会计记录应当准确、清晰，填制会计凭证、登记会计账簿必须做到依据合法、账户对应关系清楚、摘要完整；在编制会计报表时，项目钩稽关系清楚、项目完整、数字准确。

随着我国经济体制改革的不断深入，会计信息的使用者也越来越广泛，这在客观上对会计信息的简明和通俗易懂提出了越来越高的要求。

4. 可比性原则

可比性原则要求企业提供的会计信息应当具有可比性。其包括两层含义。①同一企业不同时期可比。要求同一企业不同时期发生的相同或者相似的交易或者事项，应当采用一致的会计政策，不得随意变更。但该原则并非表明企业不得变更会计政策，如果按照规定或者在变更会计政策后能够提供更可靠、更相关的会计信息，可以变更会计政策，有关会计政策的变更情况，应当在附注中予以说明。②不同企业相同期间可比。要求不同企业同一期间发生的相同或者相似的交易或者事项，应当采用规定的会计政策，确保会计信息口径一致、相互可比，以使不同企业按一致的确认、计量和报告要求提供相关的信息。

5. 实质重于形式原则

实质重于形式原则要求企业应当按照交易或者事项的经济实质进行会计确认、计量和报告，不应仅以交易或者事项的法律形式为依据。

企业发生的交易或事项在大多数情况下，其经济实质和法律形式是一致的。但在有些情况下，可能会碰到一些不吻合的业务或事项。例如，对于优先股和永续债，不能把全部形式的优先股划分为权益工具，或把全部形式的永续债划分为金融负债，而应该根据经济实质区分，如果优先股有强制付息的义务，应划分为金融负债，如果永续债没有强制付息的义务，应划分为权益工具。遵循实质重于形式原则，体现了对经济实质的尊重，并能够保证会计核算信息与客观经济事实相符。

6. 重要性原则

重要性原则要求企业提供的会计信息应当反映与企业财务状况、经营成果和现金流量等有关的所有重要交易或者事项。

所谓重要性，是指在合理预期下，财务报表某项目的省略或错报会影响使用者据此作出经济决策的，该项目具有重要性。重要性的应用需要依赖于会计人员的职业判断，企业应当根据其所处环境和实际情况，从项目的性质和金额大小两方面加以判断。准确地反映企业经济活动的过程和结果，虽说是会计核算的基本要求，但从会计信息的使用要求来看，重要的是了解那些对经营决策有重要影响的经济事项。如果会计信息不分主次，反而会影响会计信息的使用价值。从核算效益来看，对一切会计事项的处理，一律不分轻重主次和繁简详略，必将耗费过多的人力、物力和财力，增加许多不必要的工作量。重要性原则也是会计核算本身进行成本效益权衡的体现。

7. 谨慎性原则

企业对交易或者事项进行会计确认、计量和报告应当保持应有的谨慎，不应高估资产或者收益、低估负债或者费用。

谨慎性原则要求企业在面临不确定性因素的情况下做出职业判断时，应当保持应有的谨慎。充分、合理地估计到各种风险和损失，既不高估资产和收益，也不低估负债或费用。谨慎性原则的目的在于避免虚夸资产和收益，抑制由此给企业生产经营带来的风险。固定资产计提折旧采用加速折旧法、对各项资产可能发生的减值损失计提资产减值准备等都是谨慎性原则的具体体现。但是谨慎性原则并不能与蓄意隐瞒利润、逃避纳税画上等号，因而会计准则中明令禁止提取各项不符合规定的秘密准备。

8. 及时性原则

及时性原则要求企业对于已经发生的交易或者事项，应当及时进行会计确认、计量和报告，不得提前或者延后。

会计信息的价值在于帮助投资者或其他会计信息使用者作出经济决策，在会计核算过程中坚持及时性原则应做到：一是要求及时收集会计信息，即在经济业务发生后，及时收集整理各种原始单据；二是及时处理会计信息，即按照会计准则的规定，对会计事项及时进行确认、计量，并编制会计报告；三是及时传递会计信息，即在国家规定的时限内，及时将编制的会计报告传递给会计报告使用者。如果企业的会计核算不能及时进行，会计信息不能及时提供，就无助于经济决策，就不符合及时性原则的要求。

在会计实务中，为了及时提供会计信息，可能需要在有关交易或者事项的信息全部获得之前即进行会计处理，这样就满足了会计信息的及时性要求，但可能会影响会计信息的可靠性；反之，如果企业等到与交易或者事项有关的全部信息获得之后再进行处理，虽然能适当提高会计信息的可靠性，但这样的信息披露可能会影响会计信息的时效性，可能会使财务报告使用者决策的有用性大大降低。因此，需要很好地权衡会计信息的可靠性和及时性，以最好地满足信息使用者作出正确的经济决策判断。

1.6 会 计 方 法

1.6.1 会计方法概述

会计方法是用来核算和监督会计对象、完成会计任务的手段，是从事会计工作所使用的各种技术和方法。各单位为了对经济业务进行核算和监督，为有利于向各方提供有用的会计信息，必须对会计方法加以研究。会计方法是从会计实践中总结出来的，随着会计核算和监督的内容日趋复杂，会计方法也在不断地丰富和发展，经历了由简单到复杂、由不完善到逐步完善的漫长发展过程。

从传统的观点来看，会计方法体系包括会计核算方法、会计分析方法和会计检查方法三种。但伴随着会计的进一步发展和会计职能的拓展，有些学者又提出来，会计方法体系还应该包括会计监督方法、会计预测与决策等方法。这种会计方法体系的扩充，说明了现代会计的发展趋势。但这些方法之间存在内容上的相互交叉和融合。比如，会计监督和会计控制的含义就很难明确地界定，会计检查和会计分析从监督目的和过程来看，都有监督和控制的意味。因此，综上所述，会计方法体系主要包括四部分的内容：会计核算方法、会计分析方法、会计检查与监督方法、会计预测与决策方法等组成。其中，会计核算方法是会计信息的基础和核心，会计分析方法是会计核算的延续和深化，会计检查与监督方法是会计核算和会计分析的质量保证，会计预测与决策方法是会计职能的扩充。这几种方法既密切联系，又有一定区别，都是为了从事会计活动、履行会计职能、实现会计目标所运用的技术手段。在本门课程中主要学习会计核算的方法，而其他的会计方法将在以后的专业课中陆续学习。

1. 会计核算方法

会计核算是会计的基本环节，其他的会计方法都是在会计核算的基础上进行的。会计核算方法是指对企业、单位发生的经济业务和事项进行会计确认、计量、记录、报告，并反映财务状况、经营成果和现金流量所采用的专门方法。其目的是收集、整理、加工、汇总和提供会计信息。

2. 会计分析方法

会计分析方法是指以会计核算资料为主要依据，结合相关资料，对企业、单位一定时期的经济活动的过程及其结果进行剖析与评价，剖析有关因素对经济活动本身的影响程度，及时发现经营管理中存在的问题及缺陷，总结经验教训，以便在以后的经营活动中进一步加强管理、提高经济效益所采用的专门方法。会计分析的具体方法有很多，主要有比率分析法、因素分析法、平衡分析法等。这些方法将在以后的成本会计学、财务管理学和管理会计学中讲述。会计分析的主要目的在于发现问题、总结经验、评价业绩、改进提高。

3. 会计检查与监督方法

会计检查方法是以会计核算资料为基础，依据会计法律、法规、准则及其他相关经济法规，对会计核算资料的真实性、完整性、准确性、合法性进行检查；会计监督方法则是对会计检查结果予以确认或对检查中发现的问题予以纠正判断和处置，从而达到控制和监督的目的。会计检查是一种手段，而会计监督是目的。会计检查的具体方法包括凭证检查、账簿检查和报表检查等。会计监督方法又分为以单位会计机构和会计人员为主的内部监督、以政府职能部门为主的政府监督和以注册会计师等中介机构为主的社会公众监督。这些方法除在本书有关章节中讲述外，还将在审计学中阐述。会计检查与监督的目的主要在于查错防弊，保证会计资料的真实和完整，维护会计信息使用者的合法权益。

4. 会计预测与决策方法

会计预测方法是以会计核算和会计分析资料为依据，结合市场等其他相关的信息，对未来经营活动作出的科学判断和推测所采用的方法。会计预测是会计核算在时间上的前瞻性延伸，主要运用的是预测学、数学、统计学等相关学科的成果，结合会计数据资料所形成的方法。

会计决策方法是依据会计核算、会计分析、会计预测等所提供的资料，针对将要开展的某项经营活动确定可能存在的各种备选方案，进行可行性分析和择优判断，以供有关决策者进行决策所采用的方法。例如，企业进行固定资产购建或更新、对外投资、产品结构调整等，事先都需要围绕投资额度、投资回报等，采用如回收期法、盈亏平衡法、投资报酬率法等专门的方法进行测算、分析和决策，从而形成了会计决策的专门方法。会计预测、会计决策的方法将在管理会计学课程中讲授。会计预测与决策的目的主要是为单位预测未来发展趋势和以后的科学决策提供客观依据。

1.6.2　会计核算方法

会计核算的方法包括：设置会计科目与账户、复式记账、填制和审核凭证、登记账簿、成本计算、财产清查和编制会计报表。

1. 设置会计科目与账户

会计科目是对会计对象的具体内容分门别类进行核算所规定的项目。设置会计科目，则是根据会计对象的具体内容和经济管理的要求，事先规定分类核算的项目，并在账簿中据以开设账户，以便取得所需要的核算指标。账户是根据会计科目来开设的，用来分门别类地记录所需核算资料的户头。

2. 复式记账

复式记账是记录经济业务的一种方法。复式记账法就是对任何一笔经济业务，都必须以相等的金额在两个或两个以上的有关账户中相互联系地进行登记的一种方法。采用这种方法记账，使每项经济业务所涉及的两个或两个以上的账户发生对应关系，登记在对应账户上的金额相等。通过账户的对应关系，可以检查有关经济业务的记录是否正确。由此可见，复式记账是一种科学的记账方法，采用这种方法记录各项经济业务，可以相互联系地反映经济业务的全貌，也便于核对账簿记录的正确性。

3. 填制和审核凭证

会计凭证是记录经济业务、明确经济责任的书面证明，是登记账簿的重要依据。对于已经发生或已经完成的经济业务，都要由经办人员或有关单位填制凭证，并签名盖章。所有凭证都要经过会计部门和有关部门的审核，只有经过审核并认为正确无误的凭证才能作为记账的依据。通过填制和审核凭证，可以保证会计记录有可靠的依据，并明确经济责任；可以监督经济业务的合法性和合理性。

4. 登记账簿

账簿是用来全面、连续、系统地记录各项经济业务的簿籍，也是保存会计数据资料的重要工具。登记账簿就是将所有的经济业务按其发生的时间顺序，分门别类地记入有关账簿。登记账簿必须以会计凭证为依据，按照规定的会计科目在账簿中分设账户，将所有的经济业务分别记入有关账户，并定期进行结账，计算各项核算指标，还要定期核对账目，使账簿记录同实际情况相符合。账簿所提供的各种数据资料，是编制会计报表的主要依据。

5. 成本计算

成本计算是指对生产经营过程中所发生的各种费用，按照一定对象和标准进行归集和分配，以计算确定各该对象的总成本和单位成本。企业在生产经营过程中会发生各种耗费，为了核算和监督所发生的各项费用，必须正确地进行成本计算。成本计算要在有关的账簿中进行，同时会计凭证的填制和传递也要适应成本计算的要求。成本计算提供的信息是企业成本管理所需要的主要信息。正确地选择成本计算方法，准确地计算成本，可以了解企业实际成本的高低，考核成本计划的执行情况，以便采取措施，降低成本。

6. 财产清查

财产清查就是盘点实物、核对账目，查明各项财产物资、货币资金及债权债务实有数额的一种专门方法。通过财产清查，可以加强会计记录的正确性，保证账实相符。在清查中，如果发现某些财产物资和资金的实有数额同账面结存额不一致，则应查明账实不符的原因，并调整账簿记录，使账实保持一致，从而保证会计核算资料的真实性。通过财产清查，还可以发现财产物资、货币资金保管和债权、债务管理中的问题，以便对积压、呆滞、毁损、短缺的财产物资和逾期未能收回的款项，及时采取措施进行清理和加强财产管理，从而保护财产物资的安全、完整，挖掘财产物资的潜力，有利于加速资金周转，节约费用开支。总之，财产清查对于保证会计核算资料的正确性和监督财产的安全与合理使用具有重要的作用。

7. 编制会计报表

会计报表是以一定的表格形式，对一定时期内的财务状况、经营成果和现金流量进行反映的一种综合性报告文件。编制会计报表是对日常核算的总结，是将账簿记录的内容定期地加以分类整理和汇总，提供为经济管理所需要的核算指标。会计报表提供的信息不仅可以为企业管理者进行决策时服务，也可以满足企业会计信息使用者了解该企业财务状况、经营成果和现金流量的需要。为了正确报告会计信息，应当按会计准则的有关规定来确认、计量和报告会计信息，做到数字真实、计算准确、内容完整、报送及时。

综上所述，七种会计核算方法是通过一系列处理程序对经济业务进行加工处理，来提供经济管理所需要的会计信息而应用的方法。该处理程序包括确认、计量、记录和报告四个环节。确认是指通过一定的标准或者方法来确定所发生的经济活动是否应该或能够进行处理；计量是以货币为单位对已确认可以进行会计处理的经济活动确定其记录的金额；记录是指通过一定的会计专业方法按照上述确定的金额将发生的经济活动在会计特有的载体上进行登记的工作；报告是指以通过编制会计报表的形式向有关方面和人员提供会计信息，它是会计工作的最终环节。因此，会计核算的各种方法之间及会计核算方法与会计处理程序之间是相互联系、密切配合的，构成了一个完整的会计核算程序和方法体系。对于日常发生的各项经济业务都要通过填制和审核会计凭证，确认和计量经济业务发生的时间、内容、数量、金额、归属的账户和记账方向，按照规定的会计科目和账户对经济业务进行分类核算，并采用复式记账法在账簿中进行登记；应当定期根据账簿记录进行成本计算；为保证账簿记录的正确性，要通过财产清查加以核实，在保证账实相符的基础上，根据账簿记录，定期编制会计报表。

由于每个会计期末都需要按照前述的会计处理程序和方法来处理会计信息，因此，把上述处理程序和方法体系称为会计循环。会计循环可用图1-2所示。

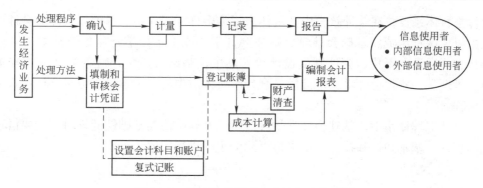

图 1-2 会计处理程序和会计方法体系图

1.7 会计学与会计学科体系

会计学是人们对会计实践进行科学总结而形成的知识体系。会计作为一项管理活动，已有几千年的历史，但会计作为一门学问，出现得却相对较晚，仅有几百年的历史。会计学从其学科性质来说，是属于经济管理中的一门应用性学科，是研究和阐述会计系统和会计工作发展规律的一门学科，即对会计系统的对象、功能、结构、目标及其运行条件，基本约束规范和专门方法进行研究、阐述而形成的科学。会计实践是不断发展和不断丰富的，相应地，会计学的理论也在不断地发展和完善。会计实践的发展和丰富推动了会计学的发展和完善。

会计学科体系是一个庞大的体系，其分类也是多角度、动态的、分层次的。其中，按会计学科体系的研究对象分类是最重要的分类，主要包括会计基础学科、企业会计学科、政府及非营利组织会计学科、特殊领域会计学科、综合性会计学科。会计基础学科包括会计工作基础学科、会计行为基础学科、会计方法学科、会计教育学科、会计史学科；企业会计学科包括财务会计、成本会计、管理会计、证券公司会计、金融企业会计、税务会计等；政府及非营利组织会计学科包括财政总预算会计、行政单位会计、事业单位会计、科研单位会计、军队会计、社团会计等；特殊领域会计学科包括无形资产会计、物价变动会计、破产会计、期货会计、司法会计、人力资源会计等；综合性会计学科包括社会会计、社会责任会计、环境会计等。会计学科体系按研究对象分类如表1-1所示。

表 1-1 会计学科体系按研究对象分类

会计基础学科	企业会计学科	政府与非营利组织会计学科	特殊领域会计学科	综合性会计学科
会计工作基础学科 会计行为基础学科 会计方法学科 会计教育学科 会计史学科	财务会计 成本会计 管理会计 证券公司会计 金融企业会计 税务会计	财政总预算会计 行政单位会计 事业单位会计 科研单位会计 军队会计 社团会计	无形资产会计 物价变动会计 破产会计 期货会计 司法会计 人力资源会计	社会会计 社会责任会计 环境会计

会计学科体系反映在会计教育中又具体表现为会计课程体系。目前，我国的会计课程体系一般由以下课程组成：基础会计学、财务会计学、成本会计学、财务管理学、管理会计学、审计学、会计电算化、会计制度设计等。其中，基础会计学、财务会计学、成本会计学、财务管理学、管理会计学、审计学是会计学科体系中的主干学科，也是会计课程体系中的主干课程。

上述会计课程体系中，基础会计学是会计学大家族中最具基础性的学科，主要讲述会计学的基本理论、基本知识和技能。本书将以此为主线进行阐述。

本 章 小 结

会计是适应生产实践的客观需要而产生、发展并不断完善起来的。核算和监督是会计的两个基本职能。会计的目标是受托责任观和决策有用观的有机结合。会计的一般对象是社会扩大再生产过程中的资金运动，会计的具体对象表现为资金进入企业、资金的循环和周转及资金退出企业的运动。会计假设是会计核算的前提条件，包括会计主体、持续经营、会计分期和货币计量四个假设。会计信息质量要求原则主要包括可靠性、相关性、可比性、可理解性、实质重于形式、重要性、谨慎性和及时性等。会计方法体系主要包括四个部分的内容，即会计核算方法、会计分析方法、会计检查与监督方法、会计预测与会计决策方法等。会计核算方法包括：设置会计科目与账户、复式记账、填制和审核凭证、登记账簿、成本计算、财产清查和编制会计报表。会计处理程序和会计方法体系的结合称为会计循环。会计学科体系是由若干有联系的学科组成的体系，会计学科体系反映在会计教育中又具体表现为会计课程体系。

英文专业词汇

会计：accounting　　　　　　　会计假设：accounting assumption
会计学：accountancy　　　　　　会计主体：accounting entity
会计师：accountant　　　　　　　持续经营：going concern
会计师事务所：accountant's firm　会计分期：accounting period
会计准则：accounting standards　货币计量：monetary unit
财务会计：financial accounting　管理会计：managerial accounting
预算会计：budgetary accounting　成本会计：cost accounting
会计循环：accounting cycle　　　注册会计师：certified public accountant

本章相关法规

1. 中华人民共和国会计法（1985年1月21日第六届全国人民代表大会常务委员会第九次会议通过，根据1993年12月29日第八届全国人民代表大会常务委员会第五次会议《关于修改〈中华人民共和国会计法〉的决定》第一次修正，1999年10月31日第九届全国人民代表大会常务委员会第十二次会议修订，根据2017年11月4日第十二届全国人民代表大会常务委员会第三十次会议《关于修改〈中华人民共和国会计法〉等十一部法律的决定》第二次修正）

2. 企业财务会计报告条例（2000年6月21日中华人民共和国国务院令第287号，自2001年1月1日起施行）

3. 企业会计准则——基本准则（2006年2月15日财政部部务会议修订通过，中华人民共和国财政部令第33号，自2007年1月1日起施行；2014年7月23日财政部部务会议审议通过，中华人民共和国财政部令第76号，修改第四十二条第五项，自2014年7月23日施行）

4. 管理会计基本指引（2016年6月22日财政部印发）

5. 政府会计准则——基本准则（2015年10月23日财政部部务会议审议通过，中华人民共和国财政部令第78号，自2017年1月1日起施行）

阅读材料

会计学家——杨纪琬

杨纪琬先生是上海松江人，1935年考入当时的国立上海商学院会计系，1939年毕业留校任教，并成为攻读中英庚款基金会的在职研究生，1939—1949年间，先后担任过上海商学院、东吴大学等数所大学的会计学助教、讲师和教授。新中国成立后，杨纪琬先生于1949年调入财政部会计制度司工作，先后任副处长、处长、副司长、司长、顾问。

杨纪琬先生是我国当代卓越的会计理论家、教育家、社会活动家。他曾经著有《社会主义会计理论建设》，主编《成本管理大辞典》《中国现代会计手册》。为我国会计制度和会计准则的建设、会计理论和会计教育事业的发展，做出了巨大的贡献。杨纪琬先生先后参与、组织、领导了新中国成立初期统一会计制度的制定，粉碎"四人帮"后的会计法规制度的恢复和完善，改革开放后的我国会计改革及注册会计师体制建立的各项工作。在会计理论研究中，他发起并主编新中国第一本会计杂志《新会计》，发起设立了中国会计学会并主编《会计研究》，与阎达五教授合作创立了"管理活动学派"。

在会计法规建设中，他组织领导并亲自起草了新中国第一部会计法和多项会计制度。在注册会计师事业发展中,杨纪琬先生倡议并推动了我国注册会计师制度的恢复和发展,亲自支持制定了《注册会计师职业道德守则》。

学术论文参考

[1] 郭道扬. 回首千年话沧桑:公元11—20世纪会计发展述评. 会计研究,2000(1).

[2] 杨纪琬,阎达五. 开展我国会计理论研究的几点意见:兼论会计学的科学属性. 会计研究,1980(1).

[3] 杨纪琬,余秉坚. 新中国会计工作的回顾(一)~(四)篇. 会计研究,1987(2)-(5).

[4] 干胜道,杨微. 未来会计之"变"与"不变". 会计之友,2018(8).

[5] 陆建桥. 新国际财务报告概念框架的主要内容及其对会计准则制定和会计审计实务发展的影响. 中国注册会计师,2018(8).

本章练习题

一、单项选择题

1. 会计的基本职能是( )。
   A. 记录和计算 B. 分析与考核
   C. 核算和监督 D. 预测和决策

2. 一般来说,会计主体与法律主体( )。
   A. 是有区别的 B. 相互一致的
   C. 不相关的   D. 相互可替代

3. 会计主要采用的计量单位是( )。
   A. 实物计量单位 B. 货币计量单位
   C. 劳动计量单位 D. 工时计量单位

4. 我国的会计年度为( )。
   A. 日历年度 B. 一个月
   C. 一个季度 D. 会计期间

5. 计提资产减值准备体现了( )信息质量原则的要求。
   A. 相关性 B. 及时性
   C. 可比性 D. 谨慎性

6. 会计的基本方法是( )。
   A. 会计核算方法 B. 会计分析方法

C. 会计监督方法 　　　　　　　　D. 会计决策方法

7. 会计假设包括会计主体、持续经营、会计分期和（　　）。
   A. 历史成本 　　　　　　　　B. 会计准则
   C. 货币计量 　　　　　　　　D. 可比原则

8. 对于有强制付息义务的优先股，企业将其划分为金融负债的做法，体现的信息质量原则是（　　）。
   A. 重要性 　　　　　　　　　B. 谨慎性
   C. 实质重于形式 　　　　　　D. 可靠性

9. 下列不属于信息质量要求原则的是（　　）。
   A. 可比性 　　　　　　　　　B. 清晰性
   C. 货币计量 　　　　　　　　D. 可靠性

10. 意大利数学家卢卡·帕乔利所著《算术、几何、比与比例概要》一书出版于（　　）。
    A. 1494 年 　　　　　　　　B. 1594 年
    C. 1495 年 　　　　　　　　D. 1595 年

二、多项选择题

1. 会计假设的具体内容包括（　　）。
   A. 会计主体 　　　　　　　　B. 持续经营
   C. 会计分期 　　　　　　　　D. 货币计量
   E. 权责发生制

2. 会计核算职能的特点是（　　）。
   A. 具有客观性 　　　　　　　B. 以货币为主要计量单位
   C. 具有连续性 　　　　　　　D. 具有系统性
   E. 具有全面性

3. 会计两大基本职能的关系是（　　）。
   A. 核算职能是监督职能的基础
   B. 监督职能是核算职能的保证
   C. 没有核算职能提供可靠的信息，监督职能就没有客观依据
   D. 没有监督职能进行控制，也就不能提供真实可靠的会计信息
   E. 两大职能是紧密结合、辩证统一的关系

4. 会计核算方法包括（　　）。
   A. 成本计算 　　　　　　　　B. 财产清查
   C. 编制会计报表 　　　　　　D. 分析会计报表
   E. 设置会计科目和账户

5. 谨慎性原则在会计上的应用表现为（　　）。
   A. 对固定资产计提减值准备 　B. 对应收账款计提坏账准备
   C. 固定资产采用加速折旧法 　D. 对无形资产计提减值准备
   E. 对长期股权投资计提减值准备

三、判断题

1. 会计主体与法律主体是同一概念。（   ）
2. 没有会计监督，会计核算便失去了存在的意义。（   ）
3. 会计是对经济活动进行连续、系统、全面地核算和监督的一种经济管理工具。（   ）
4. 会计主体假设界定了会计核算的空间范围。（   ）
5. 对资产计提减值准备是会计上实质重于形式信息质量特征的要求。（   ）

四、思考题

1. 会计是如何产生并发展的？
2. 会计核算职能的特点是什么？
3. 会计监督职能的特点是什么？
4. 会计核算职能与会计监督职能的关系怎样？
5. 试述会计的对象。
6. 什么是会计假设？会计假设有哪些？
7. 什么是会计核算的信息质量要求原则？会计核算的信息质量要求原则有哪些？
8. 会计核算的主要方法有哪些？会计核算方法和会计处理程序之间的关系是什么？

五、互联网搜索练习

请到上海证券交易所或深圳证券交易所网站查阅一家自己感兴趣的上市公司财务报告，并持续关注。

第 2 章 会计要素与会计等式

【学习目标】

通过本章的学习，要求：(1) 理解并掌握各项会计要素的含义、特征及其确认条件；(2) 掌握会计恒等式中各个要素之间的关系及经济业务的发生对会计恒等式的影响；(3) 熟悉经济业务发生的类型；(4) 利用"会计等式分析法"深入理解经济业务对财务报表的影响。

【案例或故事】

我们手中的资金可以创办企业吗？

不管你相信与否，我们的确能够用少量资金创办企业。小强是一名在校大学生，经过仔细观察，他发现学校周边没有书报亭，同学买杂志和书报很不方便。于是，小强决定充分利用这个商业机会，拿出手头的 400 元钱创办自己的企业，在校园里开设一个书报亭。他和同学合伙出资 1 000 元，并向学姐借款 1 000 元，租下学校超市一节柜台，每月租金 800 元，又用一部分钱购置销售所需的报纸、杂志和书。为了有效周转资金，在购货时书报亭主要采用赊购或代理销售的方式，一个月下来，书报亭的销售额达到了 4 000 元，扣除各项必需的费用后，书报亭的利润达到 2 000 元。

通过本章学习，将帮助你了解有关会计要素、核算基础及会计等式的基本知识。

2.1 会计要素

会计要素是会计对象的具体化,是对会计核算对象的基本分类,是反映会计主体财务状况和经营成果的基本单位。我国 2006 年公布的《企业会计准则——基本准则》(2014 年 7 月,根据《财政部关于修改〈企业会计准则——基本准则〉的决定》修改)规定的会计要素包括资产、负债、所有者权益、收入、费用和利润等六项。其中,资产、负债、所有者权益是反映企业某一特定日期财务状况的要素;收入、费用和利润是反映一定时期经营成果的要素。

2.1.1 资产

1. 资产的定义和特征

资产是指企业过去的交易或事项形成的、由企业拥有或者控制的、预期会给企业带来经济利益的经济资源。

资产可以具有实物形态,如房屋和建筑物、机器设备、库存现金、库存商品、原材料等,也可以不具有实物形态,如以债权形式存在的应收款项,有助于企业生产经营活动的商标权、专利权等无形资产等。资产的基本特征归纳如下。

(1) 资产是由于过去的交易或事项所形成的。也就是说,资产必须是现实的资产,而不能是预期资产,是由于过去已经发生的交易或事项所产生的结果。企业过去的交易或者事项包括购买、生产、建造行为或者其他交易或事项。至于未来或者即将发生而尚未发生的交易或事项不能形成企业的资产,不得作为资产确认。

(2) 资产必须由企业拥有或者控制。一般来说,由企业拥有或者控制,是指企业享有某项资源的所有权,或者虽然不享有某项资源的所有权,但该资源能被企业所控制。例如,融资租入的固定资产,企业虽不拥有所有权,但可以在相当长的时间内使用支配该项资产,并从中获益。

(3) 资产预期会给企业带来经济利益,即预期资产可望给企业带来经济资源的流入。未来经济利益是指直接或间接导致现金和现金等价物流入企业的潜力。

2. 资产的确认及列报条件

符合上述资产定义的资源,在同时满足以下条件时,确认为资产:①与该资源有关的经济利益很可能流入企业;②该资源的成本或者价值能够可靠地计量。

符合资产定义和资产确认条件的项目,应当列入资产负债表;符合资产定义,但不符合资产确认条件的项目,不应当列入资产负债表。

3. 资产的分类和内容

资产按其持有目的和变现能力的强弱不同,可分为流动资产和非流动资产。根据《企业会计准则第 30 号——财务报表列报》规定,满足下列条件之一的资产,应当归类为流动资产:①预计在一个正常营业周期(正常营业周期,是指企业从购买用于加工的资产起至实现现金或现金等价物的期间。正常营业周期通常短于一年。因生产周期较长等导致正常营业周期长于一年的,尽管相关资产往往超过一年才变现、出售或耗用,仍应当划分为流动资产。正常营业周期不能确定的,应当以一年作为正常营业周期)中变现、出售或耗用。②主要为交易目的而持有。③预计在资产负债表日起一年内(含一年,下同)变现。④自资产负债表日起一年内,交换其他资产或清偿负债的能力不受限制的现金或现金等价物。

流动资产以外的资产应当归类为非流动资产。

1) 流动资产

流动资产通常包括货币资金、应收及预付款项、交易性金融资产和存货等。

(1) 货币资金是指处于货币形态的那部分资金,包括库存现金、银行存款和其他货币资金等。

(2) 应收及预付款项包括应收票据、应收账款、其他应收款、预付账款和应收利息、应收股利等。

(3) 交易性金融资产是指企业为交易目的持有的债券投资、股票投资、基金投资等金融资产。

(4) 存货是指企业在日常活动中持有以备出售的产成品或商品、处在生产过程中的在产品、在生产过程或提供劳务过程中耗用的材料和物料等,主要包括原材料、周转材料、发出商品、库存商品和委托加工物资等。

2) 非流动资产

非流动资产通常包括持有至到期投资、长期股权投资、可供出售金融资产、固定资产、在建工程、投资性房地产、无形资产、递延所得税资产、长期待摊费用和其他资产等。

(1) 长期投资是指不准备在一年内变现的投资,包括持有至到期投资、长期股权投资等。

(2) 固定资产是指使用期限较长、单位价值较高,并且在使用过程中保持原有实物形态的资产。现行《企业会计准则》规定,固定资产是指同时具有以下特征的有形资产:一是为生产商品、提供劳务、出租或经营管理而持有的;二是使用寿命超过一个会计年度的。

(3) 投资性房地产是指为赚取租金或资本增值,或两者兼有而持有的房地产。包括已出租的土地使用权、持有准备增值后转让的土地使用权及已出租的建筑物。

(4) 无形资产是指企业拥有或控制的没有实物形态的可辨认非货币性资产,包括专利权、非专利技术、商标权和著作权等。

(5) 递延所得税资产是指企业根据所得税准则确认的可抵扣暂时性差异产生的所得税资产。

(6) 其他资产是指除了流动资产、长期投资、固定资产、投资性房地产、无形资产以外的其他资产。

资产要素的主要内容如图2-1所示。

2.1.2 负债

1. 负债的定义和特征

负债是指过去的交易或者事项形成的、预期会导致经济利益流出企业的现时义务。负债的基本特征归纳如下。

(1) 负债是由企业过去的交易或者事项形成的当前债务。也就是说,企业预期在将来要

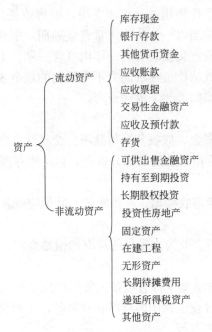

图 2-1　资产要素的主要内容

发生的交易或事项可能产生的义务，由于不属于现时义务，在会计上不能确认为负债。

（2）义务的履行会导致经济利益流出企业。即负债需要将来通过转移资产或提供劳务予以清偿。一般情况下，要用现金进行清偿；有时也可以采用非货币性资产或劳务来清偿；或者通过举借新的债务来抵偿。

2. 负债的确认及列报条件

符合上述负债定义的现时义务，在同时满足以下条件时，确认为负债：①与该义务有关的经济利益很可能流出企业；②未来流出的经济利益的金额能够可靠地计量。

符合负债定义和负债确认条件的项目，应当列入资产负债表；符合负债定义，但不符合负债确认条件的项目，不应当列入资产负债表。

3. 负债的分类和内容

负债按其持有目的和流动性的不同，可以划分为流动负债和非流动负债。根据《企业会计准则第 30 号——财务报表列报》规定，满足下列条件之一的负债，应当归类为流动负债：①预计在一个正常营业周期中清偿；②主要为交易目的而持有；③自资产负债表日起一年内到期应予以清偿；④企业无权自主地将清偿推迟至资产负债表日后一年以上。

流动负债以外的负债应当归类为非流动负债。

1）流动负债

流动负债通常包括短期借款、交易性金融负债、应付票据、应付账款、应付职工薪酬、预收账款、应交税费、应付利息、应付股利等。

（1）短期借款是指企业为维持正常生产经营周转而需要向银行或其他金融机构借入的偿还期在一年以下（含一年）的各种借款。

（2）应付票据是指企业由于购买材料、商品和接受劳务等开出、承兑的商业汇票，包括商业承兑汇票和银行承兑汇票。

（3）应付账款是指企业因购买材料、商品或接受劳务供应等活动而发生的债务。

（4）应付职工薪酬是指企业为获得职工提供的服务或解除劳动关系而应付给职工的各种形式的报酬或补偿，包括短期薪酬、离职后福利、辞退福利和其他长期职工福利等。

（5）应交税费是指根据规定应缴纳的各种税费，包括增值税、消费税、城建税、资源税、所得税、房产税、车船使用税、教育费附加等。

2）非流动负债

非流动负债通常包括长期借款、应付债券、长期应付款、专项应付款、预计负债、递延所得税负债等。

（1）长期借款是指企业向银行或其他金融机构借入的期限在一年以上（不含一年）的各种借款。

（2）应付债券是指企业为筹集长期资金而发行的债券。

（3）长期应付款是指除长期借款和应付债券以外的其他各种长期应付款项，包括应付融资租入固定资产的租赁费。

负债要素的主要内容如图2-2所示。

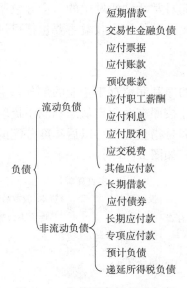

图2-2 负债要素的主要内容

2.1.3 所有者权益

1. 所有者权益的定义和特征

所有者权益是指企业资产扣除负债后由所有者享有的剩余权益。企业的所有者权益又称为股东权益。所有者权益相对于负债而言，具有以下基本特征。

（1）所有者权益作为一种权益资本，一般不需要偿还，除非发生减资、清算。

（2）企业清算时，负债拥有优先清偿权。只有在清偿所有负债后，剩余财产才返还给投资者。

(3) 投资人能够参与企业的经营决策及利润的分配，而债权人只能按约定的条件获取利息，不能参与企业利润的分配。

所有者权益的金额取决于资产和负债的计量，其金额为资产减去负债后的余额，又称为净资产。所有者权益项目应当列入资产负债表。

2. 所有者权益的内容

所有者权益的来源包括所有者投入的资本、其他综合收益、留存收益等，通常由实收资本（或股本）、资本公积、其他综合收益、盈余公积和未分配利润等构成。

1) 所有者投入的资本

所有者投入的资本是指所有者投入企业的资本部分，它既包括构成企业注册资本或者股本部分的金额，即实收资本；也包括投入资本超过注册资本或者股本部分的金额，即资本（或股本）溢价，资本溢价计入资本公积。资本公积是指归企业所有者共有的资本，包括资本溢价和其他资本公积，主要用于转增资本。

2) 其他综合收益

其他综合收益是指企业根据会计准则规定未在当期损益中确认的各项利得和损失。利得是指由企业非日常活动所形成的、会导致所有者权益增加的、与所有者投入资本无关的经济利益的流入。损失是指由企业非日常活动所发生的、会导致所有者权益减少的、与向所有者分配利润无关的经济利益的流出。其他综合收益主要包括可供出售金融资产的公允价值变动额等。

3) 留存收益

留存收益是企业历年实现的净利润留存于企业的部分，主要包括累计计提的盈余公积和未分配利润。盈余公积是指企业按照有关规定从净利润中提取的积累资金，包括法定盈余公积和任意盈余公积。未分配利润是指企业留待以后年度分配的利润。

所有者权益要素的主要内容如图2-3所示。

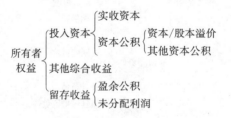

图 2-3 所有者权益要素的主要内容

上述资产、负债、所有者权益三大要素的内容，反映的是企业某一时点财务状况的会计要素，即为静态的会计要素。这三个要素的关系可以用"资产＝负债＋所有者权益"的会计基本恒等式来表示，它是设置会计科目和账户、复式记账和编制资产负债表的理论依据。因而，也称这三大要素为资产负债表的会计要素。

2.1.4 收入

1. 收入的定义和特征

收入的概念有广义和狭义之分。广义的收入概念是指企业日常活动及其以外的活动形成的经济利益流入。我国现行会计准则采用的是狭义的收入概念,即收入是指企业在日常活动中形成的、会导致所有者权益增加的、与所有者投入资本无关的经济利益的总流入,如销售商品、提供劳务及让渡资产使用权等。企业主营业务活动产生的收入,如销售商品、提供劳务的收入等,称为主营业务收入;而出租固定资产、包装物及销售原材料等不属于企业的主要经营活动,但由于它们与日常经营活动直接相关,因此也被列作收入,称为其他业务收入。收入具有以下基本特征。

(1) 收入是企业日常活动中形成的。日常活动是指企业为完成其经营目标所从事的经常性活动及与之相关的主要活动,如销售产品、商品、提供劳务、销售材料、出租资产等;而企业从非日常活动中形成的经济利益的流入,如处置非流动资产的净收益等不确认为收入,而应当记入利得。

(2) 收入会导致企业所有者权益的增加。收入表现为企业资产的增加,或负债的减少,或者二者兼而有之。不导致所有者权益增加的经济利益的流入不符合收入的定义,不确认为企业的收入。需要说明的是,收入只包括本企业经济利益的流入,不包括为第三方或客户代收的款项。例如,企业为国家代收代缴的增值税等。

(3) 收入与所有者投入资本无关。收入的发生会导致经济利益的流入,从而使企业资产增加。但由于投入企业资本而引起的经济利益的流入不应确认为收入,而应当直接确认为所有者权益的组成部分。

2. 收入的确认条件

收入的确认至少应当满足以下条件。

(1) 与收入相关的经济利益很可能流入企业。

(2) 经济利益的流入会导致企业资产的增加或者负债的减少。例如,企业销售产品一批,取得货币资金存入银行,使企业资产增加。又如,在预收全部货款后发出商品或提供劳务,使企业负债减少。

(3) 经济利益的流入金额能够可靠计量。

符合收入定义和收入确认条件的项目,应当列入利润表。

2.1.5 费用

1. 费用的定义和特征

费用是指企业在日常活动中发生的、会导致所有者权益减少的、与向所有者分配利润无关的经济利益总流出。费用的基本特征归纳如下。

(1) 费用是企业日常活动中发生的。这里对日常活动的界定与收入中界定的日常活动相一致。日常活动中的费用主要包括销售商品、提供劳务、出租资产等活动中产生的经济利益的流出;而企业在非日常活动中所形成的经济利益的流出,如处置非流动资产的净损失不确认为费用,而应当记入损失。

(2) 费用会导致企业所有者权益的减少。费用可能表现为企业资产的减少,如银行存款的减少;也可能表现为企业负债的增加,如增加应付职工薪酬等;不会导致所有者权益减少的经济利益的流出,不确认为费用。如偿债性支出,以银行存款偿还短期借款,对所有者权益没有影响，因不符合费用的定义，故不确认为费用。

（3）费用与向所有者分配利润无关。费用的发生会导致经济利益的流出，向投资者分配的利润或股利，虽然也减少了所有者权益，但其性质是属于利润分配，故不构成企业的费用。

2. 费用的分类和确认

费用按照其是否计入成本可分为生产成本和期间费用两类，其中生产成本是指企业为生产一定种类和数量的产品所发生的费用，即主要包括直接材料、直接人工和制造费用的总和。期间费用是指不计入成本、直接计入当期损益的费用，包括销售费用、管理费用和财务费用。同时，2006年发布的《企业会计准则——基本准则》规定，企业为生产产品、提供劳务等发生的可归属于产品成本、劳务成本等的费用，应当在确认产品销售收入、劳务收入等时，将已销售产品、已提供劳务的成本等计入当期损益。

费用的确认除了应当符合定义外，至少还应当符合以下条件：一是与费用相关的经济利益应当很可能流出企业；二是经济利益流出的结果会导致资产的减少或者负债的增加；三是经济利益的流出金额能够可靠计量。

符合费用定义和费用确认条件的项目，应当列入利润表。

2.1.6 利润

1. 利润的定义和来源

利润是指企业在一定会计期间的经营成果。通常情况下，如果企业在经营中获得利润，所有者权益会随之而增加；反之，如果企业发生了亏损，所有者权益会随之而减少。因此，利润指标是评价企业管理层业绩的一项重要指标。

利润包括收入减去费用后的净额、直接计入当期利润的利得和损失等。收入减费用后的净额反映的是企业日常活动的成果；而直接计入当期利润的利得和损失反映的是非日常活动的成果，是指应当计入当期损益、会导致所有者权益发生增减变动的、与所有者投入资本或者向所有者分配利润无关的利得或者损失。

2. 利润的确认

利润金额取决于收入和费用、直接计入当期利润的利得和损失金额的计量。利润总额包括营业利润、营业外收入和营业外支出。利润总额扣除所得税费用即为净利润。未计入当期利润的利得和损失扣除所得税影响后的净额计入其他综合收益的税后净额，净利润与其他综合收益的税后净额相加为综合收益总额。

利润项目应当列入利润表。

上述收入、费用和利润三大会计要素的内容，反映的是企业一定期间经营成果的会计要素，即动态的会计要素。收入、费用和利润这三个要素的关系可以用"收入－费用＝利润（或亏损）"（这里的收入、费用是广义的收入、费用概念，即包括直接计入当期利润的利得和损失）的等式关系来表示，它是编制利润表的基础。因此，也称这三大要素为利润表的会计要素。

2.2 会计核算基础和会计计量属性

2.2.1 会计核算基础

我国 2006 年发布的《企业会计准则——基本准则》规定，企业应当以权责发生制为基础进行会计确认、计量和报告。

权责发生制基础要求，凡是当期已经实现的收入和已经发生或应当负担的费用，不论款项是否收付，都应当作为当期的收入和费用；凡是不属于当期的收入和费用，即使款项已在当期收付，也不应当作为当期的收入和费用。

权责发生制是与收付实现制相对应的一种会计基础，前者的核心是根据权、责关系实际发生的期间来确认收入和费用，后者在确认收入和费用时一律以实际的款项收付为标志。按权责发生制确认收入和费用，比较符合经济业务事项的经济实质，有利于准确地反映企业的经营成果和财务状况。在我国，政府会计由预算会计和财务会计构成。其中，预算会计采用收付实现制，国务院另有规定的，依照其规定；财务会计采用权责发生制。

2.2.2 会计计量属性

会计计量是指将企业符合确认条件的会计要素登记入账并列报于财务报表（会计报表及其附注）而确定其金额的过程。会计的计量属性反映的是会计要素金额的确定基础。会计计量属性主要包括历史成本、重置成本、可变现净值、现值和公允价值五种。

1. 历史成本

历史成本也称实际成本，是指企业在取得或建造某项资产时实际支付的现金或现金等价物。在历史成本计量下，资产按照购置时支付的现金或者现金等价物的金额，或者按照购置资产时所付出的对价的公允价值计量。负债按照因承担现时义务而实际收到的款项或者资产的金额，或者按照承担现时义务的合同金额，或者按照日常活动中为偿还负债预期需要支付的现金或者现金等价物的金额计量。

2. 重置成本

重置成本也称现行成本，是指在当前市场条件下，重新购置相同资产所付出的现金或现金等价物。在重置成本计量下，资产按照现在购买相同或者相似资产所需支付的现金或者现金等价物的金额计量；负债按照现在偿付该项债务所需支付的现金或者现金等价物的金额计量。

3. 可变现净值

可变现净值是指在正常生产经营活动中，以存货的估计售价减去至完工时估计将要发生的成本、估计销售费用及相关税金后的金额。在可变现净值计量下，资产按照其正常对外销售所能收到现金或者现金等价物的金额扣减该资产至完工时估计将要发生的成本、估计的销售费用及相关税费后的金额计量。

4. 现值

现值是考虑货币时间价值因素的一种计量属性，是指采用恰当的折现率对未来现金流量进行折现后的价值。在现值计量下，资产按照预计从其持续使用和最终处置中所产生的未来净现金流入量的折现金额计量。负债按照预计期限内需要偿还的未来净现金流出量的折现金额计量。

5. 公允价值

2014年7月23日，为了适应我国企业和资本市场发展的实际需要，实现我国企业会计准则与国际财务报告准则的持续趋同，经财政部部务会议决定，将《企业会计准则——基本准则》第四十二条第五项的公允价值进行了修改。在公允价值计量下，资产和负债按照市场参与者在计量日发生的有序交易中，出售资产所能收到或者转移负债所需支付的价格计量。公允价值强调站在企业主体之外的立场，以市场的视角将交易双方达成的市场价格作为公允价值，是对资产和负债以当前市场情况为依据进行价值计量的结果。

企业在对会计要素进行计量时，一般应当采用历史成本，采用重置成本、可变现净值、现值、公允价值计量的，应当保证所确定的会计要素金额能够取得并可靠计量。

2.3 会计等式

2.3.1 会计等式的含义

如前所述，会计的六大要素反映了资金运动的静态和动态两个方面，具有内在的关联性，它们在数量上存在着特定的平衡关系，这种平衡关系可以通过会计平衡等式表现出来，即通常所说的会计等式。会计等式又称为会计恒等式或会计平衡公式，是会计核算建立复式记账的理论基础。

1. 基本会计等式

任何企业为了实现其经营目标，都要拥有一定数量的资产。企业的资产，来自于两个方面：一是负债；二是投资人的投资及其增值，因而债权人和投资人都对企业的资产拥有要求权，这种对企业资产的要求权，在会计上总称为权益。权益中属于债权人的部分，称为债权人权益，通常称为负债；属于投资人的部分，是投资人享有的权益，称为所有者权益。

资产表明企业拥有什么经济资源和拥有多少经济资源，权益则表明是谁提供了这些经济资源，谁就对这些经济资源拥有要求权。既然权益是对资产的要求权，那么，资产与权益之间就是相互依存的关系。没有资产，就没有有效的权益。同样，企业所拥有的资产也完全不能脱离权益而存在。没有无资产的权益，也没有无权益的资产。而且，从数量上看，有一定数额的资产，就必定有一定数额的权益；反之，有一定数额的权益，也必然有一定数额的资产。也就是说，一个企业的资产总额与权益总额必然相等。资产与权益之间这种数量上的平衡关系，可以用等式表示为：

$$资产 = 权益$$
$$= 债权人权益 + 投资人权益$$
$$= 负债 + 所有者权益$$

上面等式称为会计基本等式，它直接反映出资产负债表中资产、负债、所有者权益三要素之间的内在联系和数量上的关系，高度概括了企业在一定时点上的财务状况，所以它是建立资产负债表的理论基础。

2. 扩展的会计等式

由于企业的主要目标是通过赚取利润使所有者权益增加，因此企业总是力求增加取得的收入，减少发生的费用，使净收入扩大。收入将使所有者权益增加，而费用则使所有者权益减少。会计要素中的收入、费用和利润三项要素，即利润表要素，它们三者之间的关系是：收入－费用＝利润。利润的增减最终会影响所有者权益的变动，因此，收入和费用的发生将影响企业的所有者权益，则会计等式也就转化为：

$$资产＝负债＋所有者权益＋利润$$

或

$$资产＝负债＋所有者权益＋（收入－费用）$$

移项，则：

$$资产＋费用＝负债＋所有者权益＋收入$$

因此，将收入、费用两要素列入基本会计等式，可以将资产负债表和利润表联系起来，从而揭示了资产负债表要素和利润表要素各自内部及相互之间的内在联系和数量上的关系，也就是说，它是所有会计要素的关系表达式，并完整地表现了企业的财务状况和财务成果及其形成过程。

到了会计期末，企业将收入与费用相互配比，计算出利润（或亏损），并按照规定的程序进行分配，剩余的全部归为所有者权益项目。这样，在会计期末结账之后，会计等式又恢复到会计等式期初的形式。即：

$$资产＝负债＋所有者权益$$

综上所述，会计等式揭示了会计要素之间的联系。它是设置账户、复式记账、试算平衡和编制会计报表的理论依据。

2.3.2 经济业务的发生对会计等式的影响

企业在经营过程中发生的各种经济活动，在会计上称为"经济业务"。随着经济业务的不断发生，必然会引起企业的资产和权益经常发生增减变动。但是，无论企业的经济业务引起资产和权益发生怎样的变化，企业的资产总额总是等于它的权益总额。也就是说，任何时候，无论从哪个时点上来观察，会计等式所表示的数量平衡关系都不会被破坏。

经济业务的发生，会引起"资产＝负债＋所有者权益"等式中各项会计要素的增减变动，归纳起来，可以分为四大类型并细化为九种情况。

（1）资产项目内部一增一减，增减的金额相等。

（2）权益项目内部一增一减，增减的金额相等。

这一类经济业务具体包括以下四种情况：①一项负债减少，另一项负债增加；②一项所有者权益减少，另一项所有者权益增加；③一项负债减少，一项所有者权益增加；④一项所有者权益减少，一项负债增加。

（3）资产和权益项目同时增加，双方增加的金额相等。

这一类经济业务具体包括以下两种情况：①一项资产增加，一项负债增加；②一项资产增加，一项所有者权益增加。

（4）资产和权益项目同时减少，双方减少的金额相等。

这一类经济业务具体包括以下两种情况：①一项资产减少，一项负债减少；②一项资产减少，一项所有者权益减少。

以上四种类型九种情况的经济业务的变化如表2-1所示。

表2-1 经济业务的四种类型九种情况

经济业务	资产	负债+所有者权益
1	（+）（−）	
2		（+）（−）
3		（+）（−）
4	−	+
5	+	−
6	+	+
7	+	+
8	−	−
9	−	−

下面将举例说明不同类型经济业务的发生对会计等式的影响。

【例2-1】宏达公司2017年12月31日资产、负债和所有者权益的状况如下：

资　　产　　＝　　负　　债　　＋　　所有者权益

库存现金　1 000　　短期借款 20 000　　实收资本 45 000

银行存款　19 000　　应付账款 10 000　　资本公积　5 000

应收账款　10 000　　预收账款 20 000

存　　货　10 000

固定资产　60 000

总　　计 100 000 ＝　　　　50 000 ＋　　　　50 000

上列会计等式表明，在12月31日这个特定时点上，宏达公司拥有的资产总额为100 000元，它来自于负债和所有者权益两个方面。其中债权人享有的资产要求权，即负债总额为50 000元；企业投资人享有的资产要求权，即所有者权益总额为50 000元。资产总额和权益总额都是100 000元，此时，宏达公司的资产总额与权益总额相等，会计等式保持着平衡关系。

如果说，上述举例只反映出资产、负债和所有者权益静态的平衡关系，那么，下面将进一步考察四大类经济业务与会计等式的关系。

【例2-2】以例2-1为基础，宏达公司2018年发生下列经济业务。

1月5日，从银行存款中提取现金1 000元备用。

这项经济业务的发生，使公司的银行存款（资产项目）减少了1 000元，即由原来的19 000元减少到18 000元，同时使公司的库存现金（资产项目）增加了1 000元，即由原来的 1 000 元增加为 2 000 元。这项经济业务使公司的资产项目一增一减，增减的金额相等，因此公司资产总额不会发生变化。而且，这项经济业务没有涉及负债和所有者权益，不会引起权益总额发生变化。所以，在发生这项经济业务以后，会计等式的平衡关系仍没有被破坏。

```
资      产      =      负      债      +      所有者权益
库存现金    2 000        短期借款 20 000        实收资本 45 000
银行存款   18 000        应付账款 10 000        资本公积  5 000
应收账款   10 000        预收账款 20 000
存    货   10 000
固定资产   60 000
─────────────   ─────────────   ─────────────
总    计  100 000 =           50 000 +           50 000
```

2月7日，向银行借入期限为6个月的短期借款 10 000 元，直接偿还前欠外单位货款。

这项经济业务的发生，使公司的短期银行借款（负债项目）增加了 10 000 元，即由原来的 20 000 元增加到 30 000 元，同时使公司的应付账款（负债项目）减少了 10 000 元，即由原来的 10 000 元减少到 0 元。这项经济业务使权益中的负债一增一减，增减的金额相等，因此权益总额不会发生变化，而且这项经济业务没有涉及资产的变化，不会引起资产总额发生变化。因此，在发生这项经济业务以后，会计等式的平衡关系仍然没有被破坏。

```
资      产      =      负      债      +      所有者权益
库存现金    2 000        短期借款 30 000        实收资本 45 000
银行存款   18 000        应付账款      0        资本公积  5 000
应收账款   10 000        预收账款 20 000
存    货   10 000
固定资产   60 000
─────────────   ─────────────   ─────────────
总    计  100 000 =           50 000 +           50 000
```

3月15日，从外单位赊购一批材料，金额为 15 000 元。

这项经济业务的发生，使公司的存货（资产项目）增加了 15 000 元，即由原来的 10 000 元增加到 25 000 元，同时使公司的应付账款（负债项目）增加了 15 000 元，即由原来的 0 元增加到 15 000 元。这项经济业务使资产和权益中的负债同时增加，双方增加的金额相等，因而会计等式的平衡关系不会被破坏。

```
资      产      =      负      债      +      所有者权益
库存现金    2 000        短期借款 30 000        实收资本 45 000
银行存款   18 000        应付账款 15 000        资本公积  5 000
应收账款   10 000        预收账款 20 000
存    货   25 000
固定资产   60 000
─────────────   ─────────────   ─────────────
总    计  115 000 =           65 000 +           50 000
```

4月18日，以银行存款 15 000 元偿还15日所欠货款。

这项经济业务的发生，使公司的银行存款（资产项目）减少了 15 000 元，即由原来的 18 000 元减少到 3 000 元，同时使公司的应付账款（负债项目）减少了 15 000 元，即由原来的 15 000 元减少到 0 元。这项经济业务使资产和权益中的负债同时减少，双方减少的金额相等，因而会计等式的平衡关系不会被破坏。

资　产	＝	负　债	＋	所有者权益
库存现金　2 000		短期借款 30 000		实收资本 45 000
银行存款　3 000		应付账款　　　 0		资本公积　5 000
应收账款 10 000		预收账款 20 000		
存　　货 25 000				
固定资产 60 000				
总　　计 100 000	＝	50 000	＋	50 000

5 月 4 日，以资本公积转增资本 3 000 元。

这项经济业务的发生，使公司的实收资本（所有者权益项目）增加了 3 000 元，即由原来的 45 000 元增加到 48 000 元，同时使公司的资本公积（所有者权益项目）减少了 3 000 元，即由原来的 5 000 元减少到 2 000 元。这项经济业务使权益中的所有者权益一增一减，增减的金额相等，因此权益总额不会发生变化，而且，这项经济业务没有涉及资产的变化，不会引起资产总额发生变化，因此在发生这项经济业务以后，会计等式的平衡关系仍然没有被破坏。

资　产	＝	负　债	＋	所有权者权益
库存现金　2 000		短期借款 30 000		实收资本 48 000
银行存款　3 000		应付账款　　　 0		资本公积 2 000
应收账款 10 000		预收账款 20 000		
存　　货 25 000				
固定资产 60 000				
总　　计 100 000	＝	50 000	＋	50 000

7 月 4 日，接受投资者追加投入资本 12 000 元，存入银行。

这项经济业务的发生，使公司的银行存款（资产项目）增加了 12 000 元，即由原来的 3 000 元增加到 15 000 元，同时使公司的实收资本（所有者权益项目）增加了 12 000 元，即由原来的 48 000 元增加到 60 000 元。这项经济业务使资产和权益中的所有者权益同时增加，双方增加的金额相等，因而会计等式的平衡关系不会被破坏。

资　产	＝	负　债	＋	所有者权益
库存现金　2 000		短期借款 30 000		实收资本 60 000
银行存款 15 000		应付账款　　　 0		资本公积　2 000
应收账款 10 000		预收账款 20 000		
存　　货 25 000				
固定资产 60 000				
总　　计 112 000	＝	50 000	＋	62 000

8 月 15 日，用银行存款 10 000 元，返还投资人投资。

这项经济业务的发生，使公司的银行存款（资产项目）减少了 10 000 元，即由原来的 15 000 元减少到 5 000 元，同时使公司的实收资本（所有者权益项目）减少了 10 000 元，即由原来的 60 000 元减少到 50 000 元。这项经济业务使资产和权益中的所有者权益同时减少，双方减少的金额相等，因而会计等式的平衡关系不会被破坏。

```
资    产    =    负    债    +    所有者权益
库存现金   2 000       短期借款  30 000      实收资本 50 000
银行存款   5 000       应付账款       0      资本公积  2 000
应收账款  10 000       预收账款  20 000
存    货  25 000
固定资产  60 000

总    计 102 000 =          50 000 +         52 000
```

12 月 19 日，以前预收的款项本期确认服务收入实现 20 000 元。

这项经济业务的发生，使公司的留存收益（所有者权益项目）增加了 20 000 元，即由原来的 0 元增加到 20 000 元，同时使公司的预收账款（负债项目）减少了 20 000 元，即由原来的 20 000 元减少到 0 元。这项经济业务使权益中的所有者权益和负债一增一减，增减的金额相等，因此权益总额不会发生变化，而且这项经济业务没有涉及资产的变化，不会引起资产总额发生变化，因此在发生这项经济业务以后，会计等式的平衡关系仍然没有被破坏。

```
资    产    =    负    债    +    所有者权益
库存现金   2 000       短期借款  30 000      实收资本 50 000
银行存款   5 000       应付账款       0      资本公积  2 000
应收账款  10 000       预收账款       0      留存收益 20 000
存    货  25 000
固定资产  60 000

总    计 102 000 =          30 000 +         72 000
```

12 月 31 日，计算应向职工支付的薪酬为 12 000 元。

这项经济业务的发生，使公司的应付职工薪酬（负债项目）增加了 12 000 元，即由原来的 0 元增加到 12 000 元，同时使公司的留存收益（所有者权益项目）减少了 12 000 元，即由原来的 20 000 元减少到 8 000 元。这项经济业务使权益中的负债和所有者权益一增一减，增减的金额相等，因此权益总额不会发生变化，而且，这项经济业务没有涉及资产的变化，不会引起资产总额发生变化，因此，在发生这项经济业务以后，会计等式的平衡关系仍然没有被破坏。

```
资    产    =    负    债    +    所有权者权益
库存现金   2 000       短期借款   30 000     实收资本 50 000
银行存款   5 000       应付账款        0     资本公积  2 000
应收账款  10 000       预收账款        0     留存收益  8 000
存    货  25 000       应付职工薪酬 12 000
固定资产  60 000

总    计 102 000 =          42 000 +         60 000
```

从以上举例可以看出，凡是发生只涉及资产或权益一方内部项目之间增减变动的经济业务，如第一和第二大类经济业务，不但不会影响双方总额的平衡，而且原来的总额也不会发生变动；凡是发生涉及资产和权益双方项目同增或同减的经济业务，如第三和第四大类经济业务，都会使双方原来的总额发生同增或同减的变动，但变动的结果，双方的总额仍然相等。由此可见，任何一项经济业务的发生，无论资产和权益发生怎样的增减变动，都不会破坏会计等式的平衡关系。把握资产和权益的平衡关系这一理论依据，对于我们正确理解和运用复式记账法具有十分重要的意义。

2.4 财务报表简介

财务会计报告是财务会计信息系统最终的成果，其目的是向信息使用者传达企业管理层受托责任履行情况，有助于其进行决策的信息。财务会计报告的核心内容是财务报表，主要包括资产负债表、利润表、现金流量表和所有者权益变动表及附注。

利润表是对特定期间收入、费用等经营成果的汇总；所有者权益变动表反映特定期间所有者权益变动情况；资产负债表通过列示资产、负债和所有者权益项目来传达企业特定日期的财务状况；现金流量表反映企业在特定期间经营活动、投资活动和筹资活动对现金流量的影响。

在2.3节"会计等式"内容的基础上，借鉴"会计等式分析"的思路，将财务报表的主要项目由左至右横向展开列示，直接分析企业发生的经济业务，并整理出经济业务对财务报表的影响，形成最终反映企业财务状况、经营成果和现金流量等信息的财务报表完整体系。表2-2为利用"会计等式分析法"对宏达公司经济业务的分析。

表2-2 "会计等式分析法"的应用

项目	资产						=	负债				+	所有者权益						
	流动资产					非流动资产		流动负债				非流动负债	投入资本		综合收益总额				
	现金类				非现金类										其他综合收益	留存收益			
	经营活动	投资活动	筹资活动	=现金小计	应收账款	存货	固定资产	短期借款	应付账款	预收账款	应付职工薪酬	长期借款	实收资本	资本公积	其他综合收益	利润 收入	-费用	-分配利润	=留存收益小计
2017.12.31				20000	10000	10000	60000	20000	10000	20000	0		45000	5000	0				0
2018.1.5				+1000 -1000															
2.7								+10000	-10000										
3.15						+15000			+15000										
4.18	-15000								-15000										
5.4											+3000						-3000		
7.4		+12000														+12000			
8.15		-10000														-10000			
12.19									-20000							+20000			
12.31									+12000									-12000	
小计	-15000	+2000		7000	10000	25000		30000			12000		50000	2000					8000
财务报表	现金流量表				资产负债表									利润表 所有者权益变动表						

根据表2-2，可以整理出主要的财务报表，如图2-4所示。

宏达公司2018年度的利润为8 000元，信息源于表2-2中的留存收益栏目中收入与费用的差额。所有者权益变动表揭示了宏达公司在2018年度间所有者权益变化的情况，包括

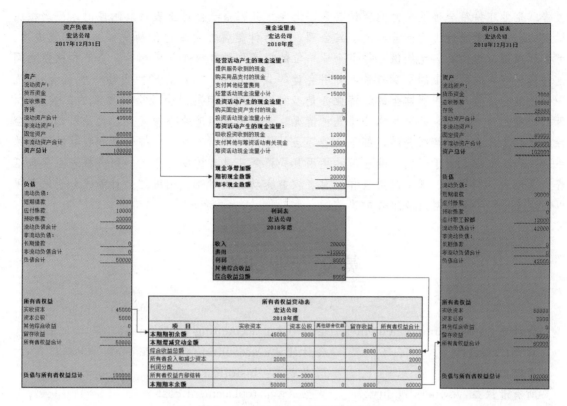

图 2-4 宏达公司主要的财务报表

期初余额 50 000 元,本期增减变动额 10 000 元及最终将体现在 2018 年年末资产负债表中的期末余额 60 000 元,表 2-2 中的所有者权益栏目可提供详细信息。宏达公司 2017 年 12 月 31 日和 2018 年 12 月 31 日的资产负债表是报告式的财务状况汇总表,分别体现企业在特定日期的资产、负债和所有者权益状况,表 2-2 的全部项目是填写资产负债表的依据。为了弥补权责发生制不反映现金的缺点,还需编制按照经营活动、投资活动和筹资活动类别反映的现金流量。经营活动主要包括销售商品、提供劳务、购买商品、接受劳务、支付税费;投资活动主要包括购建长期资产、其他投资及处置;筹资活动主要包括吸收投资、取得借款、分配利润、偿还本息。宏达公司 2018 年度现金流量表中的期末现金数额 7 000 元与 2018 年 12 月 31 日的资产负债表中货币资金项目数额相同。显然,利润表、现金流量表和所有者权益变动表解释了企业在不同时点资产负债表项目变化的原因。

本章小结

会计要素是会计对象的具体化,是对会计核算对象的基本分类,是设定会计报表结构和内容的依据,也是进行会计确认和计量的依据。我国 2006 年发布的《企业会计准则——基本准则》规定的会计要素包括资产、负债、所有者权益、收入、费用和利润等六项。我国《企业会计准则——基本准则》规定,企业应当以权责发生制为基础进行会计确认、计量和报告。企业在将符合确认条件的会计要素登记入账并列报于会计报表及其附注时,应当按照规定的会计计量属性进行计量,确定其金额。会计计量属性主要包括历史成本、重置成本、可变现净值、现值和公允价值。每个企业单位的资产总量与权益总量相等。资产和权益之间这种客观存在的数量上的平衡关系,可用会计等式来表示,即:资产=负债+所有者权益。一个企业在经营过程中所发生的经济业务是多种多样的,但从对企业会计要素的影响来看,可以概括为四大类型,并可具体分为九种情况。任何一项经济业务的发生,无论引起各项会计要素发生什么样的增减变动,都不会破坏会计等式的平衡关系。把握资产和权益的平衡关系这一理论依据,对于我们正确理解和运用复式记账法具有重要的意义。财务报表主要包括资产负债表、利润表、现金流量表和所有者权益变动表及附注。利用"会计等式分析法"可以直观展示经济业务对财务报表的影响。

英文专业词汇

会计要素:accounting element　　会计等式:accounting equation
资产:asset　　　　　　　　　　会计计量:accounting measurement
负债:liability　　　　　　　　　历史成本:historical cost
所有者权益:owners' equity　　　重置成本:replacement cost
收入:revenue　　　　　　　　　现值:present value
费用:expense　　　　　　　　　可变现净值:net realizable value
利润(亏损):profit(loss)　　　　公允价值:fair value
权责发生制:accrual basis　　　　收付实现制:cash basis

本章相关法规

1. 中华人民共和国会计法(根据2017年11月4日第十二届全国人民代表大会常务委员会第三十次会议第二次修正)

2. 企业财务会计报告条例(2000年6月21日中华人民共和国国务院令第287号,自2001年1月1日起施行)

3. 企业会计准则——基本准则(2006年2月15日财政部部务会议修订通过,中华人民共和国财政部令第33号,自2007年1月1日起施行;2014年7月23日财政部部务会议审议通过,中华人民共和国财政部令第76号,修改第四十二条第五项,自2014年7月23日施行)

4. 关于全面推开营业税改征增值税试点的通知(2016年3月23日财政部、国家税务总局发布,自2016年5月1日起施行)

5. 企业会计准则第30号——财务报表列报(2006年2月15日财政部发布,自2007年

1月1日起施行；2014年1月26日财政部修订，自2014年7月1日起施行）

6. 关于修订印发2018年度一般企业财务报表格式的通知（2018年6月15日财政部印发）

阅读材料

会计学家——娄尔行

娄尔行先生是浙江绍兴人。1937年毕业于国立上海商学院会计系，同年赴美国密歇根大学企业管理研究生院深造，1939年毕业，获企业管理硕士学位。1978年调入复旦大学任教授。1980年调回上海财经学院任教授、博士生导师、会计系主任等职。娄尔行先生是新会计学科体系的主要创始人。

1984年他主编出版《资本主义企业财务会计》，通过传播西方的会计理论和实务，对我国会计学的发展产生了重要影响。同年，主编出版的《基础会计》一书中对我国以往受前苏联影响的传统会计原理和教材体系作出了重大改革。娄尔行先生积极倡导和参与会计教学改革。1981年起，他提出了"扩大知识面，培养广博而专精的人才"的指导思想，重新设置会计课程体系。并在上海财经大学会计系进行了一系列教学改革，1988年由国家教委批准确定为全国重点会计学科点。1987年，主持编写并与美国学者合作出版了用英文撰写的《中华人民共和国会计与审计》，成为国际会计界了解中国会计的一个窗口。

娄尔行先生的会计理论体系，集中体现在《会计审计理论探索》一书中。娄尔行先生两次出席"联合国国际会计和报告准则政府间专家工作组会议"，为促进中国会计的国际交流、树立中国会计的国际地位做出了贡献。

学术论文参考

[1] 葛家澍. 论美国的会计概念框架与我国的基本会计准则. 厦门大学学报，2006（4）.

[2] 娄尔行. 三式记账法的探索. 会计研究，1985（2）.

[3] 娄尔行. 本世纪三十年代中期国立上海商学院的会计教学. 上海会计，1991（1）.

[4] 葛家澍，陈朝琳. 财务报告概念框架的新篇章：评美国FASB第8号概念公告（2010年9月）. 会计研究，2011（3）.

[5] 任永平，蔡宇欣，李伟. 试评IASB、FASB财务会计概念框架的趋同性. 商业会计，2016（19）.

本章练习题

一、单项选择题

1. 下列项目中属于流动资产的是（   ）。
   A. 预收账款 B. 应付账款
   C. 预付账款 D. 短期借款

2. 企业从银行取得借款直接偿还应付购货款，属于哪一种类型的经济业务（   ）。
   A. 资产项目之间此增彼减 B. 权益项目之间此增彼减
   C. 资产项目和权益项目同增 D. 资产项目和权益项目同减

3. 下列经济业务的发生，不会使会计等式两边总额发生变化的有（   ）。
   A. 收到应收账款存入银行 B. 从银行取得借款存入银行
   C. 收到投资者以固定资产进行的投资 D. 以银行存款偿还应付账款

4. 下列经济业务的发生，使资产和权益项目同时增加的是（   ）。
   A. 生产产品领用材料 B. 以现金发放应付工资
   C. 收到购买单位预付的购货款存入银行 D. 以资本公积转增资本

5. 下列经济业务中只涉及资产项目增减变动的是（   ）。
   A. 取得短期借款存入银行 B. 收到某企业投资
   C. 收到某企业所欠货款存入银行 D. 用银行存款缴纳应交税费

6. 按照权责发生制的核算基础，下列货款中应列作本期收入的是（   ）。
   A. 本期销售货款存入银行
   B. 本月收回上月多付给销货方的货款存入银行
   C. 本期预收下月货款存入银行
   D. 上期销售货款，本期收存银行

7. 下列属于负债要素的是（   ）。
   A. 专利权 B. 预付账款
   C. 应收账款 D. 预收账款

8. 下列会计恒等式正确的有（   ）。
   A. 资产＝负债＋所有者权益 B. 资产－权益＝负债
   C. 资产＋负债＝所有者权益 D. 资产＝负债＋权益

9. 当一笔经济业务只涉及负债及所有者权益有关项目之间的增减变动，则会计等式两边的金额（   ）。
   A. 同时增加 B. 同时减少
   C. 保持不变 D. 一方增加，一方减少

10. 下列项目中属于非流动资产的是（   ）。
    A. 预付账款 B. 预收账款

C. 固定资产　　　　　　　　　　D. 原材料

二、多项选择题

1. 根据权责发生制基础，应计入本期收入和费用的有（　　）。
   A. 本期实现的经济利益流入，并已收款
   B. 本期实现的经济利益流入，尚未收款
   C. 本期发生的经济利益流出，尚未支付
   D. 以后期间发生的经济利益流出，但已支付
2. 根据收付实现制基础，应计入本期收入和费用的有（　　）。
   A. 本期实现的经济利益流入，并已收款
   B. 本期实现的经济利益流入，尚未收款
   C. 本期发生的经济利益流出，尚未支付
   D. 以后期间发生的经济利益流出，但已支付
3. 下列项目中属于流动负债的有（　　）。
   A. 预付账款　　　　　　　　　　B. 预收账款
   C. 应付账款　　　　　　　　　　D. 应收账款
4. 下列经济业务中，会引起会计等式左右两边同时发生增减变动的有（　　）。
   A. 收到应收销货款存入银行　　　B. 购进材料尚未付款
   C. 用银行存款偿还长期借款　　　D. 用资本公积转增资本
5. 期间费用包括（　　）。
   A. 制造费用　　　　　　　　　　B. 管理费用
   C. 财务费用　　　　　　　　　　D. 销售费用

三、判断题

1. 企业所有经济业务的发生都会引起会计恒等式两边发生增减变化。（　　）
2. 预收账款属于流动负债项目。（　　）
3. 企业主要以收付实现制为核算基础。（　　）
4. 企业可以随意应用公允价值的计量属性。（　　）
5. 从银行提取现金业务不会引起会计恒等式两边总额发生变动。（　　）

四、思考题

1. 经济业务有哪几种类型？每类经济业务的发生会引起资产与权益发生什么变化？会不会破坏资产与权益的平衡关系？
2. 会计的计量属性包括哪些？如何理解会计的计量属性？
3. 什么是资产？有哪些基本特征？如何进行分类？
4. 什么是负债？有哪些基本特征？如何进行分类？
5. 什么是所有者权益？有哪些基本特征？包括哪些内容？
6. 什么是会计等式？它有何作用？

五、业务题

资料：东方公司 2018 年 3 月 1 日资产项目合计为 600 000 元，负债项目合计为 110 000 元，所有者权益项目合计为 490 000 元。

该企业 3 月份发生下列经济业务：
(1) 购入材料一批已入库，金额 5 000 元，料款暂欠；
(2) 购入材料一批已入库，金额 3 000 元，以银行存款支付；
(3) 国家投入设备一台，价值 50 000 元；
(4) 从银行借入短期资金 30 000 元，存入银行；
(5) 收到销货单位归还所欠货款 20 000 元，存入银行；
(6) 以库存现金 1 000 元支付采购员出差预借的差旅费；
(7) 以银行存款 20 000 元，偿还短期借款；
(8) 从银行取得短期借款 5 000 元，直接偿还前欠购料款；
(9) 以银行存款 20 000 元缴纳应交税金；
(10) 以银行存款 10 000 元偿还前欠购料款；
(11) 从银行提取现金 2 000 元；
(12) 将盈余公积 10 000 元，转增资本。

要求：
(1) 利用"会计等式分析法"表格，逐项分析上述经济业务发生后对资产、负债和所有者权益三个要素增减变动的影响；
(2) 月末，计算资产、负债和所有者权益三个要素的总额，并列出计算过程。

第 3 章 会计科目与账户

【学习目标】

设置会计科目与账户是会计核算的基本方法之一。通过本章的学习，要求：(1) 理解会计科目和账户的概念；(2) 了解会计科目的作用和设置原则及设置账户的必要性；(3) 掌握会计科目的内容和科目级次及账户的基本结构，为复式记账法的学习奠定牢固的基础。

【案例或故事】

设置会计科目引发的思考

大维股份有限公司由三位投资人共同出资300万元设立而成，主要从事司机座椅的生产加工。目前，该公司已经租用了一个占地2 000平方米的厂房，设有三个基本生产车间。其他经营资料如下：(1) 公司已在中国工商银行开立账户；(2) 为临时周转资金，公司准备向银行借款50万元；(3) 公司已经购置生产所需的原材料、生产设备和运输用汽车以及管理所需的桌椅、计算机等办公设备；(4) 公司在购销活动中，可采用赊购、赊销方式；(5) 雇用员工30人，每月月末支付工资及津贴；(6) 企业按税法规定主要需缴纳增值税、所得税、城市维护建设税和教育费附加；(7) 公司每年年末按税后利润提取盈余公积，并向投资人分配利润。如果你是大维公司的会计人员，应该如何设计适合企业的会计科目表呢？

通过本章学习，你将了解有关会计科目及账户等基本知识。

3.1 会计科目

3.1.1 设置会计科目的意义

当企业面对成千上万笔经济业务时,使用"会计等式分析法"来获取信息将非常困难。为此,财务会计信息系统需要借助更有效率的方式——会计科目与账户来实现信息的加工整理。会计科目是对会计对象的具体内容进行分类核算的项目,也就是按照经济内容对各个会计要素所做的进一步分类。由于经济业务的错综复杂,即使涉及同类会计要素,但它们的业务性质、经济内容和作用都存在着很大的差别,所以按其差异不同也应分为不同的会计科目。例如,应付账款与短期借款同属于负债类,但由于它们的形成原因和偿付期限各不相同,所以必须分别设置"应付账款"和"短期借款"两个会计科目。又如,库存现金和银行存款虽同属于资产类,但因为它们的存放地点、管理方法和作用的不同,需要分别设置"库存现金"和"银行存款"两个科目。对于企业的其他各项会计要素,也应按其经济内容的差异,设置不同的会计科目。

通过设置会计科目可以把复杂多样、性质不同的经济业务进行科学的分类,是设置账户的依据,也是进行会计核算和加强会计监督的重要手段,并能提供全面、统一的会计信息,便于国家宏观经济管理部门、企业管理者、投资者、信贷者及各有关方面掌握和分析企业的财务状况和经营成果。

3.1.2 设置会计科目的原则

会计科目的设置应符合会计核算工作的基本要求,以保证会计信息质量。因此,设置会计科目一般应遵循以下四项原则。

1. 必须结合会计对象的特点,全面反映会计对象的内容

会计科目作为对会计对象内容进行分类核算的项目,其设置应能够全面、系统地反映会计对象的全部内容,不能有任何遗漏。同时,会计科目的设置必须反映会计对象的特点。除各行业的共性会计科目外,还应根据各行业会计对象的特点设置相应的科目。例如,制造企业的主要经营活动是制造产品,因而必须设置反映成本计算、生产耗费的"生产成本""制造费用"会计科目,来适应制造企业会计对象的特点。

2. 既要满足对外报告的要求,又要符合企业内部经营管理的需要

会计科目的设置要保持会计指标体系的完整和统一,既要全面而概括地反映企业资金运动情况,以满足国家宏观经济管理的要求,又要适合企业经营活动的特点,满足企业内部经营管理的需要,因此,在设置会计科目时要兼顾对外报告信息和企业内部利用信息的需要,并根据需要提供数据不同详细程度的信息,即分设总分类科目和明细分类科目。总分类科目是对会计对象具体内容总分类核算的科目,如"库存商品""实收资本"等科目。它提供的是总括性指标。明细分类科目（包括二级科目、明细科目）是对总分类科目的进一步分类，如在"库存商品"总分类科目下按照库存商品的类别分设的二级科目和明细科目，它提供的明细资料，主要为企业内部管理服务。

3. 会计科目的设置要求规范性与灵活性相结合

要使会计科目所提供的指标具有较强的可比性，会计科目的设置应尽可能规范化，以便于编制统一的对外报表和进行审计工作。根据规范性原则，会计科目的名称、核算内容，必须符合国家会计准则及其他会计规范的有关规定。在满足规范化的前提下，企业在不违反会计准则中确认、计量和报告规定的前提下，可以根据本单位的实际情况自行增设、分拆、合并会计科目。在设置会计科目时，要求对每一会计科目的特定核算内容进行严格的界定。会计科目的名称应与其核算内容相一致，并要求含义明确、通俗易懂。

4. 会计科目的设置要保持相对的稳定性

按照会计核算的可比性原则，会计科目的设置还应具有稳定性，会计科目一旦设置和使用，一般不应轻易变动，以保持会计信息的连贯性和可比性，有利于会计工作的稳定和工作效率的提高。同时，为了便于会计科目的分类排列，便于记账、查账和推广使用电子计算机进行会计核算，每个会计科目还应有固定编号，所有会计科目的编排应程序化。

3.1.3 会计科目的分类

1. 按反映的经济内容分类

会计科目按其反映的经济内容不同，可分为资产类、负债类、共同类、所有者权益类、成本类、损益类六大类。

（1）资产类科目包括库存现金、银行存款、交易性金融资产、应收票据、长期股权投资、持有至到期投资、原材料、固定资产、无形资产、递延所得税资产等。

（2）负债类科目包括短期借款、应付账款、应付职工薪酬、应交税费、应付股利、长期借款、应付债券、递延所得税负债等。

（3）共同类科目包括衍生工具、套期工具、被套期项目。

（4）所有者权益类科目包括实收资本、资本公积、其他综合收益、盈余公积、本年利润和利润分配等。

（5）成本类科目包括生产成本、制造费用和劳务成本。

（6）损益类科目包括主营业务收入、主营业务成本、管理费用、其他业务收入、其他业务成本、营业外收入、营业外支出等。

2. 按提供指标的详细程度不同分类

会计科目按提供指标的详细程度不同，可分为总分类科目和明细分类科目。总分类科目又称一级科目，是对各会计要素的总括分类，提供较为概括的会计核算资料；明细分类科目是对某一总分类科目核算内容所做的更为详细的分类，提供较为详细的核算资料。如果需要提供多层明细核算，还可在总分类科目和明细分类科目之间增设二级科目（也称子目），在二级科目下的明细科目即三级明细科目（又称细目）。因此，会计科目按提供指标的详细程度不同，一般可分为三级：一级科目（总分类科目）、二级科目（子目）和三级科目（明细科目也称细目）。例如，制造企业中的"原材料"科目是属于总分类科目，在该科目下可以设置"原料及主要材料""辅助材料""外购半成品""修理用备件""包装材料""燃料"等子目,在子目下再根据原材料的品种、规格、型号分设细目。会计科目按其提供指标详细程度进行的分类,如表3-1所示。

表 3-1　会计科目按提供指标详细程度分类

总分类科目 (一级科目)	明细分类科目	
	子目(二级科目)	明细科目(细目、三级科目)
原材料	原料及主要材料	圆　钢 生　铁
	辅助材料	润滑剂 防锈剂
	燃　　料	汽　油 柴　油
生产成本	第一车间	甲产品 乙产品
	第二车间	丙产品 丁产品

3.1.4　会计科目表

会计科目表为每一个会计科目编制了一个固定的号码,这些号码称为会计科目(账户)编号。为表明会计科目的性质及其所属类别,便于迅速、正确地使用会计科目,并借助于电子计算机进行处理,我国财政部统一规定的会计科目都按照一定规则予以编号。

总分类科目一般采用四位数字编号法,每一位数字的特定含义规定如下。

(1)从左至右第一位数字表明会计科目所属的大类。具体来讲,"1"代表资产类;"2"代表负债类;"3"代表共同类;"4"代表所有者权益类;"5"代表成本类;"6"代表损益类。

(2)第二位数字表示会计科目的主要大类下属的各个小类。

例如,在资产类会计科目中,用"0"表示货币资金类;用"1"表示交易性金融资产及应收账项类;用"4"代表存货类等。

(3)第三、第四两位数字表示各小类下的各个会计科目的自然序号。其中,某些会计科目之间可能有空号,这是为便于增加会计科目而预留的。

按照2006年发布的《企业会计准则——应用指南》规定的会计科目表、《企业会计准则第30号——财务报表列报》(2014年修订)和《增值税会计处理规定》(2016年),选取一些主要和常用的会计科目,将其名称及统一编号列于表3-2之内。

表 3-2　会计科目名称和编号

序号	编码	会计科目名称	序号	编码	会计科目名称
		一、资产类	5	1121	应收票据
1	1001	库存现金	6	1122	应收账款
2	1002	银行存款	7	1123	预付账款
3	1012	其他货币资金	8	1131	应收股利
4	1101	交易性金融资产	9	1132	应收利息

续表

序号	编码	会计科目名称	序号	编码	会计科目名称
10	1221	其他应收款	42	2502	应付债券
11	1231	坏账准备	43	2701	长期应付款
12	1401	材料采购			三、共同类
13	1402	在途物资	44	3101	衍生工具
14	1403	原材料	45	3201	套期工具
15	1404	材料成本差异	46	3202	被套期项目
16	1405	库存商品			四、所有者权益类
17	1406	发出商品	47	4001	实收资本
18	1421	消耗性生物资产	48	4002	资本公积
19	1501	持有至到期投资	49	4003	其他综合收益
20	1511	长期股权投资	50	4101	盈余公积
21	1601	固定资产	51	4103	本年利润
22	1602	累计折旧	52	4104	利润分配
23	1604	在建工程	53	4201	库存股
24	1606	固定资产清理			五、成本类
25	1621	生产性生物资产	54	5001	生产成本
26	1701	无形资产	55	5101	制造费用
27	1702	累计摊销	56	5201	劳务成本
28	1711	商誉	57	5301	研发支出
29	1801	长期待摊费用			六、损益类
30	1901	待处理财产损溢	58	6001	主营业务收入
		二、负债类	59	6051	其他业务收入
31	2001	短期借款	60	6111	投资收益
32	2201	应付票据	61	6301	营业外收入
33	2202	应付账款	62	6401	主营业务成本
34	2203	预收账款	63	6402	其他业务成本
35	2211	应付职工薪酬	64	6403	税金及附加
36	2221	应交税费	65	6601	销售费用
37	2231	应付利息	66	6602	管理费用
38	2232	应付股利	67	6603	财务费用
39	2241	其他应付款	68	6711	营业外支出
40	2401	递延收益	69	6801	所得税费用
41	2501	长期借款	70	6901	以前年度损益调整

3.2 账 户

3.2.1 设置账户的必要性

会计科目只是对会计对象的具体内容进行分类的项目。但企业发生的各种经济业务是十分复杂的，为了序时、连续、系统地记录由于经济业务的发生而引起会计要素的增减变动，提供各种会计信息,必须根据会计科目开设相应的账户,以便对经济业务进行分类、系统和连续的记录。账户是根据会计科目开设的、用来分类连续地记录各项经济业务的内容,反映各个会计要素增减变化情况及其结果的户头。

会计科目与账户是两个既有联系又有区别的概念。它们的联系在于会计科目是设置账户的依据,是账户的名称;账户是会计科目的具体运用,会计科目所反映的经济内容,就是账户所要登记的内容,即两者反映的内容相同。它们之间的区别在于会计科目只是对会计对象具体内容的分类,本身没有结构;账户则有一定的结构和格式,具体反映某项经济业务内容的增减变动情况及其结果。由于账户是根据会计科目设置的,并按照会计科目命名,即会计科目就是账户的名称,两者名称完全相同,因而在实际工作中,会计科目与账户常被作为同义语来理解。

由于账户是根据会计科目开设的,在实际工作中,为了满足会计核算的要求,应分别按总分类科目开设总分类账户,进行总分类核算;按明细分类科目开设明细分类账户,进行明细分类核算。

3.2.2 账户的基本结构

为了全面、清晰地记录各项经济业务,每一个账户既要有明确的经济内容,又必须有一定的结构。账户的结构就是账户的格式,即每一个账户应分为几个部分,每一部分分别登记什么内容,增减变动的结果在哪一部分,表示什么。各项经济业务引起的资金变动,尽管是错综复杂的,但从数量上看不外乎增加和减少两种情况,因此,账户的结构也相应地划分为两个基本部分:一部分反映增加的数额,另一部分反映减少的数额。通常把账户划分为左、右两方,分别记录增加额或减少额,增减相抵后的差额,称为账户的余额。账户的完整结构,一般应包括下列内容:①账户的名称(会计科目);②日期和摘要(记录经济业务的日期和概括说明经济业务的内容);③凭证号数(说明账户记录的依据);④增加和减少的金额及余额。

账户的结构,如表3-3所示。

表3-3 账户名称(会计科目)

日期	凭证号数	摘要	金额	日期	凭证号数	摘要	金额

账户用左、右两方登记会计要素的增减变化,但究竟哪一方记增加,哪一方记减少,取决于所采用的记账方法和账户记录经济业务的内容及性质等。

账户在一定时期内登记的经济业务金额的合计称作账户的本期发生额,它反映一定时期内企业各项会计要素增减变动情况,提供的是动态的指标。本期发生额包括本期增加发生额和本期减少发生额。本期增加发生额是指账户在报告期内记录增加金额的合计数,本期减少发生额是指账户在报告期内记录减少金额的合计数。账户的本期增加发生额与本期减少发生额相抵后的差额,称为账户的余额。账户的余额一般与其增加的发生额在同一方向,余额按其表现时间的不同,分为期初余额和期末余额。期初(或期末)余额是指报告期开始(或结束)时账户的金额,它反映某一时点企业资产和权益变动的结果,提供的是静态指标。本期期末余额转入下期时,即为下期的期初余额。因此,通过账户记录的金额可提供期初余额、本期增加发生额、本期减少发生额、期末余额四个核算指标。上述四项指标之间的关系可以用等式表示为：

期末余额＝期初余额＋本期增加发生额－本期减少发生额

为了便于说明，在教学上通常用简化了的"T"形账户，如图3-1所示。

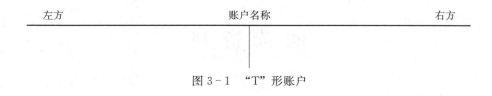

图3-1 "T"形账户

本 章 小 结

会计科目是对会计对象的具体内容进行分类核算的项目，也就是按照经济内容对各个会计要素所做的进一步分类。设置会计科目要遵循一定的原则。会计科目按其反映的经济内容不同，可分为资产类、负债类、共同类、所有者权益类、成本类、损益类六大类。会计科目按提供指标的详细程度不同，可分为总分类科目和明细分类科目。账户是根据会计科目开设的、用来分类连续地记录各项经济业务的内容，反映各个会计要素增减变化情况及其结果的户头。

英文专业词汇

会计科目：title of account 账户：account
会计科目表：chart of accounts 总分类账户：general ledger account
明细分类账户：subsidiary ledger account "T"形账户：T-account

本章相关法规

1. 中华人民共和国会计法（根据2017年11月4日第十二届全国人民代表大会常务委员会第三十次会议第二次修正）
2. 企业会计准则——基本准则（2006年2月15日财政部令第33号公布，自2007年1月1日起施行；2014年7月23日根据《财政部关于修改〈企业会计准则——基本准则〉的决定》修改并执行）
3. 企业会计准则第30号——财务报表列报（2006年2月15日财政部发布，自2007年

1月1日起施行；2014年1月26日财政部修订，自2014年7月1日起施行）

4. 企业会计准则——具体准则的应用指南（2006年10月30日财政部发布，自2007年1月1日起施行，2014年至2018年修订了部分具体准则的应用指南）

5. 增值税会计处理规定（2016年12月3日，财政部发布）

阅读资料

会计学家——葛家澍

葛家澍先生是江苏兴化人，1940年就读于江苏学院，1942年转学厦门大学，1945年厦门大学会计学系毕业，获厦门大学商学士学位。大学毕业后留校曾任助教、讲师、副教授和教授。1982年厦门大学成立经济学院，被任命为首任经济学院院长。葛家澍先生由于在会计学领域有较深的造诣，他的会计思想和观念被会计学术界，也被国家教委誉为"独树一帜"。

葛家澍先生在会计理论和财务会计领域的学术成就，享誉海内外。我国台湾一家著名的会计刊物《会计研究月刊》在介绍葛家澍先生时称他为"大陆会计界的翘楚"。他承担的全国"七五"规划期间重点课题《市场经济下会计基本理论与方法研究》一书出版以后，得到各方面很高的评价。

葛家澍先生关于会计对象的"资金运动"学术观点，关于会计本质的"信息系统论"观点，已成为我国会计学的主流学派。他在1978年发表了《必须替借贷记账法恢复名誉》一文。该文被誉为"打响了会计界拨乱反正的第一炮"。他在1980年发表的《论会计理论的继承性》曾被多种刊物转载，对学习、利用西方财务和会计理论起了重要的促进作用。20世纪90年代以来，他致力于西方财务会计概念框架和会计准则的研究，写下了一系列有关的研究论文。他是会计理论界促进并参与我国企业会计准则制定的一位非常有影响的人物。

学术论文参考

[1] 葛家澍，李翔华. 论会计是一个经济信息系统. 财经研究，1986（9）.

[2] 葛家澍，李翔华. 论会计是一个经济信息系统（下）. 财经研究，1986（10）.

[3] 葛家澍. 关于公允价值会计的研究：面向财务会计的本质特征. 会计研究，2009（5）.

[4] 刘玉廷. 中国企业会计准则体系：架构、趋同与等效. 会计研究，2007（3）.

[5] 陈敏，王晓钊. 《企业会计准则》执行中的热点问题：新会计科目设置变化. 会计师，2007（12）.

本章练习题

一、单项选择题

1. 会计科目必须反映（　　）的特点。
   A. 会计职能 B. 会计对象
   C. 会计方法 D. 会计定义
2. 账户的基本结构一般分为（　　）。
   A. 发生额和余额两部分 B. 前、后两部分
   C. 期初余额和期末余额两部分 D. 左、右两部分
3. 账户是根据（　　）开设的。
   A. 会计科目 B. 上级指令
   C. 核算需要 D. 主管意志
4. 开设总分类账户的依据是（　　）。
   A. 总分类科目 B. 明细分类科目
   C. 会计要素 D. 试算平衡表
5. 会计科目是对（　　）。
   A. 会计目标分类所形成的项目 B. 会计要素分类所形成的项目
   C. 会计方法分类所形成的项目 D. 会计账户分类所形成的项目
6. 明细分类账户是根据（　　）开设的，提供详细具体分类核算资料的账户。
   A. 会计科目 B. 总分类科目
   C. 报表项目 D. 明细分类科目
7. 下列属于所有者权益类科目的是（　　）。
   A. 本年利润 B. 主营业务收入
   C. 所得税费用 D. 预收账款
8. 在会计科目表中，编码栏从左至右第一位数字表明会计科目归属的大类，其中"3"代表（　　）。
   A. 资产类 B. 负债类
   C. 损益类 D. 共同类
9. 账户的基本结构是指（　　）。
   A. 账户的性质 B. 账户登记的日期
   C. 账户登记的经济内容 D. 账户中登记增减金额的栏次
10. 账户不能提供的金额指标是（　　）。
    A. 期初余额 B. 本期增加发生额
    C. 期末余额 D. 期中余额

二、多项选择题

1. 明细分类科目（　　）。
   A. 也称一级科目　　　　　　　　　B. 是进行明细分类核算的依据
   C. 是进行总分类核算的依据　　　　D. 提供更加详细具体的指标
   E. 是对总分类科目核算具体内容详细分类的科目

2. 账户中哪一方记增加额，哪一方记减少额，取决于（　　）。
   A. 所记录的经济业务的内容　　　　B. 所采用的记账方法
   C. 所采用的记账手段　　　　　　　D. 反映会计指标信息的详细程度
   E. 所采用的记账原则

3. 账户左、右两方记录的内容主要包括（　　）。
   A. 期初余额　　　　　　　　　　　B. 本期增加发生额
   C. 期末余额　　　　　　　　　　　D. 本期减少发生额
   E. 期中余额

4. 账户的基本要素有（　　）。
   A. 账户名称　　　　　　　　　　　B. 日期和摘要
   C. 凭证号数　　　　　　　　　　　D. 增加金额
   E. 减少金额

5. 会计科目与账户之间的关系是（　　）。
   A. 会计科目是根据账户设置的　　　B. 账户是根据会计科目设置的
   C. 会计科目就是账户　　　　　　　D. 会计科目名称与账户名称相同
   E. 会计科目和账户都有一定的结构

三、判断题

1. 会计科目与会计账户反映的经济内容是相同的。（　　）
2. 所有账户右方均记录增加额，左方均记录减少额。（　　）
3. 账户上期的期末余额转入本期即为本期的期初余额。（　　）
4. 所有账户都是根据会计科目开设的。（　　）
5. 会计科目和账户是同义词，两者之间没有什么区别。（　　）

四、思考题

1. 会计科目设置的意义和原则是什么？
2. 会计科目与账户之间有什么联系与区别？
3. 账户的基本结构是什么？其包括哪些内容？
4. 本期增加额、本期减少额、期初余额、期末余额分别指什么？它们之间有什么关系？

五、业务计算题

1. 东方公司 2018 年 5 月 1 日有关资金内容及金额如下：
   （1）存放在企业的现款　　　　　　　　　　　　1 000 元

(2) 存放在银行的款项　　　　　　　　　300 000 元
(3) 库存的各种材料　　　　　　　　　　19 000 元
(4) 生产经营用房屋　　　　　　　　　　900 000 元
(5) 制造产品所需机器设备　　　　　　　800 000 元
(6) 投资者投入资本　　　　　　　　　1 755 000 元
(7) 客户拖欠的货款　　　　　　　　　　80 000 元
(8) 从银行借入的半年期借款　　　　　　120 000 元
(9) 库存的完工产品　　　　　　　　　　50 000 元
(10) 拖欠供应商的货款　　　　　　　　350 000 元
(11) 企业留存的盈余公积　　　　　　　　75 000 元
(12) 固定资产已提折旧　　　　　　　　150 000 元

要求：根据所给资料，利用表 3-4 说明每一项资金内容应属于资产、负债、所有者权益哪一类会计要素，具体归属于哪一个会计科目。

表 3-4　作业用表　　　　　　　　　　　　　　　　　　单位：元

资料序号	属于会计要素类别及金额			应归属的会计科目
	资　产	负　债	所有者权益	

2. 东方公司 2018 年 3 月 31 日有关总分类账户的期初余额和本期发生额情况见表 3-5（数字序号表示经济业务序号）。

表 3-5　东方公司相关账户资料　　　　　　　　　　　　单位：元

账户名称	期初余额	本期增加发生额	本期减少发生额	期末余额
银行存款	200 000	②30 000	①10 000　③1 000 ⑤20 000　⑥80 000	
应付账款	40 000	④50 000 ⑧60 000	⑥80 000	

续表

账户名称	期初余额	本期增加发生额	本期减少发生额	期末余额
原材料	25 000	①10 000 ④50 000		
短期借款	10 000	②30 000	⑤20 000	
销售费用	0	③1 000	⑦1 000	
本年利润	50 000		⑦1 000	
固定资产	100 000	⑧60 000		

要求：（1）根据所给资料计算出各账户的期末余额，直接填入表中"期末余额"栏中；
（2）请描述①～⑧笔经济业务内容。

第4章 复式记账

【学习目标】

在了解会计科目与账户相关知识的基础上,通过本章的学习,要求:(1)理解复式记账的意义、种类;(2)理解借贷记账法的原理;(3)掌握借贷记账法下不同性质账户结构的特点;(4)掌握运用复式记账原理编制会计分录、进行试算平衡;(5)掌握总分类账户和明细分类账户平行登记的方法。

【案例或故事】

如何记账才能更明确资金的来龙去脉?

会计是一门商业语言,揭示资金的动向是会计记账工作应解决的问题。小李是一名学生,他利用假期帮助父母经营一家小服装公司,负责记录公司日常资金的收付业务。7月公司发生以下业务:1日,收到宏达公司转账支票支付的6月份销售款10 000元;15日,开出支票支付6月份从奔腾公司进货款20 000元。小李在账簿上记载为:"7月1日,银行存款增加10 000元;7月15日,银行存款减少20 000元"。看了小李的会计记录,你是否了解服装公司资金的来龙去脉?小李的这种记账方法科学吗?

经过本章学习,你将了解有关复式记账等记账方法的基本知识。

4.1 复式记账原理

4.1.1 记账方法的概念和种类

记账必须使用科学的记账方法。科学的记账方法对于正确和全面地核算和监督会计对象,对于加强经济管理,提供可靠、相关的会计信息具有重要的意义。所谓记账方法,是指在账簿中登记经济业务的方法。记账方法经历了一个由单式记账法到复式记账法的发展过程。

1. 单式记账法

单式记账法是指对每项经济业务只在一个账户中进行单方面登记的方法。例如,企业以银行存款 1 000 元购买材料。对于这项业务,在单式记账法下,就只在银行存款账户中作减少 1 000 元的登记,至于购入的原材料的增加则不予反映。由于在单式记账法下,一般只记录货币资金收付及债权、债务的结算业务。因此,企业一般仅设置"库存现金""银行存款""应收账款""应付账款"等账户,而没有一套完整的账户体系,账户记录之间没有直接联系,所以也不能全面地反映经济业务的来龙去脉,进而也无法检查账户记录的正确性。因此,单式记账法是一种简单、不完整、不科学的记账方法。目前已很少被采用。

2. 复式记账法

复式记账法是在单式记账法的基础上演变、发展而来的。复式记账法是指对发生的每一项经济业务都以相等的金额同时在两个或两个以上相互联系的账户中进行登记,以系统全面地反映每一项经济业务所引起的资产和权益变化情况及结果的一种方法。如上述企业用银行存款购入原材料的业务,一方面要在银行存款账户中作减少 1 000 元的登记,另一方面也要在原材料账户中作增加 1 000 元的登记。与单式记账法相比,复式记账法具有无可比拟的优点。

(1) 由于复式记账法对每一项经济业务都以相等的金额同时在两个或两个以上相互联系的账户中进行双重登记,这样,通过账户记录不仅可以完整、系统地反映会计要素的增减变动情况及其结果,还可以清晰地了解每一项经济业务的来龙去脉。

(2) 由于对每项经济业务都以相等的金额在有关账户中进行记录,因而可以对账户记录的结果进行试算平衡,以检查账户记录的正确性。

显然,复式记账法比单式记账法更为科学、严谨。

4.1.2 复式记账法的种类

在实际工作中,由于各行业、各部门及各国的习惯不同,人们在采用复式记账法时又结合自己的实际情况创立了各具特色的复式记账法。我国在会计实务中曾经采用的复式记账法有三种,即借贷记账法、增减记账法和收付记账法。改革开放后,为了适应改革开放的需要、与国际惯例接轨，我国进行了会计改革，对记账方法进行了统一。目前，我国企业、事业单位一律采用借贷记账法。这是因为：一方面，借贷记账法经过多年的实践已被全世界的会计工作者普遍接受，是一种比较成熟、完善的记账方法；另一方面，从会计实务角度看，记账方法的统一对企业、单位之间横向经济联系和加强国际交往等会带来极大的方便，并且对会计核算工作的规范和更好地发挥会计的作用具有重要的意义。

4.2 借贷记账法

4.2.1 借贷记账法的产生与传播

借贷记账法是以"借""贷"两字作为记账符号，以借贷相等的金额全面地、相互关联地反映会计要素增减变动情况的一种复式记账法。借贷记账法最早出现于中世纪的意大利沿地中海一带城市，并经历了佛罗伦萨式簿记法、热那亚簿记法和威尼斯簿记法三个发展阶段，历时300年左右，到了15世纪已逐步形成了比较完备的复式记账法。1494年，卢卡·帕乔利（Luca Pacioli）在他的著作《算术、几何、比与比例概要》一书中对威尼斯簿记法作了详细的介绍，并在理论上加以说明，其中第三篇"计算和记录的详论"系统阐述了借贷复式记账原理的应用。卢卡·帕乔利的著作，对欧美各国产生了很大的影响，传入欧洲大陆形成大陆式会计，传入英国和美国形成英美式会计。日本在明治维新后从英国学习西式簿记；19世纪中叶以后，清政府派员赴日本学习，英美式的复式记账法就由日本传入我国。

4.2.2 借贷记账法的记账符号

"借"和"贷"的概念是在借贷资本运动过程中产生的。借贷资本家对于吸收的存款，记在"贷主"的名下，表示自身债务的增加；对于付出去的放款，记在"借主"的名下，表示自身债权的增加。所以"借"和"贷"两个字最初是适应借贷资本家记录其货币资金的放出和借入，表示借贷资本的债权、债务及其增减变化。随着商品经济的发展，经济活动的内容日益丰富，记账内容的逐步扩展，记录的经济业务不再局限于货币资金的借贷业务，而逐渐扩展到财产物资、成本费用和经营损益等的增减变动，"借""贷"两字逐渐失去原来的含义而转化为纯粹的记账符号，用于标明记账的方向。

4.2.3 借贷记账法下账户的结构

在借贷记账法下，所有账户的基本结构都分为左、右两方，其中左方为借方，右方为贷方，以一方登记增加额，一方登记减少额。至于哪一方登记增加额，哪一方登记减少额，这取决于账户反映的经济业务的内容。其基本结构可用"T"形账户表示，如图4-1所示。

图4-1 借贷记账法下账户的结构

1. 资产类账户的结构

资产类账户借方登记增加额，贷方登记减少额，余额一般在借方，表示期末资产的结存额。其一般结构如图4-2所示。

借方	资产类账户	贷方
期初余额 本期增加额 ⋮		本期减少额 ⋮
本期发生额		本期发生额
期末余额		

图4-2 资产类账户的结构

资产类账户的期末余额计算公式为

资产类账户期末借方余额＝期初借方余额＋本期借方发生额－本期贷方发生额

2. 权益类账户的结构

权益类账户包括负债和所有者权益两类账户。这两类账户具有相同的结构，即账户贷方登记增加额，借方登记减少额，余额一般在贷方，表示期末权益的结存额。其一般结构如图4-3所示。

借方	权益类账户	贷方
本期减少额 ⋮		期初余额 本期增加额 ⋮
本期发生额		本期发生额
		期末余额

图4-3 权益类账户的结构

权益类账户的期末余额计算公式为

权益类账户期末贷方余额＝期初贷方余额＋本期贷方发生额－本期借方发生额

3. 共同类账户

共同类账户是具有双重性质的账户。当该账户为资产性质时，账户的期末余额在借方，账户结构同资产类账户，在资产负债表上列报时列入资产项目；当该账户为负债性质时，账户的期末余额在贷方，账户结构同负债类账户，在资产负债表上列报时列入负债项目。其一般结构如图4-4所示。

借方	共同类账户	贷方
资产期初余额 资产增加额 负债减少额		负债期初余额 负债增加额 资产减少额
本期发生额		本期发生额
资产期末余额		负债期末余额

图 4-4 共同类账户的结构

4. 成本类账户

成本类账户的结构与资产类账户基本相同，即成本的增加额记入账户的借方，减少额记入账户的贷方，期末若有余额一般在借方。其一般结构如图 4-5 所示。

借方	成本类账户	贷方
期初余额 本期增加额 ⋮		本期减少额 ⋮
本期发生额		本期发生额
期末余额		

图 4-5 成本类账户的结构

需要指出的是，有些成本类账户，如"制造费用"账户在期末结转后，没有期末余额。

5. 损益类账户

损益类账户包括收入类账户和费用类账户。

收入的发生将增加所有者权益，因此，其结构与权益类账户的结构基本相同，即贷方登记收入的增加数，借方登记收入的减少数或转销数。所不同的是，会计期末当收入结转后，收入类账户没有期末余额。其一般结构如图 4-6 所示。

借方	收入类账户	贷方
本期减少额或转销额 ⋮		本期增加额 ⋮
本期发生额		本期发生额

图 4-6 收入类账户的结构

费用的发生将抵减所有者权益，因此，其结构与权益类账户的结构相反，与资产类和成本类账户的结构基本相同，即借方登记费用的增加数，贷方登记其抵减数或转销数。所不同的是，该类账户期末结转费用后，没有期末余额。其一般结构如图 4-7 所示。

借方	费用类账户	贷方
本期增加额 ⋮		本期减少额或转销额 ⋮
本期发生额		本期发生额

图 4-7 费用类账户的结构

总之，可将借贷记账法下各类账户的基本结构汇总如图4-8所示。

借方	账户名称（会计科目）	贷方
资产期初余额 资产的增加 成本的增加 费用的增加 负债的减少 所有者权益的减少 收入的减少或转销		权益期初余额 负债的增加 所有者权益的增加 收入的增加 资产的减少 成本的减少 费用的减少或转销
资产期末余额		权益期末余额

图4-8 借贷记账法下各类账户的基本结构

4.2.4 借贷记账法的记账规则

记账规则是指某种记账方法在账户中记录经济业务应遵循的规律。借贷记账法的记账规则就是"有借必有贷，借贷必相等"。

在运用借贷记账法的记账规则记录每一项经济业务时，应遵循以下三个步骤：首先，根据所发生的经济业务的具体内容确定所涉及的账户；其次，根据账户的性质确定其增减；最后，根据账户的结构，确定应记入账户的借方和贷方。

下面举例说明借贷记账法的记账规则（以经济业务的四种类型为例）。

【例4-1】 从银行提取现金10 000元。

这笔经济业务的发生涉及"库存现金"和"银行存款"两个账户。"库存现金"属于资产类账户，增加应记入其借方；"银行存款"也属于资产类账户，减少应记入其贷方。该笔经济业务的会计处理如图4-9所示。

借方	银行存款	贷方		借方	库存现金	贷方
		(1) 10 000	←→	(1) 10 000		

图4-9 经济业务的会计处理图1

【例4-2】 用银行存款归还以前所欠的B单位的货款8 000元。

这笔经济业务的发生涉及"银行存款"和"应付账款"两个账户。"银行存款"属于资产类账户，减少应记入其贷方；"应付账款"属于负债类账户，减少应记入其借方。该笔经济业务的会计处理如图4-10所示。

借方	银行存款	贷方		借方	应付账款	贷方
		(2) 8 000	←→	(2) 8 000		

图4-10 经济业务的会计处理图2

【例4-3】 某企业接受A单位投入货币资金200 000元，存入银行。

这笔经济业务的发生涉及"银行存款"和"实收资本"两个账户。"银行存款"属于资产类账户，增加应记入其借方；"实收资本"属于所有者权益类账户，增加应记入其贷方。该笔经济业务的会计处理如图4-11所示。

借方	实收资本	贷方	借方	银行存款	贷方
	(3) 200 000			(3) 200 000	

图 4-11 经济业务的会计处理图 3

【例 4-4】 某企业从银行借入短期借款 30 000 元,直接偿还前欠供应单位的货款。

这笔经济业务的发生涉及"短期借款"和"应付账款"两个账户。"短期借款"属于负债类账户,增加应记入其贷方;"应付账款"也属于负债类账户,减少应记入其借方。该笔经济业务的会计处理如图 4-12 所示。

借方	短期借款	贷方	借方	应付账款	贷方
		(4) 30 000		(4) 30 000	

图 4-12 经济业务的会计处理图 4

【例 4-5】 某企业购买一台机器,价值 300 000 元,用银行存款支付 120 000 元,其余款项暂欠。

这笔经济业务的发生涉及"固定资产""银行存款""应付账款"三个账户。"固定资产"属于资产类账户,增加应记入其借方;"银行存款"也属于资产类账户,减少应记入其贷方;"应付账款"属于负债类账户,增加应记入其贷方。该笔经济业务的会计处理如图 4-13 所示。

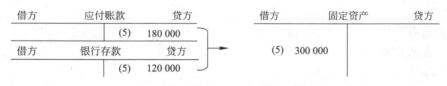

图 4-13 经济业务的会计处理图 5

通过以上举例,可以看出在借贷记账法下,对任何一项经济业务都一律采用"有借必有贷,借贷必相等"的记账规则。

4.2.5 账户的对应关系和会计分录

在采用借贷记账法记录经济业务时,在有关账户之间会形成应借、应贷的关系。把账户之间的这种相互依存的关系,称为账户的对应关系。把形成对应关系的账户称为对应账户。例如,上述记账规则几个例子中的借方账户分别和它们的贷方账户相互成为对应账户,通过账户之间的这种对应关系,可以了解经济业务的内容及其内在的联系,并可以检查经济业务处理的正确与否。

会计分录是指对发生的每一项经济业务,确定应记入账户的名称、方向和金额的一种记录形式。会计分录包括简单会计分录和复合会计分录。所谓简单会计分录,是指只涉及一个借方账户和一个贷方账户的会计分录;所谓复合会计分录,是指涉及两个以上账户的会计分录,即涉及一借多贷或多借一贷的会计分录。在借贷记账法下,为了保持账户之间清晰的对应关系,一般应编制"一借一贷"、"一借多贷"或"多借一贷"的会计分录。在实际工作中,如果一项经济业务涉及多借、多贷的科目,为了全面反映此项经济业务，可以编制"多借多贷"的会计分录，但不允许将几项不同类型的经济业务合并编制复合的会计分录。

在编制会计分录时，一般应按以下步骤进行。

（1）一项经济业务发生后，首先分析这项经济业务涉及的具体账户名称，这些账户是增加还是减少。

（2）判断应记入账户的性质，根据账户的结构确定应记入账户的借方还是贷方。

（3）依据借贷记账法的记账规则，确定应记入每个账户的金额。

（4）检查会计分录中应借、应贷科目是否正确，借贷金额是否相等，有无错误。

会计分录书写的格式是：先写借方科目，后写贷方科目，借贷方科目分上、下行错开写；同方向的账户名称对齐，金额对齐。

现以前面记账规则中所举的5笔经济业务为例，编制会计分录如下。

例4-1：
借：库存现金　　　　　　　　　　　　　　　　　　　　　10 000
　　贷：银行存款　　　　　　　　　　　　　　　　　　　　10 000

例4-2：
借：应付账款　　　　　　　　　　　　　　　　　　　　　8 000
　　贷：银行存款　　　　　　　　　　　　　　　　　　　　8 000

例4-3：
借：银行存款　　　　　　　　　　　　　　　　　　　　　200 000
　　贷：实收资本　　　　　　　　　　　　　　　　　　　　200 000

例4-4：
借：应付账款　　　　　　　　　　　　　　　　　　　　　30 000
　　贷：短期借款　　　　　　　　　　　　　　　　　　　　30 000

例4-5：
借：固定资产　　　　　　　　　　　　　　　　　　　　　300 000
　　贷：银行存款　　　　　　　　　　　　　　　　　　　　120 000
　　　　应付账款　　　　　　　　　　　　　　　　　　　　180 000

以上五笔会计分录中，例4-1、例4-2、例4-3和例4-4是简单会计分录，例4-5是复合会计分录。

4.2.6　试算平衡

为了保证一定时期内所发生的经济业务在账户中登记的正确性，需要在一定时期终了对账户记录的结果进行试算平衡。试算平衡是指以借贷记账规则和会计恒等式的原理为基础，根据资产与权益之间的平衡关系，按照记账规则的要求，通过对所有账户的记录进行汇总和计算，来检查和验证各个账户记录是否正确的一种方法。借贷记账法下的试算平衡一般采用发生额平衡方法和余额平衡方法两种。

1. 发生额平衡法

发生额平衡是指一定时期内全部账户借方发生额合计等于该时期内全部账户贷方发生额

合计。发生额试算平衡的公式为

全部账户本期借方发生额合计＝全部账户本期贷方发生额合计

按照借贷记账法的"有借必有贷，借贷必相等"的记账规则，每一项经济业务所记入账户的借方金额等于贷方金额，那么一个时期内的全部账户的借方发生额合计必然等于全部账户的贷方发生额合计。

2. 余额平衡法

余额平衡是指一定时期期末全部账户借方余额合计等于该期末全部账户贷方余额合计。

余额试算平衡的公式为

全部账户期末借方余额合计＝全部账户期末贷方余额合计

这是以会计基本恒等式"资产＝权益"建立起来的。因为期末全部账户借方余额合计即资产总额，期末全部账户贷方余额合计即权益总额，这两个总额始终必然相等。

在实际工作中，发生额平衡和余额平衡一般是通过编制试算表来进行的。试算平衡表分两种：一种是将期末余额和本期发生额分别列表编制，如表 4-1 和表 4-2 所示；另一种是将本期发生额和期末余额合并在一张表上进行试算，即编制"总分类账户本期发生额及余额试算平衡表"来进行。如表 4-3 所示。

表 4-1 总分类账户余额试算平衡表

年　月　日　　　　　　　　　　　　　　　　单位：元

账户名称	借方余额	贷方余额
库存现金 ⋮		
合　计		

表 4-2 总分类账户本期发生额试算平衡表

年　月　日　　　　　　　　　　　　　　　　单位：元

账户名称	借方发生额	贷方发生额
库存现金 ⋮		
合　计		

表 4-3 总分类账户本期发生额及余额试算平衡表

年　月　日　　　　　　　　　　　　　　　　单位：元

账户名称	期初余额		本期发生额		期末余额	
	借方	贷方	借方	贷方	借方	贷方
库存现金 ⋮						
合　计						

下面举例说明借贷记账法下试算平衡的方法。

【例 4-6】 资料。

1. 2018 年 8 月 31 日，奔腾公司总分类账户及期末余额如表 4-4 所示。

表 4-4 奔腾公司总分类账户及期末余额　　　　　　　　单位：元

资产类账户	期末余额	负债及所有者权益账户	期末余额
库存现金	1 000	短期借款	82 000
银行存款	8 600	应付账款	93 600
应收账款	32 000	应交税费	28 000
其他应收款	4 000	实收资本	460 000
原材料	116 000		
库存商品	42 000		
固定资产	460 000		
合　计	663 600	合　计	663 600

2. 奔腾公司 9 月份发生下列经济业务。

（1）国家投资给公司一台设备，价值 190 000 元。
（2）从银行取得为期 9 个月的借款 92 000 元。
（3）购入材料 50 000 元，已验收入库，货款未付（不考虑增值税）。
（4）用银行存款偿还银行短期借款 10 000 元。
（5）开出转账支票，偿还前欠购货款 14 000 元。
（6）接到银行收款通知，收回售给宏大公司的销货款 25 000 元。
（7）开出现金支票，从银行提取现金 1 500 元。
（8）采购员张兵预借差旅费 2 000 元，用库存现金支付。

要求：根据上述资料，说明借贷记账法下试算平衡的方法。

【分析解答】

1. 根据总分类账户的期初余额开设"T"形账户，并登记各账户的期初余额（如图 4-14 所示）。

2. 根据以上经济业务编制会计分录：

（1）借：固定资产　　　　　　　　　　　　190 000
　　　　贷：实收资本　　　　　　　　　　　　　　190 000
（2）借：银行存款　　　　　　　　　　　　92 000
　　　　贷：短期借款　　　　　　　　　　　　　　92 000
（3）借：原材料　　　　　　　　　　　　　50 000
　　　　贷：应付账款　　　　　　　　　　　　　　50 000
（4）借：短期借款　　　　　　　　　　　　10 000
　　　　贷：银行存款　　　　　　　　　　　　　　10 000
（5）借：应付账款　　　　　　　　　　　　14 000
　　　　贷：银行存款　　　　　　　　　　　　　　14 000
（6）借：银行存款　　　　　　　　　　　　25 000
　　　　贷：应收账款　　　　　　　　　　　　　　25 000

（7）借：库存现金　　　　　　　　　　　　　　　　　　　　1 500
　　　　贷：银行存款　　　　　　　　　　　　　　　　　　　　　1 500
（8）借：其他应收款　　　　　　　　　　　　　　　　　　　　2 000
　　　　贷：库存现金　　　　　　　　　　　　　　　　　　　　　2 000

3. 根据以上会计分录登记有关账户，并计算出各个账户的本期发生额和期末余额，如图4-14所示。

借方	银行存款	贷方
期初余额：　8 600	④	10 000
②92 000	⑤	14 000
⑥25 000	⑦	1 500
本期发生额：117 000	本期发生额：	25 500
期末余额：100 100		

借方	库存现金	贷方
期初余额：　1 000	⑧	2 000
⑦　1 500		
本期发生额：　1 500	本期发生额：	2 000
期末余额：　　500		

借方	应收账款	贷方
期初余额：32 000	⑥	25 000
本期发生额：　—	本期发生额：	25 000
期末余额：　7 000		

借方	其他应收款	贷方
期初余额：4 000		
⑧2 000		
本期发生额：2 000	本期发生额：	—
期末余额：6 000		

借方	固定资产	贷方
期初余额：460 000		
①190 000		
本期发生额：190 000	本期发生额：	
期末余额：650 000		

借方	短期借款	贷方
④ 10 000	期初余额：	82 000
	②	92 000
本期发生额：10 000	本期发生额：	92 000
	期末余额：	164 000

借方	原材料	贷方
期初余额：116 000		
③50 000		
本期发生额：50 000	本期发生额：	—
期末余额：166 000		

借方	应付账款	贷方
⑤ 14 000	期初余额：	93 600
	③	50 000
本期发生额：14 000	本期发生额：	50 000
	期末余额：	129 600

借方	实收资本	贷方
	期初余额：	460 000
	①	190 000
本期发生额：　—	本期发生额：	190 000
	期末余额：	650 000

借方	应交税费	贷方
	期初余额：	28 000
本期发生额：　—	本期发生额：	—
	期末余额：	28 000

借方	库存商品	贷方
期初余额：42 000		
本期发生额：　—	本期发生额：	—
期末余额：42 000		

图4-14　奔腾公司"T"形账户

4. 根据账户记录编制试算平衡表，进行试算平衡，如表 4-5 所示。

表 4-5　总分类账户本期发生额及余额试算平衡表

2018 年 9 月 30 日　　　　　　　　　　　　　　　　　　　单位：元

账户名称	期初余额		本期发生额		期末余额	
	借方	贷方	借方	贷方	借方	贷方
库存现金	1 000		1 500	2 000	500	
银行存款	8 600		117 000	25 500	100 100	
应收账款	32 000			25 000	7 000	
其他应收款	4 000		2 000		6 000	
原材料	116 000		50 000		166 000	
库存商品	42 000				42 000	
固定资产	460 000		190 000		650 000	
短期借款		82 000	10 000	92 000		164 000
应付账款		93 600	14 000	50 000		129 600
应交税费		28 000				28 000
实收资本		460 000		190 000		650 000
合　计	663 600	663 600	384 500	384 500	971 600	971 600

通过上述的试算平衡，可以得到三对平衡数字。第一对是全部资产类账户期初借方余额合计等于全部权益类账户期初贷方余额合计；第二对是全部账户的本期借方发生额合计等于全部账户的本期贷方发生额合计；第三对是全部资产类账户期末借方余额合计等于全部权益类账户期末贷方余额合计。如果三对合计数相等，说明账户记录基本上是正确的；否则，就证明一定有错，应及时查找原因并更正。

应当指出，通过编制试算平衡表，来检查账户记录是否正确有一定的局限性。因为有些错误并不影响借贷双方的平衡，因而无法通过试算平衡表来发现。如一笔业务的记录全部被漏记或者重记；一笔业务的借贷双方，在金额上发生同样的错误，即同时多记或少记；一笔经济业务应借应贷的账户相互颠倒，发生记账方向错误、科目错误等。由于账户记录可能存在这些不能由试算平衡表来发现的错误，所以还需要对全部会计记录进行日常或定期的复核，以保证账面记录的正确性。

最后，可以根据试算平衡表和会计分录，整理出奔腾公司 2018 年 9 月 30 日的账户式资产负债表和 2018 年 9 月的现金流量表，如图 4-15 所示。

资产负债表
奔腾公司
2018年9月30日

资产		负债	
流动资产：		流动负债：	
货币资金	100600	短期借款	164000
应收账款	7000	应付账款	129600
其他应收款	6000	应交税费	28000
存货	208000	流动负债合计	321600
流动资产合计	321600	非流动负债：	
		长期借款	0
		非流动负债合计	0
		负债合计	321600
		所有者权益	
		实收资本	650000
		资本公积	0
		其他综合收益	0
非流动资产：		留存收益	0
固定资产	650000		
非流动资产合计	650000	所有者权益合计	650000
资产总计	971600	负债与所有者权益总计	971600

现金流量表
奔腾公司
2018年9月

经营活动产生的现金流量：	
提供服务收到的现金	25000
购买用品支付的现金	−14000
支付其他经营费用	−2000
经营活动现金流量小计	9000
投资活动产生的现金流量：	
购买固定资产支付的现金	0
投资活动现金流量小计	0
筹资活动产生的现金流量：	
取得借款收到的现金	92000
偿还债务支付的现金	−10000
筹资活动现金流量小计	82000
现金净增加额	91000
期初现金数额	9600
期末现金数额	100600

图 4 - 15　奔腾公司部分财务报表

4.3 总分类账户与明细分类账户

4.3.1 总分类账户与明细分类账户的意义

根据经济管理的要求，在会计核算中既要提供总括、全面的综合指标，又要提供具体而详细的指标。因此，需要同时设置总分类账户和明细分类账户，以分别提供总括核算资料和明细核算资料。

总分类账户也称一级账户，是根据总分类科目开设的，用来对各会计要素具体内容的变化情况进行总括记录的账户，如"原材料""应付账款""实收资本"等账户均为总分类账户。总分类账户只提供价值指标信息。

明细分类账户是根据明细分类科目开设的，用来对会计要素具体内容的变化情况进行详细记录的账户。明细分类账户既可以提供价值指标，又可以提供实物量指标。明细分类账户是对总分类账户所做的更详细的分类，提供详细具体的核算资料。如为了掌握企业与各个供应商之间的货款结算情况，应在"应付账款"总分类账户下按债权人名称分别设置明细分类账户。又如为了详细了解各种材料的收入、发出、结存情况，就应在"原材料"总分类账户下，按照材料的品种、规格分别设置材料明细分类账户。除总分类账户和明细分类账户外，有时还需要设置二级账户。二级账户介于总分类账户和明细分类账户之间，它所提供的资料比明细分类账户概括，比总分类账户详细。如"固定资产"账户，除设总分类账户外，还需要按大类设置二级明细分类账户，再按固定资产名称设置三级明细分类账户。

总分类账户与其所属的明细分类账户之间既有联系又有区别。二者的相同点表现为：①它们记录相同的经济内容；②它们登记账户的原始依据相同。二者的不同点表现在：①提供指标的详细程度不同，总分类账户提供的是总括的核算资料，明细分类账户提供具体的核算资料；②它们发挥的作用不同，前者是对后者的综合，后者是对前者的具体化。即总分类账户对其所属的明细分类账户起着统驭和控制的作用，而明细分类账户对其总分类账户起着辅助和补充的作用。

4.3.2 总分类账户与明细分类账户的平行登记

根据总分类账户与其所属的明细分类账户之间的上述关系，在会计核算中，为了便于进行账户记录的核对，保证核算资料的完整性和正确性，总分类账户与其所属明细分类账户必须采用平行登记的方法。所谓平行登记，是指对发生的每项经济业务，一方面要在有关总分类账户中进行登记；另一方面也要在其所属的各个明细分类账户中进行登记。

总分类账户与明细分类账户平行登记的要点包括以下四个方面。

1. 同期登记

企业对发生的每一笔经济业务，一定按发生时期在总分类账户中进行登记；同时，也要在同一期间在其所属明细分类账户中进行登记。这里的同期所指的是同一会计期间，而并非同一时点。因为明细账一般根据记账凭证及其所附的原始凭证于平时登记，而总分类账因会计核算组织程序不同，可能在平时登记，也可能定期登记，但登记总分类账和明细分类账必须在同一会计期间完成。

2. 方向相同

对于每一笔经济业务，记入总分类账户中的借贷方向必须与记入其所属明细分类账户中的借贷方向一致。即如果总分类账户的金额记入借方（或贷方），其所属的明细分类账户也应当记入借方（或贷方）。一般情况下，总分类账户及其所属的明细分类账户都按借方、贷方和余额设置专栏登记，这时，在总分类账户与其所属的明细分类账户中记账方向是相同的，如债权、债务结算账户即属于这种情况。但是有些明细分类账户不按借方、贷方和余额设置专栏登记，而是按组成项目按单一方向（比如借方）设置多栏式的明细账格式。在这种情况下，对于需要冲减有关组成项目的数额时，只能用红字记入其相反的记账方向，而与总分类账中的记账方向不同。例如，财务费用按其组成项目设置借方多栏的明细账，发生需要冲减利息费用的存款利息收入时，总分类账记入贷方，而其明细账则以红字记入"财务费用"账户利息费用项目的借方，以其净发生额来反映利息净支出。这时，在总分类账及其所属的明细分类账中，就不可能按相同的借、贷记账方向进行登记，而只能以相同的变动方向进行登记。属于这种情况的还有"管理费用""生产成本"等账户。

3. 金额相等

企业对每一项经济业务记入某一总分类账户的金额与记入其所属明细分类账户的金额之和相等。这只表明其数量关系，而不是表明总分类账户与其所属的明细分类账户借方发生额或贷方发生额相等的关系。如既有贷款利息支出，又有存款利息收入的情况下，"财务费用"明细分类账户的贷方发生额并不等于"财务费用"总分类账户的贷方发生额。

4. 依据相同

总分类账户及其所属的明细分类账户都是以同一笔经济业务的会计凭证来登记的，即它们记账的依据相同。

下面以"应付账款"和"原材料"账户为例，来说明总分类账户与明细分类账户的平行登记。

【例 4-7】某企业 2018 年 1 月初"应付账款"账户的贷方余额是 9 000 元，其中，应付 A 工厂 3 000 元，应付 B 工厂 6 000 元。"原材料"账户的借方余额是 10 000 元，其中，甲材料 700 千克，单价 10 元，计 7 000 元；乙材料 150 千克，单价 20 元，计 3 000 元。

本月发生了下列经济业务（假设不考虑增值税）。

（1）25 日，购买 A 工厂甲材料 500 千克，单价 10 元，价款 5 000 元尚未支付，材料已验收入库。

（2）26 日，购买 A 工厂甲材料 600 千克，单价 10 元，价款 6 000 元；购入 B 工厂乙材料 400 千克，单价 20 元，价款 8 000 元，甲、乙材料已全部入库，货款均未支付。

（3）29 日，以银行存款支付 A 工厂货款 6 000 元，支付 B 工厂货款 2 000 元。

(4) 30日，生产产品领用甲材料1 000千克，单价10元，计10 000元；领用乙材料250千克，单价20元，计5 000元。

【分析解答】

上述业务的会计分录如下。

(1) 借：原材料——甲材料　　　　　　　　　　　　　5 000
　　　贷：应付账款——A工厂　　　　　　　　　　　　　　5 000
(2) 借：原材料——甲材料　　　　　　　　　　　　　6 000
　　　　　　　——乙材料　　　　　　　　　　　　　8 000
　　　贷：应付账款——A工厂　　　　　　　　　　　　　　6 000
　　　　　　　　　——B工厂　　　　　　　　　　　　　　8 000
(3) 借：应付账款——A工厂　　　　　　　　　　　　　6 000
　　　　　　　　　——B工厂　　　　　　　　　　　　　2 000
　　　贷：银行存款　　　　　　　　　　　　　　　　　　　8 000
(4) 借：生产成本　　　　　　　　　　　　　　　　　15 000
　　　贷：原材料——甲材料　　　　　　　　　　　　　　10 000
　　　　　　　　——乙材料　　　　　　　　　　　　　　 5 000

对以上经济业务进行平行登记的结果，如表4-6～表4-11所示。

表4-6　总分类账户

账户名称：应付账款　　　　　　　　　　　　　　　　　　　　　　　单位：元

2018年		凭证字号	摘　要	借　方	贷　方	借或贷	余　额
月	日						
1	1		期初余额			贷	9 000
	25	①	购买材料		5 000	贷	14 000
	26	②	购买材料		14 000	贷	28 000
	29	③	付　款	8 000		贷	20 000
	31		本期发生额及余额	8 000	19 000	贷	20 000

表4-7　"应付账款"明细分类账户

账户名称：A工厂　　　　　　　　　　　　　　　　　　　　　　　　单位：元

2018年		凭证字号	摘　要	借　方	贷　方	借或贷	余　额
月	日						
1	1		期初余额			贷	3 000
	25	①	购买材料		5 000	贷	8 000
	26	②	购买材料		6 000	贷	14 000
	29	③	付　款	6 000		贷	8 000
	31		本期发生额及余额	6 000	11 000	贷	8 000

表 4-8 "应付账款"明细分类账户

账户名称：B工厂　　　　　　　　　　　　　　　　　　　　　　　　　　　　单位：元

2018年		凭证字号	摘要	借方	贷方	借或贷	余额
月	日						
1	1		期初余额			贷	6 000
	26	②	购买材料		8 000	贷	14 000
	29	③	付款	2 000		贷	12 000
	31		本期发生额及余额	2 000	8 000	贷	12 000

表 4-9 总分类账户

账户名称：原材料　　　　　　　　　　　　　　　　　　　　　　　　　　　　单位：元

2018年		凭证字号	摘要	借方	贷方	借或贷	余额
月	日						
1	1		期初余额			借	10 000
	25	①	购买材料	5 000		借	15 000
	26	②	购买材料	14 000		借	29 000
	30	④	生产领用		15 000	借	14 000
	31		本期发生额及余额	19 000	15 000	借	14 000

表 4-10 原材料明细分类账户

材料名称：甲材料　　　　　　　　　　　　　　　　　　　　　　　　　　　　单位：元

2018年		凭证字号	摘要	收入			发出			结存		
月	日			数量/千克	单价	金额	数量/千克	单价	金额	数量/千克	单价	金额
1	1		期初余额							700	10	7 000
	25	①	购料	500	10	5 000				1 200	10	12 000
	26	②	购料	600	10	6 000				1 800	10	18 000
	30	④	领用				1 000	10	10 000	800	10	8 000
	31		本期发生额及余额	1 100	10	11 000	1 000	10	10 000	800	10	8 000

表 4-11 原材料明细分类账户

材料名称：乙材料　　　　　　　　　　　　　　　　　　　　　　　　　　　　单位：元

2018年		凭证字号	摘要	收入			发出			结存		
月	日			数量/千克	单价	金额	数量/千克	单价	金额	数量/千克	单价	金额
1	1		期初余额							150	20	3 000
	26	②	购料	400	20	8 000				550	20	11 000
	30	④	领用				250	20	5 000	300	20	6 000
	31		本期发生额及余额	400	20	8 000	250	20	5 000	300	20	6 000

上述平行登记的结果是，"应付账款"和"原材料"总分类账户的期初余额、本期发生额和期末余额，分别与其所属明细分类账户的期初余额合计数、本期发生额合计数和期末余额合计数相等，说明账户记录基本正确。

4.3.3 总分类账户与明细分类账户的核对

为了使总分类账户与其所属明细分类账户的记录始终保持一致,就要定期检查账户平行登记的结果,将总分类账户与其所属明细分类账户的记录于期末进行核对。在实际工作中,需要通过编制总分类账户和明细分类账户本期发生额及余额表来进行核对。如表4-12和表4-13所示。

表4-12 应付账款总分类账户与明细分类账户本期发生额及余额表　　　　单位:元

明细分类账户	期初余额		本期发生额		期末余额	
	借方	贷方	借方	贷方	借方	贷方
A工厂		3 000	6 000	11 000		8 000
B工厂		6 000	2 000	8 000		12 000
应付账款总分类账户		9 000	8 000	19 000		20 000

表4-13 原材料总分类账户与明细分类账户本期发生额及余额表　　　　单位:元

明细账名称	计量单位	期初余额		本期发生额				期末余额	
				收入		发出			
		数量	金额	数量	金额	数量	金额	数量	金额
甲材料	千克	700	7 000	1 100	11 000	1 000	10 000	800	8 000
乙材料	千克	150	3 000	400	8 000	250	5 000	300	6 000
原材料总分类账户			10 000		19 000		15 000		14 000

从表4-12和表4-13可以看出,总分类账户与明细分类账户的核对内容包括:①总分类账户本期借、贷方发生额与其所属的明细分类账户的借、贷方发生额之和必然相等;②总分类账户期末余额与其所属的明细分类账户的期末余额之和必然相等。

本 章 小 结

记账方法包括单式记账法和复式记账法。复式记账法是指对发生的每一项经济业务都以相等的金额同时在两个或两个以上相互联系的账户中进行登记,以系统全面地反映每一项经济业务所引起的资产和权益变化情况及结果的一种方法。借贷记账法是以"借""贷"两字作为记账符号,以借贷相等的金额全面地、相互关联地反映会计要素增减变动情况的一种复式记账法。在借贷记账法下,不同性质的账户具有不同的结构特点。借贷记账法遵循"有借必有贷,借贷必相等"的记账规则。会计分录是指对发生的每一项经济业务,确定应记入账户的名称、方向和金额的一种记录形式。试算平衡是指以借贷记账规则和会计恒等式的原理为基础,根据资产与权益之间的平衡关系,按照记账规则的要求,通过对所有账户的记录进行汇总和计算,来检查和验证各个账户记录是否正确的一种方法。包括发生额和余额试算两种方法。平行登记是根据记账凭证,一方面要记入有关总分类账户;另一方面又要记入总分类账户所属的各个明细分类账户。平行登记的要点是同期登记、方向相同、金额相等、依据相同。

英文专业词汇

复式记账:double-entry system　　试算平衡:trial balance
借方:debit (Dr)　　贷方:credit (Cr)
借贷记账法:debit-credit bookkeeping　　会计分录:accounting entry
期初余额:opening balance　　期末余额:closing balance

本章相关法规

1. 中华人民共和国会计法(根据 2017 年 11 月 4 日第十二届全国人民代表大会常务委员会第三十次会议第二次修正)
2. 企业会计准则第 30 号——财务报表列报(2006 年 2 月 15 日财政部发布,自 2007 年 1 月 1 日起施行;2014 年 1 月 26 日财政部修订,自 2014 年 7 月 1 日起施行)
3. 企业会计准则——具体准则的应用指南(2006 年 10 月 30 日财政部发布,自 2007 年 1 月 1 日起施行,2014 年至 2018 年修订了部分具体准则的应用指南)
4. 增值税会计处理规定(2016 年 12 月 3 日财政部发布)

阅读材料

会计之父——卢卡·帕乔利

卢卡·帕乔利(Luca Pacioli,1445—1515)是当今被世界各国公认的"会计之父"。其 1494 年 11 月 10 日发表的名著《算术、几何、比与比例概要》(又称《数学大全》)的第三部分《计算与记录要论》(通称"簿记论"),是第一本系统论述复式簿记原理及其适用方法的经典名著,他对现代会计及其理论的发展做出了奠基性的卓越贡献。从 1475 年起,帕乔利在佩鲁贾大学讲授了 36 年的数学课程。1494 年,他利用藏书丰富的公爵私人图书馆完成并出版了《算术、几何、比与比例概要》。

《算术、几何、比与比例概要》包括五个部分:①代数和算术;②它们在商业中的运用;③计算与记录要论;④货币和兑换;⑤纯粹几何学和应用几何学。帕乔利的《算术、几何、比与比例概要》出版发行之后，被译成多种文字而影响整个会计职业界。1935年我国著名会计大师陆善炽把根据英译本翻译的日译本译成了中文。1988年厦门大学的林志军、李若山、李松玉将其译成《巴其阿勒会计论》。卢卡·帕乔利首先赋予代数以科学的地位和结构，他是把数学应用于几何学的伟大先驱，他创立了复式簿记并撰写了其后来成为未来思想的基础和不变形式的数学著作。

学术论文参考

[1] 成圣树. 现代会计之父卢卡·帕乔利生平事迹. 财会通讯, 1994 (10).

[2] 娄尔行, 陈信元. 宝贵的启迪：纪念帕乔利复式簿记著作出版五百周年. 会计研究, 1994 (3).

[3] 吴水澎, 刘峰. 从《簿记论》看帕乔利的会计思想. 会计研究, 1994 (3).

[4] 汪一凡. 论复式记账法的超稳定性：兼评"三式簿记说". 会计研究, 1990 (1).

[5] 王湛. 我国会计要素、会计科目表分类存在的问题及改进. 财会月刊, 2009 (10).

本章练习题

一、单项选择题

1. 复式记账法对每项经济业务都以相等的金额在（　　）账户中进行登记。
   A. 一个　　　　　　　　　　　　B. 相互关联的两个或两个以上
   C. 两个　　　　　　　　　　　　D. 有关

2. 对每一个账户来说，期末余额（　　）。
   A. 只能在借方　　　　　　　　　B. 只能在账户的减少方
   C. 只能在贷方　　　　　　　　　D. 可能在借方或贷方

3. 资产账户的贷方登记（　　）。
   A. 资产的增加　　　　　　　　　B. 资产的减少
   C. 本期增加发生额合计　　　　　D. 期末余额

4. 负债账户的借方登记（　　）。
   A. 本期增加发生额合计　　　　　B. 负债的增加
   C. 期末余额　　　　　　　　　　D. 负债的减少

5. 通常权益类账户的期末余额（　　）。
   A. 应在借方　　　　　　　　　　B. 应与权益账户增加额同方向
   C. 可能在借方，可能在贷方　　　D. 方向不确定

6. 对于收入类账户，下列说法中正确的是（　　）。
   A. 借方登记收入的转销数　　　　B. 借方登记所取得的收入

C. 一般有余额在借方　　　　　　　　D. 一般有余额在贷方
7. 下列会计分录中，属于简单会计分录的是（　　）。
　　A. 一借多贷　　　　　　　　　　　　B. 一贷多借
　　C. 一借一贷　　　　　　　　　　　　D. 多借多贷
8. 可以根据（　　）的基本原则，对账户记录进行试算平衡。
　　A. 会计要素划分的类别　　　　　　　B. 所发生经济业务的内容
　　C. 账户的对应关系　　　　　　　　　D. 会计等式
9. 收入账户的结构与所有者权益账户的结构（　　）。
　　A. 完全一致　　　　　　　　　　　　B. 相反
　　C. 基本相同　　　　　　　　　　　　D. 无关
10. 对于费用类损益账户，下列说法中正确的是（　　）。
　　A. 借方登记转销数　　　　　　　　　B. 借方登记费用的发生数
　　C. 如有余额在贷方，属于负债　　　　D. 贷方登记费用的发生数

二、多项选择题

1. 在借贷记账法下，账户的借方登记（　　）。
　　A. 资产的增加　　　　　　　　　　　B. 成本费用的增加
　　C. 收入的增加　　　　　　　　　　　D. 所有者权益的减少
　　E. 负债的增加
2. 在借贷记账法下，账户的贷方登记（　　）。
　　A. 收入的减少　　　　　　　　　　　B. 负债的减少
　　C. 资产的减少　　　　　　　　　　　D. 所有者权益的增加
　　E. 成本费用的增加
3. 下列借贷记账法试算平衡公式正确的有（　　）。
　　A. 资产账户借方发生额合计＝负债账户贷方发生额合计
　　B. 全部账户借方发生额合计＝全部账户贷方发生额合计
　　C. 全部账户期末借方余额合计＝全部账户期末贷方余额合计
　　D. 资产账户借方发生额合计＝资产账户贷方发生额合计
　　E. 权益账户借方发生额合计＝权益账户贷方发生额合计
4. 下列错误中哪些不能通过试算平衡发现（　　）。
　　A. 某项经济业务未登记入账　　　　　B. 只登记借方金额，未登记贷方金额
　　C. 应借、应贷的账户中借贷方向相反　D. 借贷双方同时多记入相等的金额
　　E. 借贷方会计科目用错
5. 一般期末余额在账户贷方的有（　　）。
　　A. 资产账户　　　　　　　　　　　　B. 负债账户
　　C. 所有者权益账户　　　　　　　　　D. 成本费用账户
　　E. 共同类账户

三、判断题

1. 通过试算平衡检查账户记录是否正确，如果借贷平衡，就说明记账没有错误。（   ）
2. 全部账户本期借方发生额合计和本期贷方发生额合计一定相等。（   ）
3. 全部账户期末借方余额合计一定等于全部账户期末贷方余额合计。（   ）
4. 一般而言，各类账户的期末余额与记录增加额的一方都在同一方向。（   ）
5. 一笔经济业务的借贷双方，在编制会计分录时，金额上发生同样的错误，则不影响借贷双方的平衡，所以不能通过试算平衡表来发现。（   ）

四、思考题

1. 什么是复式记账法？复式记账法的特点是什么？
2. 借贷记账法下的账户结构是什么？
3. 什么是会计分录？会计分录类别有哪些？
4. 在借贷记账法下，会计分录的书写步骤是什么？
5. 试述借贷记账法试算平衡的方法。
6. 试算平衡能否发现所有的记账错误？为什么？
7. 试述总分类账户和明细分类账户的关系及平行登记的要点。

五、业务核算题

资料1： 东方公司2018年3月1日有关账户余额如表4-14所示。

表4-14 东方公司2018年3月1日有关账户余额   单位：元

资产账户		权益账户	
账户名称	金额	账户名称	金额
库存现金	1 000	短期借款	20 000
银行存款	20 000	应付账款	6 000
应收账款	5 000	其他应付款	4 000
其他应收款	2 000	应交税费	2 000
原材料	30 000	实收资本	80 000
生产成本	2 000	资本公积	5 000
库存商品	10 000	盈余公积	3 000
固定资产	50 000		
合　计	120 000	合　计	120 000

资料2： 东方公司2018年3月企业发生如下经济业务。

(1) 从银行提取现金2 000元，以备零用。
(2) 投资者投入货币资金50 000元，存入银行。
(3) 以银行存款2 000元，缴纳应交税金。
(4) 购买材料一批价款5 000元，料已入库，料款暂欠。
(5) 以银行存款偿还前欠购料款6 000元。

(6) 收到购货单位偿付的前欠货款 5 000 元，存入银行。
(7) 从银行取得短期借款 20 000 元，存入企业银行存款户。
(8) 以银行存款 5 000 元购买设备一台。
(9) 将资本公积 4 000 元转增资本。
(10) 采购员预借差旅费 1 000 元，以库存现金付讫。
(11) 销售产品一批，价款 6 000 元，收到款项存入银行；同时，结转已销产品成本 4 000 元。
(12) 将多余库存现金 1 000 元存入银行。

要求：
(1) 根据资料 1 开设账户（"T"形账户），并登记期初余额；
(2) 根据资料 2 采用借贷记账法编制会计分录；
(3) 根据会计分录，登记各账户并结算每个账户的本期发生额和期末余额；
(4) 根据全部账户的期初余额，本期发生额和期末余额编制试算平衡表，进行试算平衡；
(5) 编制东方公司 2018 年 3 月相关财务报表。

第5章
制造企业主要经济业务的核算

【学习目标】

本章将运用借贷记账法对制造企业主要的经济业务进行核算。通过本章的学习，要求：(1) 了解制造企业主要经济业务的内容；(2) 熟练掌握资金筹集业务、生产准备业务、产品生产业务、产品销售业务、财务成果形成与分配业务的核算；(3) 掌握材料采购成本的计算和生产成本的计算；(4) 明确账户分类的标准；(5) 熟练掌握账户按照会计要素、用途和结构分类的规律。

【案例或故事】

> 你了解企业具体业务的核算吗？
>
> 新民公司是一家生产并销售汽车装饰用品的制造企业，小叶是公司财务部的新进职员。为了更好地开展会计工作，部门主管让小叶用一个月的时间通过查阅会计凭证来全面熟悉公司的业务核算。经过一段时间的学习小叶了解到，公司从设立之日起发生的基本业务主要包括以下方面：一是成立之初出资人投入资金、企业向银行申请流动资金借款等筹资业务；二是采购部门采购原材料以及公司资产部门购置固定资产业务；三是车间组织产品生产业务；四是销售门店销售产品业务；五是财务部门进行财务成果计算和提出利润分配方案等业务。对于这些经济业务的会计处理知识，小叶在校期间已经学过，现在终于有机会把理论知识和企业具体实践紧密结合起来，小叶对此感到很高兴。
>
> 经过本章学习，你将了解制造业企业主要经济业务核算的基本内容。

5.1　制造企业主要经济业务的内容

企业是以盈利为目的的经济组织。为了实现盈利的目的，企业必须从事各种经济活动。从制造企业生产经营过程来考察，其主要的生产经营过程可分为三个具体过程，即生产准备过程、产品生产过程和产品销售过程。可以根据制造企业在生产经营过程中各环节的业务特点，将其主要经济业务分为资金筹集业务、生产准备业务、产品生产业务、产品销售业务、财务成果形成及利润分配业务等。

资金筹集业务是指企业从各种渠道筹集生产经营活动所需资金的业务，其主要核算的内容包括投资者投入资金和借入资金的核算。

生产准备业务是为产品生产过程准备必要的生产资料，也就是要购置生产所必需的固定资产，购买进行产品生产需要的劳动对象即原材料。生产准备业务的主要核算内容包括固定资产购入业务核算、材料采购业务的核算及材料采购成本的计算。通过生产准备业务，企业的资金形态由货币资金转化为储备资金和固定资金。

产品生产业务是劳动者借助于劳动手段进行生产劳动，把劳动对象加工成为产成品。生产过程既是产品的生产过程，又是物化劳动和活劳动的消耗过程。企业在产品生产过程中要发生各种各样的耗费，从而生产出社会需要的产品。因此，生产费用的发生、归集和分配，以及产品成本的计算，是产品生产业务核算的主要内容。在生产过程中企业的储备资金、固定资金还有一部分货币资金就转化为生产资金，随着产成品的完工入库，生产资金又转化为成品资金。

产品销售业务是企业将其所生产的产品按销售合同的规定对外销售给客户，并收取货款。因此，确认销售收入、与客户办理结算、收回货款、计算销售成本、支付销售费用、计算销售税金等是产品销售业务核算的主要内容。通过产品销售过程，企业的资金又从成品资金转化为货币资金。

财务成果形成及利润分配业务包括财务成果的确定和利润分配核算两项内容。对于制造企业而言，除生产产品并销售的主营业务以外，还会发生一些诸如销售材料、出租固定资产等其他业务，以及对外投资业务、非营业活动业务等。这些业务都会形成损益，也构成了企业财务成果形成及利润分配业务核算的一部分内容。

5.2　资金筹集业务的核算

5.2.1　资金筹集业务核算的主要内容

从企业资金的来源看，资金筹集业务核算主要包括两个部分：一是投资者投入的资本金及其增值；二是从债权人借入的资金。企业的资本金按投资主体的不同，分为国家投入资本、法人投入资本、个人投入资本和外商投入资本；按投资方式分为货币投资、实物投资和无形资产投资等。

货币投资是投资者以货币资金所进行的投资，企业应按实际收到的款项作为投资者的投资入账；实物投资是投资者以设备、材料、商品等实物资产作价投资；无形资产投资是投资者以土地使用权、专利权、商标权等无形资产作价投资。实物、无形资产投资应按照投资合同或协议约定的价值（但合同或协议价值不公允的除外）入账。

投资者按投资比例或者合同、章程的规定，分享企业利润或分担经营风险。投资者投入的资本应当保全，除法律、行政法规另有规定外，不得抽回投资。

企业在生产经营过程中，为补充生产周转资金的不足，或为购建固定资产，需要向银行、其他金融机构借入款项。企业借入的资金按偿还期限的长短分为短期借款和长期借款。借入资金业务核算的主要内容是取得借款本金、计算应承担的利息、归还本金和利息。

5.2.2 资金筹集业务核算需要设置的账户

1."实收资本"账户

该账户属于所有者权益类账户，用来核算投资者投入资本的增减变动及其结果。该账户贷方登记企业实际收到的投资者投入的资本数额；借方登记投入资本的减少数额；期末贷方余额表示投入资本的实有数额。该账户按投资者设置明细分类账户。

2."短期借款"账户

该账户属于负债类账户，用来核算企业向银行或其他金融机构借入的期限在一年以下（含一年）的各种借款的借入与偿还情况。该账户贷方登记借入的各种短期借款；借方登记归还的借款；期末贷方余额表示尚未归还的短期借款。该账户应按借款种类和贷款人设置明细分类账户。

3."长期借款"账户

该账户属于负债类账户，用来核算企业向银行或其他金融机构借入的期限在一年以上（不含一年）的各种借款的借入与偿还情况。该账户贷方登记借入的长期借款；借方登记归还的长期借款；期末贷方余额表示尚未归还的长期借款。该账户按照债权人和借款种类设置明细分类账户。

5.2.3 资金筹集业务的账务处理

新民企业于2018年1月1日注册成立，是一般纳税人，主要使用甲、乙两种材料，生产A、B两种产品。该企业2018年发生的经济业务如例5-1～例5-5所述。

【例5-1】 1月3日新民企业收到国家投入的货币资金100 000元，款项存入银行。

此项经济业务，涉及"银行存款"和"实收资本"两个账户。一方面，企业银行存款增加，应记入"银行存款"账户的借方；另一方面，企业实收资本的增加，应记入"实收资本"账户的贷方。编制会计分录如下：

借：银行存款　　　　　　　　　　　　　　　　　　　　　100 000
　　贷：实收资本——国家投入资本　　　　　　　　　　　　　100 000

【例5-2】 5月9日新民企业收到振华工厂作为投资投入的新设备一台，双方确认价值650 000元。

此项经济业务，涉及"固定资产"和"实收资本"两个账户。一方面，企业固定资产增加，应记入"固定资产"账户的借方；另一方面，企业实收资本的增加，应记入"实收资本"账户的贷方。编制会计分录如下：

借：固定资产　　　　　　　　　　　　　　　　　　　　　650 000
　　贷：实收资本——振华工厂投入资本　　　　　　　　　　　　　650 000

【例5-3】 7月1日新民企业向中国工商银行借入3个月到期、年息为10%的短期借款100 000元，到期一次还本付息，借入款项存入银行。

此项经济业务，涉及"银行存款"和"短期借款"两个账户。一方面，企业银行存款增加，应记入"银行存款"账户的借方；另一方面，企业短期借款增加，应记入"短期借款"账户的贷方。编制会计分录如下：

借：银行存款　　　　　　　　　　　　　　　　　　　　　100 000
　　贷：短期借款　　　　　　　　　　　　　　　　　　　　　　100 000

【例5-4】 10月1日新民企业向银行借入的短期借款到期，归还本金100 000元。

此项经济业务，涉及"银行存款"和"短期借款"两个账户。一方面，企业银行存款减少，应记入"银行存款"账户的贷方；另一方面，企业短期借款减少，应记入"短期借款"账户的借方。编制会计分录如下：

借：短期借款　　　　　　　　　　　　　　　　　　　　　100 000
　　贷：银行存款　　　　　　　　　　　　　　　　　　　　　　100 000

企业从银行借入的短期借款所应支付的利息，一般采用按季结算的办法。借款利息支出较大的企业可以采用按月计提的方式计入各月财务费用，按季结算，于季末一次支付。有关借款利息的账务处理，将在后面有关内容中说明。

【例5-5】 12月1日新民企业向银行借入3年期的一次还本付息的款项200 000元，已存入企业的存款账户。

此项经济业务，涉及"银行存款"和"长期借款"两个账户。一方面，企业银行存款的增加，应记入"银行存款"账户的借方；另一方面，企业长期借款的增加，应记入"长期借款"账户的贷方。编制会计分录如下：

借：银行存款　　　　　　　　　　　　　　　　　　　　　200 000
　　贷：长期借款　　　　　　　　　　　　　　　　　　　　　　200 000

上述资金筹集业务的总分类核算如图5-1所示。

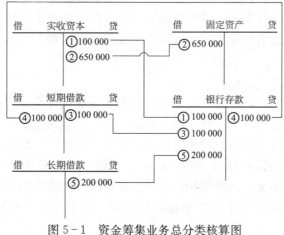

图5-1　资金筹集业务总分类核算图

5.3 生产准备业务的核算

5.3.1 生产准备业务核算的主要内容

企业要进行生产活动,必须有厂房、设备和材料物资等。生产准备阶段主要包括厂房设备等劳动资料的购建以及生产所需各种材料物资的采购。因此,生产准备业务的核算主要应包括固定资产购入业务的核算,材料采购业务的核算和材料采购成本的计算。

5.3.2 固定资产购入业务的核算

固定资产是指同时具有以下特征的有形资产:一是为生产商品、提供劳务、出租或经营管理而持有的;二是使用寿命超过一个会计年度的。

固定资产具有以下三个特点:第一,企业持有固定资产的目的,是为了生产商品、提供劳务、出租或经营管理的需要,而不是用于出售的产品(如存货);第二,企业使用固定资产的期限较长,使用寿命一般超过一个会计年度,固定资产给企业带来的受益期超过一年;第三,固定资产是有形资产,其实物特征将固定资产与无形资产区别开来。

1. 固定资产购入业务核算需要设置的账户

1)"固定资产"账户

该账户属于资产类账户,用来核算企业持有的按原价反映的固定资产的增减变动和结存情况。该账户借方登记按原价反映的固定资产的增加;贷方登记按原价反映的固定资产的减少;期末借方余额,表示现有固定资产的原价。本账户应按固定资产类别和项目设置明细分类账户。

2)"在建工程"账户

该账户属于资产类账户,用来核算企业基建、更新改造等在建工程发生的支出。借方登记企业各项在建工程的实际支出;贷方登记完成工程转出的成本;期末借方余额,反映企业尚未达到预定可使用状态的在建工程的成本。本账户可按"建筑工程""安装工程"等设置明细分类账户。

3)"应交税费"账户

该账户属于负债类账户,用来核算企业按照税法等规定计算应交纳的各项税费,包括增值税、消费税、城市维护建设税、资源税、企业所得税、土地增值税、房产税、车船税、土地使用税和教育费附加等。贷方登记企业按规定计算的各种应交纳税费;借方登记企业实际交纳的各种税费;期末余额可能在贷方,也可能在借方。如果在贷方,表示尚未交纳的税费;如果在借方,表示多交或尚未抵扣的税费。该账户应按税费项目设置明细分类账户。在生产准备业务核算中,该账户主要用来核算增值税,应在"应交税费"下设置"应交增值税"明细分类账户。

2. 增值税概述

增值税是以商品（含货物、加工修理修配劳务、服务、无形资产或不动产，以下统称商品）在流转过程中产生的增值额作为计税依据而征收的一种流转税。其中，服务是指提供交通运输服务、建筑服务、邮政服务、电信服务、金融服务、现代服务和生活服务。增值税是一种价外税，不影响企业损益。按照纳税人经营规模和会计核算是否健全，增值税纳税人分为一般纳税人和小规模纳税人。计算增值税的方法分为一般计税方法和简易计税方法。增值税一般纳税人企业计算增值税大多采用一般计税方法，小规模纳税人一般采用简易计税方法。

增值税的一般计税方法，是先按当期销售额和适用税率计算出销项税额，然后以该销项税额对当期购进项目支付的进项税额进行抵扣，从而计算出当期的应纳税额。在购进阶段，会计处理实行价税分离，属于价款部分，计入购入商品的成本；属于增值税额部分，按规定计入进项税额。在销售阶段，以不含税价格为基础，向买方收取的增值税作为销项税额。具体公式如下：

当期应交增值税额＝当期销项税额－当期进项税额

销项税额＝销售额×增值税税率

进项税额＝购进货物或劳务的价款×增值税税率

增值税一般纳税人适用的税率分别为 17%、11%、6% 和零税率。2018 年财政部和国家税务总局发布了《关于调整增值税税率的通知》，要求自 2018 年 5 月 1 日起，对原有的增值税率进行重大调整，将 17% 和 11% 税率各降低一个百分点，调整后主要和货物相关的制造业增值税税率为 16%，交通运输、建筑、基础电信服务等行业及农产品等货物的增值税税率为 10%。

为贯彻落实党中央、国务院决策部署，推进增值税实质性减税，2019 年 3 月财政部、税务总局、海关总署联合发布《关于深化增值税改革有关政策的公告》（财政部、税务总局、海关总署公告 2019 年第 39 号），要求从 2019 年 4 月 1 日起，增值税一般纳税人发生增值税应税销售行为或者进口货物，原适用 16% 税率的，税率调整为 13%；原适用 10% 税率的，税率调整为 9%。此外，纳税人购进农产品，原适用 10% 扣除率的，扣除率调整为 9%。纳税人购进用于生产或者委托加工 13% 税率货物的农产品，按照 10% 的扣除率计算进项税额。

公告称，从 2019 年 4 月 1 日起，适用 16% 税率且出口退税率为 16% 的出口货物劳务，出口退税率调整为 13%；原适用 10% 税率且出口退税率为 10% 的出口货物、跨境应税行为，出口退税率调整为 9%。同时，适用 13% 税率的境外旅客购物离境退税物品，退税率为 11%；适用 9% 税率的境外旅客购物离境退税物品，退税率为 8%。

公告明确扩大进项税抵扣范围，将国内旅客运输服务纳入抵扣范围，同时将纳税人取得不动产支付的进项税由目前分两年抵扣（第一年抵扣 60%，第二年抵扣 40%），改为一次性全额抵扣。此外，自 2019 年 4 月 1 日至 2021 年 12 月 31 日，允许生产、生活性服务业纳税人按照当期可抵扣进项税额加计 10%，抵减应纳税额。

公告同时明确，自 2019 年 4 月 1 日起，试行增值税期末留抵税额退税制度。符合相关条件的纳税人，可向主管税务机关申请退还增量留抵税额，增量留抵税额为与 2019 年 3 月底相比新增加的期末留抵税额。

本书将以增值税一般纳税人企业为例,采用一般计税方法计算增值税。

小规模纳税人一般采用的简易计税方法,按照不含税的销售额和规定的征收率确定,不得抵扣进项税额,小规模纳税人增值税征收率为3%,国务院另有规定的除外。

为核算企业应交增值税的发生、抵扣、交纳等情况,增值税一般纳税人应当在"应交税费"账户下设"应交增值税""未交增值税""待抵扣进项税额"等多个明细账户。在"应交税费——应交增值税"的明细账户中设置如"进项税额""销项税额""已交税金""进项税额转出"等专栏,核算一般纳税人有关进项税额、销项税额、已交税金、进项税额转出等情况。借方登记企业购买货物或接受劳务时支付的"进项税额"和当月上交的"已交税金"等;贷方登记企业销售产品或提供劳务时向购货方收取的"销项税额";期末借方余额,反映本期尚未抵扣的进项税额。

3. 固定资产购入业务的账务处理

固定资产应当按照成本进行初始计量。固定资产的取得成本包括企业为购建某项固定资产达到可使用状态前所发生的一切合理的、必要的支出。外购固定资产的成本,包括购买价款、相关税费(不含可抵扣的增值税进项税额)、使固定资产达到预定可使用状态前所发生的可归属于该项资产的运输费、装卸费、安装费和专业人员服务费等。

外购固定资产是否达到预定可使用状态,需要根据具体情况进行分析判断。如果购入不需安装的固定资产,购入后即可发挥作用,在购入后即可达到预定可使用状态;如果购入需安装的固定资产,只有经过安装调试,才能达到设计要求或相应合同规定的标准,在安装调试后才可达到预定可使用状态。因此,购入固定资产分为购入不需要安装的固定资产和购入需要安装的固定资产两种情况。

2016年财政部和国家税务总局发布《关于全面推开营业税改征增值税试点的通知》,要求使用一般计税方法的一般纳税人企业,自2016年5月1日后取得并按固定资产核算的不动产或者2016年5月1日后取得的不动产在建工程,根据合规的扣税凭证其进项税额应自取得之日起分2年从销项税额中抵扣,第一年抵扣比例为60%,第二年抵扣比例为40%;2019年4月1日起改为一次性全额抵扣。将不动产纳入增值税的抵扣范围,可以更完整地实现规范的消费型增值税制度。

1)购入不需要安装固定资产的核算

购入不需要安装的固定资产,应按购买价款、相关税费(不含可抵扣的增值税进项税额)、使固定资产达到预定可使用状态前所发生的可归属于该项资产的运输费、装卸费、包装费、保险费和专业人员服务费,借记"固定资产"账户;可抵扣的增值税进项税额,借记"应交税费——应交增值税(进项税额)"账户;按全部款项合计贷记"银行存款"等账户。

【例5-6】 2019年4月1日,新民企业购入汽车一辆,取得的增值税专用发票上注明价款86 000元,增值税税额为11 180元;另支付运费并取得增值税专用发票,注明运费4 000元,增值税额360元,已用银行存款支付全部款项。

此项经济业务的发生,涉及"固定资产""应交税费""银行存款"三个账户。固定资产的购买价款和其他相关费用构成固定资产的原价，可抵扣的增值税进项税额不计入固定资产成本。一方面企业固定资产的增加，应记入"固定资产"账户的借方，同时可抵扣的增值税进项税额增加，应记入"应交税费"账户的借方；另一方面企业银行存款的减少，应记入"银行存款"账户的贷方。编制会计分录如下：

  借：固定资产   90 000
    应交税费——应交增值税（进项税额）   11 540
   贷：银行存款   101 540

2）购入需要安装固定资产的核算

购入需要安装的固定资产时，应按前述外购不需安装固定资产的取得成本，借记"在建工程"账户；可抵扣的增值税进项税额，借记"应交税费——应交增值税（进项税额）"账户；按全部款项合计贷记"银行存款"等账户。支付安装费用时，借记"在建工程"账户；按可抵扣的增值税进项税额，借记"应交税费——应交增值税（进项税额）"账户；贷记"银行存款""应付职工薪酬"等账户。安装完毕达到预定可使用状态时，借记"固定资产"账户，贷记"在建工程"账户。

【例5-7】2019年4月10日购入需要安装的设备一台，取得的增值税专用发票上注明价款34 000元，增值税税额为4 420元；另支付运费并取得增值税专用发票，注明运费2 500元，增值税额225元；支付安装费并取得增值税专用发票，注明安装费3 500元，增值税额315元，全部款项通过银行存款支付。

固定资产的购买价款、运输费、包装费以及安装费等构成固定资产的价值，发生这些支出时，都应记入固定资产的取得成本；可抵扣的增值税进项税额不构成固定资产成本。在固定资产安装调试前固定资产尚未达到预定可使用状态，应先通过"在建工程"账户核算。购入进行安装时，固定资产的工程成本增加，应记入"在建工程"账户的借方；可抵扣的增值税进项税额增加，应记入"应交税费"账户的借方；同时银行存款减少，应记入"银行存款"账户的贷方。工程完工后，再从"在建工程"账户的贷方转入"固定资产"账户的借方。编制会计分录如下：

（1）购入进行安装时：
  借：在建工程   36 500
    应交税费——应交增值税（进项税额）   4 645
   贷：银行存款   41 145

（2）支付安装费时：
  借：在建工程   3 500
    应交税费——应交增值税（进项税额）   315
   贷：银行存款   3 815

（3）设备安装完毕交付使用：
  借：固定资产   40 000
   贷：在建工程   40 000

上述固定资产的总分类核算如图5-2所示。

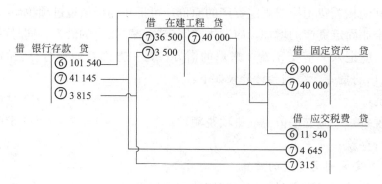

图 5-2 固定资产购入业务总分类核算图

5.3.3 材料采购业务的核算

1. 原材料的概念及其采购成本的构成

原材料是指制造企业在生产过程中经加工改变其形态或性质并构成产品主要实体的各种原料及主要材料、辅助材料、外购半成品、修理用备件、包装材料、燃料等,是存货的主要项目之一。材料作为生产过程中必不可少的物质要素,其特点是:投入生产过程后,经过加工而改变其原有的实物形态,并构成产品的实体,或被消耗而有助于生产的进行。与此同时,其价值也就一次全部地转移到产品中去,构成产品成本的重要组成部分。需注意的是,为建造固定资产等各项工程而储备的各种材料,虽然同属于材料,但是不符合存货的定义,因此不能作为企业存货,而应列入"工程物资"进行核算。

存货应当按照成本进行初始计量。材料的采购成本包括购买价款、相关税费(不含可抵扣的增值税进项税额)、运输费、保险费以及其他可归属于材料采购成本的费用。其中,其他可归属于材料采购成本的费用是指采购成本中除上述以外的可归属于材料采购成本的费用,如在材料采购过程中发生的仓储费、包装费、运输途中的合理损耗、入库前的挑选整理费。因此,材料的买价、增值税和各项采购费用的发生和结算,以及材料采购成本的计算,构成了材料采购业务核算的主要内容。

商品流通企业在采购过程中发生的运输费、装卸费、保险费以及其他可归属于商品采购成本的费用等进货费用,应当计入商品采购成本,也可以先归集,期末根据所购商品的存销情况进行分摊。对于已售商品的进货费用,计入当期损益;对于未售商品的进货费用,计入期末存货成本。进货费用金额较小的,采购商品时可以在发生阶段直接计入当期损益。

2. 原材料按照实际成本计价的核算

企业的原材料可以按照实际成本计价组织收发核算,也可以按照计划成本计价组织收发核算,企业需视具体情况而定。

原材料按照实际成本计价方法进行日常的收发核算,其特点是从材料的收发凭证到材料明细分类账和总分类账全部按实际成本计价。原材料按照实际成本进行计价核算,能够比较全面、完整地反映材料资金的实际占用情况,可以准确地计算出所生产产品的成本中的材料费用额。但由于原材料不存在成本差异的计算与结转,无法反映材料成本是节约还是超支,不能反映和考核材料采购业务的经营成果。当企业的经营规模较小,原材料的种类不是很多，而且原材料的收发业务也不是很频繁的情况下，可以按照实际成本计价方法组织原材料的收发核算。

原材料按照实际成本计价组织收发核算时应设置以下账户：

1) "在途物资"账户

该账户属于资产类账户，用来核算企业采用实际成本进行材料、商品等物资的日常核算、价款已付但尚未到达或尚未验收入库的各种物资的采购成本。其借方登记购入的在途物资的实际成本；贷方登记结转完成采购过程、验收入库在途物资的实际成本；期末余额在借方，表示在途物资的实际成本。"在途物资"账户应按照购入材料的品种或种类设置明细账户，进行明细分类核算。

2) "原材料"账户

该账户属于资产类账户，用来核算企业库存材料的增减变动及其结余情况。借方登记已验收入库材料的实际成本；贷方登记发出材料的实际成本；期末借方余额，表示库存材料的实际成本。该账户应按材料类别、品种和规格设置明细分类账户。

3) "应付账款"账户

该账户属于负债类账户，用来核算企业因购买材料和接受劳务供应等经营活动而应付给供应单位款项。贷方登记应付未付的款项；借方登记已经偿付或已开出、承兑商业汇票抵付的应付账款；期末贷方余额，表示尚未支付的应付账款余额。该账户应按供应单位名称设置明细分类账户。

4) "应交税费"账户

该账户属于负债类账户，在材料采购过程核算中，该账户主要用来核算增值税。应在"应交税费"下设置"应交增值税"明细分类账户。借方登记企业购买货物或接受劳务时支付的"进项税额"和当月上交的"已交税金"等；贷方登记企业销售产品或提供劳务时向购货方收取的"销项税额"；期末借方余额，反映本期尚未抵扣的进项税额。

5) "应付票据"账户

该账户属于负债类账户，用来核算企业因购买材料和接受劳务等经营活动而开出、承兑的商业汇票。贷方登记企业开出的商业汇票；借方登记到期承兑的商业汇票；期末贷方余额，表示尚未到期付款的商业汇票。该账户应按债权人分别设置明细分类账户。

6) "预付账款"账户

该账户属于资产类账户，用来核算按照合同规定向供应单位预付购料款而与供应单位发生债权的增减变动及结存情况。借方登记预付的款项；贷方登记收到供应单位提供的材料而冲减的预付款项；期末一般为借方余额，表示企业已预付而未转销的款项。本账户应按供货单位名称设置明细分类账户。需要说明的是，在企业预付账款不多的情况下，也可以不设置"预付账款"账户，而是通过"应付账款"账户来核算企业预付账款的情况。

下面将以新民企业2019年4月发生的经济业务为例说明企业原材料按照实际成本计价业务的核算。

【例5-8】 3日，向黄河工厂购入甲材料500吨，单价217元，计108 500元；增值税专用发票上注明的增值税进项税额为14 105元（108 500×13%）。款项已通过银行存款支付，材料尚未验收入库。

此项经济业务的发生，涉及"在途物资""应交税费""银行存款"三个账户。企业采购成本的增加，应记入"在途物资"账户的借方，支付的进项税额，应记入"应交税费"账户的借方；银行存款的减少，应记入"银行存款"账户的贷方。编制会计分录如下：

  借：在途物资——甲材料   108 500
    应交税费——应交增值税（进项税额）   14 105
   贷：银行存款   122 605

【例5-9】 4日，支付上项甲材料的运费并取得增值税专用发票，注明运费300元，增值税额27元，款项用现金支付。

此项经济业务的发生，涉及"在途物资""应交税费""银行存款"三个账户。一方面运费的发生属于企业采购成本的增加，应记入"在途物资"账户的借方，支付的进项税额，应记入"应交税费"账户的借方；另一方面现金的减少，应记入"库存现金"账户的贷方。编制会计分录如下：

  借：在途物资——甲材料   300
    应交税费——应交增值税（进项税额）   27
   贷：库存现金   327

【例5-10】 10日，向长江工厂购入乙材料200吨，单价195元，计39 000元。增值税专用发票上注明的增值税进项税额为5 070元（39 000×13%）。材料尚未验收入库。企业开出并承兑一张面值为44 070元、期限为90天的商业汇票给长江工厂。

此项经济业务的发生，涉及"在途物资""应交税费""应付票据"三个账户。一方面企业采购成本的增加，应记入"在途物资"账户的借方，支付的进项税额，应记入"应交税费"账户的借方；另一方面应付票据的增加，应记入"应付票据"账户的贷方。编制会计分录如下：

  借：在途物资——乙材料   39 000
    应交税费——应交增值税（进项税额）   5 070
   贷：应付票据   44 070

【例5-11】 15日，企业又向黄河工厂购入甲材料400吨，单价217元，计86 800元；同时向长江工厂购入乙材料300吨，单价195元，计58 500元。增值税税率为13%。材料已经运达企业，但尚未验收入库。全部款项均未支付。

此项经济业务的发生，计算的甲、乙材料的进项税额为18 889元（145 300×13%），一方要反映材料买价的增加和进项税额的发生，分别记入"在途物资"账户和"应交税费"账户的借方；另一方面要反映尚未支付的材料价款，即负债的增加，应记入"应付账款"账户的贷方。编制会计录如下：

  借：在途物资——甲材料   86 800
      ——乙材料   58 500
    应交税费——应交增值税（进项税额）   18 889
   贷：应付账款——黄河工厂   98 084
       ——长江工厂   66 105

【例5-12】 16日，支付上项甲、乙两种材料的运费并取得增值税专用发票，注明运费3 500元，增值税额315元，款项用银行存款支付。

企业购入材料两种或两种以上的材料所发生的各种采购费用，对于凡是能够分清对象的，可直接计入各种材料的采购成本；不能分清有关对象的，即所发生的共同性采购费用，就要选择适当的分配标准在同批材料不同品种之间进行合理的分配，以便正确确定各种材料的采购费用。材料采购费用的分配标准一般有重量、体积和材料的买价等。材料采购费用的分配可按下列公式进行：

$$某种采购费用的分配率=\frac{某项待分配的采购费用总额}{各种材料的分配标准之和}$$

某种材料应负担的采购费用＝该种材料的分配标准×某项采购费用的分配率

本题中的运费是以甲、乙两种材料的重量作为标准来分配的，具体计算如下：

$$材料运费的分配率=\frac{3\,500}{400+300}=5（元/吨）$$

甲材料应负担的运费＝400×5＝2 000（元）

乙材料应负担的运费＝300×5＝1 500（元）

此项经济业务的发生，涉及"在途物资""应交税费""银行存款"三个账户。一方面运费的发生属于企业采购成本的增加，应记入"在途物资"账户的借方，支付的进项税额，应记入"应交税费"账户的借方；另一方面银行存款的减少，应记入"银行存款"账户的贷方。编制会计分录如下：

借：在途物资——甲材料　　　　　　　　　　　　　　　　　　　2 000
　　　　　　——乙材料　　　　　　　　　　　　　　　　　　　1 500
　　应交税费——应交增值税（进项税额）　　　　　　　　　　　　315
　　贷：银行存款　　　　　　　　　　　　　　　　　　　　　　　3 815

【例5-13】 20日，预付给长江工厂购买乙材料货款50 000元，以银行存款支付。

此项经济业务的发生，涉及"预付账款""银行存款"两个账户。一方面预付货款的发生属于企业资产的增加，应记入"预付账款"账户的借方；另一方面银行存款的减少，应记入"银行存款"账户的贷方。编制会计分录如下：

借：预付账款——长江工厂　　　　　　　　　　　　　　　　　　50 000
　　贷：银行存款　　　　　　　　　　　　　　　　　　　　　　　50 000

【例5-14】 28日，企业收到长江工厂发来的、前已预付货款的乙材料，材料尚未验收入库。随货转来发票上注明该批乙材料的价款54 600元（单价195元，数量280吨），增值税进项税额7 098元（54 600×13％）；长江工厂为企业代垫运费并取得增值税专用发票，注明运费300元，增值税额27元，除冲销原预付款50 000元外，不足款用银行存款支付。

此项经济业务的发生，涉及"在途物资""应交税费""预付账款""银行存款"四个账户。材料采购成本的增加应记入"在途物资"账户的借方；增值税进项税额的增加应记入"应交税费"账户的借方；预付货款的转销，应记入"预付账款"账户的贷方；补付的银行存款，应记入"银行存款"账户的贷方。编制会计分录如下：

借：在途物资——乙材料　　　　　　　　　　　　　　　　　　　54 900
　　应交税费——应交增值税（进项税额）　　　　　　　　　　　　7 125
　　贷：预付账款——长江工厂　　　　　　　　　　　　　　　　　50 000
　　　　银行存款　　　　　　　　　　　　　　　　　　　　　　　12 025

【例 5-15】 30 日，本月购入的上述材料均已到达企业并已验收入库，结转其实际采购成本。

当月购入材料的实际采购成本，需要通过编制物资采购成本计算表来确定。而物资采购成本计算表需要以"在途物资"明细分类账户为依据来计算。在途物资明细账的具体登记如表 5-1 和表 5-2 所示。材料采购成本计算表如表 5-3 所示。

甲材料的实际采购成本 = 108 500 + 300 + 86 800 + 2 000 = 197 600（元）
乙材料的实际采购成本 = 39 000 + 58 500 + 1 500 + 54 900 = 153 900（元）

此项经济业务的发生，涉及"在途物资""原材料"两个账户。一方面企业原材料的增加，应记入"原材料"账户的借方；另一方面结转采购成本，应记入"在途物资"账户的贷方。编制会计分录如下：

借：原材料——甲材料　　　　　　　　　　　　　　　197 600
　　　　　——乙材料　　　　　　　　　　　　　　　153 900
　　贷：在途物资——甲材料　　　　　　　　　　　　197 600
　　　　　　　——乙材料　　　　　　　　　　　　　153 900

在实务工作中，为减少材料核算的工作量，企业一般在月末一次性结转本月所有已验收入库材料采购成本。

【例 5-16】 30 日，企业用银行存款偿还前欠长江工厂乙材料的货款。

此项经济业务的发生，一方面要反映企业负债的减少，应记入"应付账款"账户的借方；另一方面反映银行存款的减少，应记入"银行存款"账户贷方。编制会计分录如下：

借：应付账款——长江工厂　　　　　　　　　　　　　66 105
　　贷：银行存款　　　　　　　　　　　　　　　　　66 105

上述材料采购的总分类核算如图 5-3 所示。

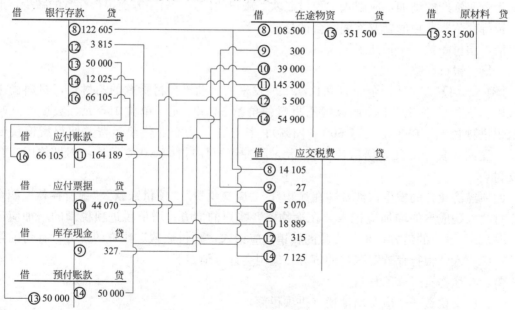

图 5-3　材料购入业务总分类核算图

例 5-8～例 5-15 业务中在记入有关总分类账户的同时，还应分别记入"在途物资——甲材料""在途物资——乙材料""应付账款——长江工厂""应付账款——黄河工厂""原材料——甲材料""原材料——乙材料"等明细分类账户的借方或贷方。本例中只对"在途物资"明细账的登记加以说明。如表 5-1、表 5-2 所示。

表 5-1　在途物资明细账 1

材料名称：甲材料

2019 年		凭证号数	摘要	借方			贷方	余额
月	日			买价	运输费	合计		
4	略	5—8	购入 500 吨，每吨 217 元	108 500		108 500		
		5—9	运费		300	300		
		5—11	购入 400 吨，每吨 217 元	86 800		86 800		
		5—12	运费		2 000	2 000		
		5—15	结转采购成本				197 600	
			本月发生额	195 300	2 300	197 600	197 600	0

表 5-2　在途物资明细账 2

材料名称：乙材料

2019 年		凭证号数	摘要	借方			贷方	余额
月	日			买价	运输费	合计		
4	略	5—10	购入 200 吨，每吨 195 元	39 000		39 000		
		5—11	购入 300 吨，每吨 195 元	58 500		58 500		
		5—12	运费		1 500	1 500		
		5—14	购入 280 吨，每吨 195 元	54 600	300	54 900		
		5—15	结转采购成本				153 900	
			本月发生额	152 100	1 800	153 900	153 900	0

表 5-3　物资采购成本计算表

2019 年 4 月

成本项目	甲材料（900 吨）		乙材料（780 吨）		合计
	总成本	单位成本	总成本	单位成本	
买价	195 300	217	152 100	195	347 400
采购费用	2 300	2.56	1 800	2.31	4 100
采购成本	197 600	219.56	153 900	197.31	351 500

3. 原材料按照计划成本计价的核算

当企业材料的种类比较多，收发次数又比较频繁的情况下，其核算的工作量比较大，同时企业还希望能够考核材料采购业务成果，分析材料采购计划的完成情况，因此在一些大、中型制造业企业，材料按照计划成本登记，通过增设"材料成本差异"账户来核算材料实际成本与计划成本之间的差异额，并在会计期末对计划成本进行调整，以确定库存材料的实际成本和发出材料应负担的差异额,进而确定发出材料的实际成本。

材料按照计划成本组织收、发核算时,材料的收入、发出和结存,均按照计划成本计价。企业应结合各种原材料的特点、实际采购成本等资料确定原材料的计划单位成本,计划单位成本一经确定,在年度内一般不作调整。取得材料时,按照计划成本记录材料的增加,按照计划成本与实际成本之间的差异在材料成本差异账户中登记。平时发出的材料按计划成本核算,月末再将本月发出材料应负担的差异额进行分摊,将发出材料的计划成本调整为实际成本。

原材料按照计划成本计价组织收发核算时应设置以下账户。

1)"材料采购"账户

该账户属于资产类,用来核算在途材料的采购成本。借方登记购入材料的实际成本和结转入库材料实际成本小于计划成本的节约差异;贷方登记入库材料的计划成本和结转入库材料的实际成本大于计划成本的超支差异。期末余额在借方,表示在途材料的实际成本。该账户应按照材料的种类设置明细账户,进行明细分类核算。

2)"材料成本差异"账户

该账户属于资产类备抵附加调整账户(此分类详见 5.7 节账户分类相关内容),用来核算企业库存材料实际成本与计划成本之间的超支或节约差异额的增减变动及其结余情况。借方登记结转验收入库材料的超支差异额和结转发出材料应负担的节约差异额;贷方登记结转验收入库材料的节约差异额和结转发出材料应负担的超支差异额。期末余额如果在借方,表示库存材料的超支差异额;如果在贷方,表示库存材料的节约差异额。

3)"原材料"账户

该账户属于资产类账户,用来核算企业库存材料的增减变动及其结余情况。借方登记已验收入库材料的计划成本;贷方登记发出材料的计划成本。期末借方余额,表示库存材料的计划成本。该账户应按材料类别、品种和规格设置明细分类账户。

除上述账户外,其他账户与材料按实际成本计价核算所涉及的相关账户相同。

下面将以新民企业 2019 年 4 月发生的经济业务为例说明企业原材料按照计划成本计价业务的核算。

【例 5-17】 新民企业购入丙材料 4 000 千克,发票注明其价款为 160 000 元,增值税税额为 20 800 元,用银行存款支付;另支付该批丙材料的运费并取得增值税专用发票,注明运费 6 000 元,增值税额 540 元,款项用现金支付。

这项经济业务的发生,一方面使得公司的材料采购支出增加共计 166 000 元,其中包括买价 160 000 元,采购费用 6 000 元,增值税进项税额增加 21 340 元;另一方面使得公司的银行存款减少 180 800 元,现金减少 6 540 元。材料采购支出的增加应记入"材料采购"账户的借方;增值税进项税额的增加应记入"应交税费——应交增值税(进项税额)"账户的借方;银行存款的减少应记入"银行存款"账户的贷方;现金的减少应记入"库存现金"账户的贷方。应编制的会计分录如下:

借:材料采购——丙材料　　　　　　　　　　　　　　　　166 000
　　应交税费——应交增值税(进项税额)　　　　　　　　 21 340
　贷:银行存款　　　　　　　　　　　　　　　　　　　　180 800
　　　库存现金　　　　　　　　　　　　　　　　　　　　　6 540

【例 5－18】 上述材料验收入库，其计划成本为 160 000 元，结转该批材料的计划成本和差异额。

由于该批材料的实际成本为 166 000 元，计划成本为 160 000 元，因而可以确定丙材料成本的超支差异额为 6 000 元（166 000－160 000）。结转验收入库材料的计划成本时，使得公司的材料采购支出（计划成本）减少 160 000 元和库存材料计划成本增加 160 000 元；结转入库材料成本超支差异额，使得库存材料成本超支差异额增加 6 000 元和材料采购支出减少 6 000 元。库存材料成本的增加应记入"原材料"账户的借方，材料采购成本的结转应记入"材料采购"账户的贷方。所以，该项经济业务应编制如下两笔会计分录：

借：原材料——丙材料　　　　　　　　　　　　　　　　160 000
　　贷：材料采购——丙材料　　　　　　　　　　　　　　　160 000
同时，应
借：材料成本差异　　　　　　　　　　　　　　　　　　6 000
　　贷：材料采购——丙材料　　　　　　　　　　　　　　　6 000

假如本例中丙材料的计划成本改为 170 000 元，则可以确定材料成本的节约差异额为 4 000 元（170 000－166 000），其会计分录为：

借：原材料——丙材料　　　　　　　　　　　　　　　　170 000
　　贷：材料采购——丙材料　　　　　　　　　　　　　　　170 000
同时，应
借：材料采购——丙材料　　　　　　　　　　　　　　　4 000
　　贷：材料成本差异　　　　　　　　　　　　　　　　　　4 000

【例 5－19】 分配结转材料成本差异。企业本月生产产品领用丙材料计划成本总额为 90 000 元，月末计算确定发出甲材料应负担的差异额，并予以结转。假设期初库存丙材料计划成本为 240 000 元，成本差异额为超支差异额 6 800 元（假定本月丙材料按照计划成本为 160 000 元验收入库）。

材料采用计划成本法核算，需要在会计期末，将发出材料的计划成本调整为实际成本。通过材料成本差异率对计划成本进行调整，以求得实际成本。发出材料应负担的差异额必须按月分摊，不得在季末或年末一次分摊。对于发出材料应负担成本差异，除委托外部加工物资而发出的材料可按上月（即月初）差异率计算外，都应使用当月的差异率，除非当月差异率与上月差异率相差不大。材料成本差异率的计算方法包括：

$$月初材料成本差异率 = \frac{月初库存材料成本差异额}{月初库存材料的计划成本} \times 100\%$$

$$本月材料成本差异率 = \frac{月初库存材料成本差异额 + 本月购入材料差异额}{月初库存材料的计划成本 + 本月入库材料计划成本} \times 100\%$$

发出材料应负担的差异额 ＝ 发出材料的计划成本 × 材料成本差异率

根据本例资料，采用本月材料成本差异率，计算如下：

$$本月材料成本差异率 = \frac{6\ 800 + 6\ 000}{240\ 000 + 160\ 000} \times 100\% = 3.2\%$$

发出材料应负担的差异额 ＝ 90 000 × 3.2% ＝ 2 880（元）

本月生产产品领用丙材料，发出材料需要使用计划成本核算，一方面生产成本增加，应

记入"生产成本"账户的借方,另一方面原材料减少,应记入"原材料"账户的贷方。编制的会计分录如下:

借:生产成本　　　　　　　　　　　　　　　　　　　90 000
　　贷:原材料——丙材料　　　　　　　　　　　　　　　90 000

同时,需要结转发出材料应负担的差异额,在实务工作中,结转发出材料应负担的差异额时,一方面应记入"生产成本"等账户的借方,另一方面应记入"材料成本差异"账户的贷方。因此,编制分录和登记账户时,超支差用蓝字,节约差用红字。本月生产产品领用丙材料结转发出材料应负担的差异额,编制的会计分录如下:

借:生产成本　　　　　　　　　　　　　　　　　　　2 880
　　贷:材料成本差异　　　　　　　　　　　　　　　　 2 880

5.4　产品生产业务的核算

5.4.1　产品生产业务核算的主要内容

制造企业的主要经济活动是生产符合社会需要的产品。产品的生产过程同时也是生产的耗费过程。企业生产产品要发生各种生产耗费,包括生产资料中的劳动手段(如机器设备)和劳动对象(如材料)的耗费,以及劳动力等方面的耗费。企业在一定时期内发生的、用货币额表现的生产耗费,叫作生产费用。企业在一定时期内发生的生产费用,按其是否计入产品成本分为生产成本和期间费用。

按照生产费用计入生产成本的方式不同,生产费用又分为直接费用和间接费用。直接费用可直接计入到产品的成本中,间接费用则需要通过分配计入到产品成本中。成本项目是对生产费用按经济用途的分类,成本项目一般包括直接材料、直接人工和制造费用。按照这些成本项目将所发生的生产费用归集在成本计算对象上,就构成了某一成本计算对象的生产成本。

期间费用是企业为组织和管理企业的生产经营活动而发生的费用。这些费用不计入产品生产成本,而直接计入当期损益。期间费用包括销售费用、管理费用和财务费用。关于期间费用的核算将在后面的章节中进行介绍。

因此,产品生产业务中费用的发生、归集和分配,以及产品成本的计算,就构成了产品生产业务核算的主要内容。

5.4.2　产品生产业务核算需要设置的账户

为了核算和监督产品生产过程中发生的各项费用的归集和分配,以及正确地计算产品的生产成本,应设置以下账户。

1. "生产成本"账户

该账户属于成本类账户,是用来核算企业进行工业性生产发生的各项费用,包括生产各种产品(包括产成品、自制半成品、提供劳务等)、自制材料、自制工具、自制设备等所发生的各种生产费用。其借方登记生产产品发生的原材料、燃料及动力、工资及职工福利费等直接费用和从"制造费用"账户贷方转来的间接生产费用;贷方登记生产完工并已验收入库的产成品或自制半成品等的成本;月末借方余额,表示尚未加工完成的各种在产品的生产成本。该账户按生产车间和产品种类设置明细分类账户。

2. "制造费用"账户

该账户属于成本类账户,用来核算企业生产车间(或部门)为生产产品和提供劳务而发生的各种间接费用,包括工资及福利费用、折旧费、办公费和水电费等。其借方归集各项间接费用的发生数;贷方登记月末应该分配计入各种产品成本的间接费用;期末该账户一般没有余额。该账户应按照车间、部门和费用项目设置明细分类账户。

3. "应付职工薪酬"账户

该账户属于负债类账户,用来核算企业根据有关规定应付给职工的各种薪酬。包括工资、职工福利、社会保险、住房公积金等。该账户贷方登记已分配计入有关成本费用项目的职工薪酬的数额;借方登记实际发放职工薪酬的数额;该账户期末贷方余额,反映企业应付未付的职工薪酬。该账户按"工资、奖金、津贴和补贴""职工福利费""非货币性福利""社会保险费""住房公积金""工会经费和职工教育经费""辞退福利""设定提存计划"等项目设置明细分类账户。

4. "累计折旧"账户

该账户属于资产类账户,用来核算企业固定资产累计折旧情况,是固定资产的备抵调整账户。该账户贷方登记按期计提的固定资产的折旧数;借方登记因出售、报废等原因引起已计提折旧的减少或转销数;期末贷方余额反映固定资产的累计折旧数。

前面曾讲述,为了反映企业固定资产原价的增减变动及其结存情况,核算中设置了"固定资产"账户。由于固定资产在其较长的使用期限内保持原有实物形态,而其价值却随着固定资产的损耗而逐渐减少。固定资产由于损耗而减少的价值就是固定资产的折旧。固定资产的折旧应该作为折旧费用计入产品成本和期间费用,这样做不仅是为了使企业在将来有能力重置固定资产,更主要的是为了实现各会计期间收入与费用的正确配比;同时,也遵循了权责发生制的核算基础。所以,为了单独核算固定资产的磨损价值,需要专门设置"累计折旧"账户进行核算。用"累计折旧"账户的贷方余额抵减"固定资产"账户的借方余额,即可求得固定资产的净值。

5. "库存商品"账户

该账户属于资产类账户,用来核算企业库存的各种商品的成本,包括库存产成品、外购商品等。其借方登记已验收入库产成品的生产成本;贷方登记发出的各种产成品的生产成本;期末借方余额表示库存产成品的生产成本。"库存商品"账户应该按其种类、品种和规格设置明细分类账户。

5.4.3 产品生产业务的账务处理

下面仍以新民企业2019年4月发生的经济业务为例,说明企业产品生产业务的核算。

1. 材料费用分配的核算

【例 5-20】 30 日，企业根据 12 月份仓库发出材料情况编制发出材料汇总表（金额保留整数，尾数差不计），如表 5-4 所示。

表 5-4 发出材料汇总表

用途	甲材料			乙材料			金额合计
	数量/吨	单价/元	金额/元	数量/吨	单价/元	金额/元	
生产产品耗用							
A 产品	150	219	32 850	400	195.7	78 280	111 130
B 产品	150	219	32 850	160	195.7	31 312	64 162
车间一般耗用	140	219	30 660				30 660
合计	440	219	96 360	560	195.7	109 592	205 952

由于企业购进材料的时间不同，各批材料购进的单位价格会有差异，因此在发出材料时需要确定发出材料单价的方法。其方法主要包括加权平均法、先进先出法和个别计价法等。加权平均单价的计算公式为：

$$加权平均单价 = \frac{期初结存材料的成本 + 本期入库材料的成本}{期初结存材料的数量 + 本期入库材料的数量}$$

在本例中，假设甲材料期初结存的数量为 100 吨，单价 214 元；乙材料期初结存的数量为 220 吨，单价为 190 元，同时根据表 5-3 的资料计算的加权平均单价如下：

$$甲材料加权平均单价 = \frac{100 \times 214 + 197\ 600}{100 + 900} = \frac{219\ 000}{1\ 000} = 219(元/吨)$$

$$乙材料加权平均单价 = \frac{220 \times 190 + 153\ 900}{220 + 780} = \frac{195\ 700}{1\ 000} = 195.70(元/吨)$$

甲材料发出的成本 = 440 × 219 = 96 360(元)

乙材料发出的成本 = 560 × 195.70 = 109 592(元)

表 5-4 中甲、乙材料的发出单价是按照加权平均法计算的（其他方法将在中级财务会计课程中讲解）。

此项经济业务的发生，一方面使库存材料减少，应记入"原材料"账户的贷方；另一方面使生产费用增加，应按其用途分别归集，直接用于生产 A 产品和 B 产品的材料，应记入"生产成本"账户的借方，而车间一般耗用的材料，用于间接生产费用，应记入"制造费用"账户的借方。编制的会计分录如下：

借：生产成本——A 产品　　　　　　　　　　　111 130
　　　　　　——B 产品　　　　　　　　　　　64 162
　　制造费用　　　　　　　　　　　　　　　　30 660
　贷：原材料——甲材料　　　　　　　　　　　96 360
　　　　　　——乙材料　　　　　　　　　　　109 592

2. 工资费用的核算

【例 5-21】 8 日，从银行提取现金 720 000 元，以备发工资。

此项经济业务的发生，一方面使库存现金增加，应记入"库存现金"账户的借方；另一方面使银行存款减少，应记入"银行存款"账户的贷方。编制会计分录如下：

　　借：库存现金　　　　　　　　　　　　　　　　　　　　720 000
　　　　贷：银行存款　　　　　　　　　　　　　　　　　　　　720 000

【例5-22】 8日，以库存现金720 000元支付职工工资。

此项经济业务的发生，一方面使库存现金减少，应记入"库存现金"账户的贷方；另一方面使应付工资减少，应记入"应付职工薪酬"账户的借方。编制的会计分录如下：

　　借：应付职工薪酬——工资　　　　　　　　　　　　　　720 000
　　　　贷：库存现金　　　　　　　　　　　　　　　　　　　　720 000

【例5-23】 30日，企业结算本月份应付职工的工资。

生产工人工资　　　　　　　　　　　　　　600 000元
其中：A产品生产工人工资　　　　　　　　240 000元
　　　B产品生产工人工资　　　　　　　　360 000元
车间管理人员工资　　　　　　　　　　　　120 000元
合　　　计　　　　　　　　　　　　　　　720 000元

此项经济业务的发生，一方面使企业本月份应付职工工资的增加，应记入"应付职工薪酬"账户的贷方；另一方面使企业的生产费用也增加。其中A、B产品生产工人工资是直接费用，应记入"生产成本"账户的借方，车间管理人员工资属于间接费用，应通过"制造费用"账户归集，应记入"制造费用"账户的借方。编制的会计分录如下：

　　借：生产成本——A产品　　　　　　　　　　　　　　　240 000
　　　　　　　　——B产品　　　　　　　　　　　　　　　360 000
　　　　制造费用　　　　　　　　　　　　　　　　　　　　120 000
　　　　贷：应付职工薪酬——工资　　　　　　　　　　　　　720 000

【例5-24】 30日，计提职工福利费，其中，生产A产品工人福利费为33 600元，B产品工人福利费为50 400元，车间管理人员福利费16 800元。

此项经济业务的发生，涉及"生产成本""制造费用""应付职工薪酬"三个账户。生产产品工人的福利费应记入"生产成本"账户的借方，车间管理工人的福利费应记入"制造费用"账户的借方；提取的福利费应记入"应付职工薪酬"账户的贷方。编制会计分录如下：

　　借：生产成本——A产品　　　　　　　　　　　　　　　 33 600
　　　　　　　　——B产品　　　　　　　　　　　　　　　 50 400
　　　　制造费用　　　　　　　　　　　　　　　　　　　　 16 800
　　　　贷：应付职工薪酬——职工福利　　　　　　　　　　 100 800

3. 制造费用归集与分配的核算

在前面材料费用、工资费用核算中所涉及的制造费用的会计处理，这里将不再细述。下面着重说明折旧等其他费用项目涉及的制造费用的归集及其分配的核算。

【例5-25】 30日，企业计提本月份生产车间厂房、机器设备等固定资产折旧，本月车间应提折旧固定资产原始价值为8 000 000元，机器设备的年折旧率为9%。则：

月折旧率＝年折旧率/12＝9％/12＝0.75％
车间固定资产应计提的折旧额＝8 000 000×0.75％＝60 000（元）

此项经济业务的发生，一方面使累计折旧增加，即固定资产发生了价值损耗，应记入"累计折旧"账户的贷方；车间折旧费用的增加，应记入"制造费用"账户的借方。编制会计分录如下：

借：制造费用　　　　　　　　　　　　　　　　　　　　　60 000
　　贷：累计折旧　　　　　　　　　　　　　　　　　　　　　60 000

【例5-26】 30日，以银行存款支付本月生产车间一般耗用的电费1 700元（不考虑增值税）。

此项经济业务的发生，一方面企业由于支付本月份电费使银行存款减少，应记入"银行存款"账户的贷方；另一方面生产车间一般耗用的电费增加了生产成本中的间接费用，通过"制造费用"账户归集，应记入"制造费用"账户的借方。编制会计分录如下：

借：制造费用　　　　　　　　　　　　　　　　　　　　　1 700
　　贷：银行存款　　　　　　　　　　　　　　　　　　　　　1 700

【例5-27】 30日，按A、B生产工人工资比例分配本月发生的制造费用240 000元。

制造费用也是产品成本的组成部分，在生产过程中发生的制造费用属于间接生产费用，应先对其进行归集，期末再将当期发生的制造费用按照一定的标准分配到各种产品成本中去。制造费用的分配标准主要包括生产工人的工资、生产工时和机器工时。其具体的分配方法为：

$$制造费用分配率 = \frac{待分配的制造费用总额}{制造费用的分配标准之和}$$

某种产品应负担的制造费用＝某种产品制造费用的分配标准×制造费用分配率

则本例计算为：

$$制造费用分配率 = \frac{240\ 000}{240\ 000 + 360\ 000} = 0.4$$

A产品应负担的制造费用＝240 000×0.4＝96 000（元）
B产品应负担的制造费用＝360 000×0.4＝144 000（元）

制造费用的分配可通过编制制造费用分配表来进行，如表5-5所示。

表5-5 制造费用分配表

产品名称	分配标准 （生产工人工资）	制造费用	
		分配率	分配金额
A产品	240 000		96 000
B产品	360 000		144 000
合　计	600 000	0.4	240 000

将分配的结果计入产品成本时，一方面使产品间接生产费用增加，应记入"生产成本"账户的借方，另一方面使制造费用减少，应记入"制造费用"账户的贷方。编制会计分录如下：

借：生产成本——A产品　　　　　　　　　　　　　　　96 000
　　　　　　——B产品　　　　　　　　　　　　　　144 000
　　贷：制造费用　　　　　　　　　　　　　　　　　　240 000

4. 期末完工产品生产成本的计算与结转

制造企业进行产品生产成本的计算，首先按成本项目及时地归集、分配一定时期内企业生产过程中发生的各项费用，如材料费用、工资费用、折旧费用等；其次按一定种类的产品汇总生产费用，以计算出各种产品的成本；最后，将各种产品的成本在完工产品与期末在产品之间进行归集和分配，计算出完工产品的成本。生产费用计入产品成本的一般程序如图5-4所示。

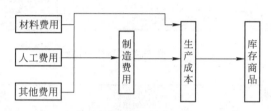

图5-4　生产费用计入产品成本流程图

关于期末完工产品成本的计算，包括以下三种情况。

（1）期末生产的产品在本期全部未完工，则本期发生的生产费用合计加上期初的在产品成本全部作为期末在产品成本，不需要计算完工产品成本。

（2）在期末没有在产品的情况下，将"生产成本"明细账户中按成本项目归集的费用加以汇总，就是该种产品的总成本。即：

期末完工产品成本＝期初在产品成本＋本期发生的生产费用合计

（3）如果期末有在产品，对于"生产成本"明细账户所归集的生产费用，就需要在本期完工产品和期末在产品之间进行分配，最后计算出完工产品的总成本和单位成本。即：

本期完工产品成本＝期初在产品成本＋本期发生的生产费用合计－期末在产品成本

【例5-28】本月投产的A产品1 000件全部完工，并已验收入库。投产的B产品1 000件，完工800件，并已验收入库，计算并结转本月完工产品的生产成本。A产品的月初在产品资料如表5-6所示。B产品没有期初在产品。本月A、B产品发生的生产费用数据从例5-17～例5-24笔业务中取得。B产品期末在产品单位成本为：直接材料50元，直接人工300元，制造费用200元。完工产品成本的计算如表5-7和表5-8"生产成本"明细账所示。

表5-6　期初在产品资料

产品名称	直接材料	直接人工	制造费用	合　　计
A	24 000	100 000	30 000	154 000

表 5-7　生产成本明细分类账

产品名称：A产品

2019年		凭证号数	摘　要	借　方			
月	日			直接材料	直接人工	制造费用	合　计
4	略		期初在产品成本	24 000	100 000	30 000	154 000
		5-17	领用材料	111 130			111 130
		5-20	分配生产工人工资		240 000		240 000
		5-21	提取福利费		33 600		33 600
		5-24	分配制造费用			96 000	96 000
			本期发生额	111 130	273 600	96 000	480 730
			本期合计	135 130	373 600	126 000	634 730
			结转完工产品成本	135 130	373 600	126 000	634 730

表 5-8　生产成本明细分类账

产品名称：B产品

2019年		凭证号数	摘　要	借　方			
月	日			直接材料	直接人工	制造费用	合　计
4	略	5-17	领用材料	64 162			64 162
		5-20	分配生产工人工资		360 000		360 000
		5-21	提取福利费		50 400		50 400
		5-24	分配制造费用			144 000	144 000
			本期发生额	64 162	410 400	144 000	618 562
			本期合计	64 162	410 400	144 000	618 562
			结转完工产品成本	54 162	350 400	104 000	508 562
			期末在产品成本	10 000	60 000	40 000	110 000

A、B产品完工产品的计算如下。

A产品：由于A产品1 000件期末全部完工，没有在产品，所以其总成本就是月初在产品成本与本月发生生产费用合计数。按成本项目计算如下。

A产品完工产品成本：

直接材料＝24 000＋111 130＝135 130（元）

直接人工＝100 000＋273 600＝373 600（元）

制造费用＝30 000＋96 000＝126 000（元）

合　　计　　　　　　　634 730（元）

B产品：由于B产品没有期初在产品，本月投产的1 000件产品尚有200件未完工，所以应将本月发生生产费用合计数，按照一定的方法在完工产品和期末在产品之间进行分配。按成本项目计算如下。

B产品月末在产品成本：

直接材料＝200×50＝10 000（元）

直接人工＝200×300＝60 000（元）

制造费用＝200×200＝40 000(元)

合　　计　　　　　　110 000(元)

B产品完工产品成本：

直接材料＝64 162－10 000＝54 162(元)

直接人工＝410 400－60 000＝350 400(元)

制造费用＝144 000－40 000＝104 000(元)

合　　计　　　　　　508 562(元)

根据表5-7和表5-8所列生产成本明细账中的资料，编制产品成本计算单，如表5-9所示。

表5-9　产品成本计算单　　　　　　　　　　　　　单位：元

成本项目	A产品（1 000件）		B产品（800件）		合　计
	总成本	单位成本	总成本	单位成本	
直接材料	135 130	135.13	54 162	67.70	189 292
直接人工	373 600	373.60	350 400	438	724 000
制造费用	126 000	126	104 000	130	230 000
产品生产成本	634 730	634.73	508 562	635.70	1 143 292

A、B产品的完工入库，一方面使库存商品增加，应记入"库存商品"账户的借方；另一方面使生产成本减少，应记入"生产成本"账户的贷方。编制会计分录如下：

借：库存商品——A产品　　　　　　　　　　　　634 730
　　　　　　——B产品　　　　　　　　　　　　508 562
　贷：生产成本——A产品　　　　　　　　　　　　634 730
　　　　　　——B产品　　　　　　　　　　　　508 562

产品生产业务的总分类核算如图5-5所示。

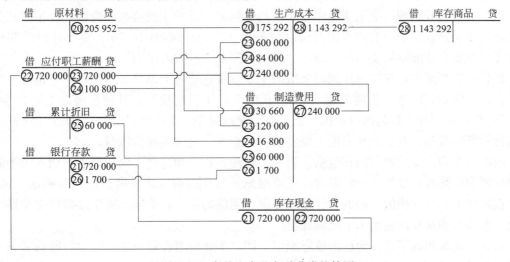

图5-5　产品生产业务总分类核算图

5.5 产品销售业务的核算

5.5.1 产品销售业务核算的主要内容

产品的销售过程,是产成品价值的实现过程。在产品销售过程中,企业一方面将生产的产品销售出去,以满足社会消费的需要;另一方面,按照销售价格从购买单位收回货币资金,以保证再生产资金的需要。因此,在销售过程中企业确认销售收入的实现,办理结算,收回销货款,计算并结转销售成本,计算销售税金,支付销售费用,确定销售业务成果。这些就构成了销售业务核算的内容。

5.5.2 产品销售业务的会计核算

1. 销售收入的确认

由于销售收入确认、计量的合理、准确与否,直接影响到企业经营成果能否得到准确的报告。所以,按照2006年发布的《企业会计准则第14号——收入》的要求,销售商品的收入同时满足下列条件的,才能予以确认:①企业已将商品所有权上的主要风险和报酬转移给购货方;②企业既没有保留通常与所有权相联系的继续管理权,也没有对已售出的商品实施有效控制;③收入的金额能够可靠计量;④相关的经济利益很可能流入企业;⑤相关的已发生或将发生的成本能够可靠地计量。

随着市场经济的日益发展、交易事项的日趋复杂,实务中收入确认和计量面临越来越多的问题。国际会计准则理事会于2014年5月发布了《国际财务报告准则第15号——与客户之间的合同产生的收入》,自2018年1月1日起生效,该准则对于收入进行了重大变革。因此,为切实解决我国现行准则实施中存在的具体问题,进一步规范收入确认、计量和相关信息披露,并保持我国企业会计准则与国际财务报告准则持续趋同,2017年7月财政部修订发布了《企业会计准则第14号——收入》(以下简称"新收入准则")。

新收入准则要求,在境内外同时上市的企业以及在境外上市并采用国际财务报告准则或企业会计准则编制财务报告的企业,自2018年1月1日起执行;其他在境内上市的企业,要求自2020年1月1日起执行;执行企业会计准则的非上市企业,要求自2021年1月1日起执行;条件具备、有意愿和有能力提前执行的企业,允许其提前执行。

新收入准则主要的修订内容包括:第一,将现行收入和建造合同两项准则纳入统一的收入确认模型;第二,以控制权转移替代风险报酬转移作为收入确认时点的判断标准;第三,对于包含多重交易安排的合同的会计处理提供更明确的指引;第四,对于某些特定交易(或事项)的收入确认和计量给出了明确规定。

新收入准则明确了收入确认的核心原则,即"企业应当在履行了合同中的履约义务,即在客户取得相关商品或服务的控制权时确认收入"。基于该原则,收入确认分五步:一是识别客户合同;二是识别合同中包含的各单项履约义务;三是确定交易价格;四是把交易价格分摊至各单项履约义务;五是根据各单项履约义务的履行确认收入。当企业与客户之间的合同同时满足下列条件时,企业应当在客户取得相关商品控制权时确认收入:第一,合同各方已批准该合同并承诺将履行各自义务;第二,该合同明确了合同各方与所转让商品或提供劳务相关的权利和义务;第三,该合同有明确的与所转让商品相关的支付条款;第四,该合同具有商业实质,即履行该合同将改变企业未来现金流量的风险、时间分布或金额;第五,企业因向客户转让商品而有权取得的对价很可能收回。

本书以财政部2006年发布的《企业会计准则第14号——收入》为基础介绍收入核算的相关内容。

2. 产品销售业务核算需要设置的账户

1)"主营业务收入"账户

该账户属于损益类账户,用来核算企业销售商品和提供劳务等所取得的主营业务收入。其贷方登记企业取得的销售收入等主营业务收入;借方登记销货退回、折让的发生额和在期末转入"本年利润"账户的收入数额;期末结转后本账户无余额。本账户应按主营业务的种类设置明细分类账户。

2)"主营业务成本"账户

该账户属于损益类账户,用来核算企业确认销售商品、提供劳务等主营业务收入时结转的成本。其借方登记已销售产品的生产成本;贷方登记期末结转到"本年利润"账户借方的成本数额;结转后本账户无余额。本账户应按主营业务的种类设置明细分类账户。

3)"销售费用"账户

该账户属于损益类账户,用来核算企业销售商品和材料、提供劳务的过程中发生的各种费用,包括包装费、运输费、装卸费、广告费、展览费及为销售本企业商品而专设的销售机构的职工薪酬、折旧费等。其借方登记发生的各种销售费用;贷方登记期末转入"本年利润"账户的数额;结转后本账户无余额。本账户应按费用项目设置明细分类账户。

4)"税金及附加"账户

该账户属于损益类账户,用来核算企业经营活动中发生的消费税、城市维护建设税、资源税、教育费附加、房产税、土地使用税、车船使用税和印花税等相关税费。其借方登记企业按规定计算的与经营活动相关的税金及附加;贷方登记期末转入"本年利润"账户借方的数额;结转后本账户无余额。本账户应按各项税费的种类开设明细分类账户。

5)"应收账款"账户

该账户属于资产类账户,是用来核算企业因销售产品或提供劳务而向购货单位或者接受劳务单位收取的款项(包括为购货单位代垫的运费)。其借方登记企业在销售过程中形成的应收款项;贷方登记收回的应收款项;期末借方余额表示尚未收回的应收款项。本账户按债务单位名称设置明细分类账户。

6)"应收票据"账户

该账户属于资产类账户,用来核算企业因销售产品或提供劳务而收到的商业汇票,包括商业承兑汇票和银行承兑汇票。其借方登记企业收到的商业汇票;贷方登记到期兑付的商业汇票;期末借方余额表示尚未到期的商业汇票。本账户按开出、承兑商业汇票的单位设置明细分类账户。

7)"预收账款"账户

该账户属于负债类账户,用来核算企业在销售产品时根据合同向购买单位预收的款项。其贷方登记企业预收的款项;借方登记发货后与购买单位结算的款项;期末一般有贷方余额,表示已预收尚未结算的款项。本账户按购货单位名称设置明细分类账户。需要说明的是,在企业预收账款不多的情况下,也可以不设置"预收账款"账户,而是通过"应收账款"账户来核算企业预收账款的情况。

8)"其他业务收入"账户

该账户属于损益类账户,用来核算企业除主营业务以外的其他经营活动实现的收入,如材料销售、固定资产出租收入等。其贷方登记企业取得的其他收入数;借方登记期末转入"本年利润"账户的收入数;期末结转后本账户无余额。本账户应按其他业务的种类设置明细分类账户。

9)"其他业务成本"账户

该账户属于损益类账户,用来核算企业确认的除主营业务活动以外的其他经营活动所发生的支出,包括销售材料的成本、出租固定资产的折旧费、出租包装物的摊销额等。其借方登记发生的其他业务成本;贷方登记期末结转到"本年利润"账户借方的成本数额;结转后本账户无余额。本账户应按其他业务成本的种类设置明细分类账户。

需要说明的是,除主营业务活动以外的其他经营活动发生的相关税费,也在"营业税金及附加"账户中核算。

3. 产品销售业务的账务处理

本章所有销售业务的核算仍以新民企业 2019 年 4 月发生的经济业务为例来说明(新民企业适用的增值税税率为 13%)。

【例 5-29】 14 日,企业向红河工厂销售 A 产品 500 件,每件售价 720 元,计货款 360 000 元,增值税销项税额 46 800 元(360 000×13%),以银行存款为对方代垫运费 1 000 元,全部款项均未收到。

此项经济业务的发生,涉及"应收账款""主营业务收入""应交税费""银行存款"四个账户。应收账款的增加,应记入"应收账款"账户的借方;销售收入的增加,应记入"主营业务收入"账户的贷方;销项税额的增加,应计入"应交税费"账户的贷方;为对方代垫的运费,使银行存款减少,应记入"银行存款"账户的贷方。编制会计分录如下:

借:应收账款——红河工厂　　　　　　　　　　　　　　407 800
　　贷:主营业务收入　　　　　　　　　　　　　　　　　360 000
　　　　应交税费——应交增值税(销项税额)　　　　　　46 800
　　　　银行存款　　　　　　　　　　　　　　　　　　　1 000

【例 5-30】 20 日,收到红河工厂所欠的款项 407 800 元,存入银行。

此项经济业务的发生,一方面使银行存款增加,应记入"银行存款"账户的借方;另一方面使应收货款减少,应记入"应收账款"账户的贷方。编制的会计分录如下:

借:银行存款　　　　　　　　　　　　　　　　　　　　407 800
　　贷:应收账款——红河工厂　　　　　　　　　　　　　407 800

【例 5-31】 21 日,向通达工厂销售 B 产品 400 件,每件售价 800 元,计货款 320 000 元,增值税销项税额 41 600 元(320 000×13%),款项通过银行收讫。

此项经济业务的发生，涉及"银行存款""主营业务收入""应交税费"三个账户。银行存款的增加，应记入"银行存款"账户的借方；销售收入的增加，应记入"主营业务收入"账户的贷方，销项税额的增加，应记入"应交税费"账户的贷方。编制会计分录如下：

借：银行存款　　　　　　　　　　　　　　　　　　　　　361 600
　　贷：主营业务收入　　　　　　　　　　　　　　　　　　320 000
　　　　应交税费——应交增值税（销项税额）　　　　　　　41 600

【例5－32】 24日，新民企业采用商业汇票结算方式向南通公司销售B产品300件，每件售价800元，计货款240 000元，增值税销项税额31 200元（240 000×13%），收到南通公司签发的一张6个月期限的商业承兑汇票。

此项经济业务的发生，涉及"应收票据""主营业务收入""应交税费"三个账户。应收票据的增加，应记入"应收票据"账户的借方；销售收入的增加，应记入"主营业务收入"账户的贷方，销项税额的增加，应记入"应交税费"账户的贷方。编制会计分录如下：

借：应收票据　　　　　　　　　　　　　　　　　　　　　271 200
　　贷：主营业务收入　　　　　　　　　　　　　　　　　　240 000
　　　　应交税费——应交增值税（销项税额）　　　　　　　31 200

【例5－33】 11日，根据合同预收兴华公司购货款60 000元，存入银行。

此项经济业务的发生，一方面使银行存款增加，应计入"银行存款"账户的借方；另一方面预收款项增加，应计入"预收账款"账户的贷方。编制会计分录如下：

借：银行存款　　　　　　　　　　　　　　　　　　　　　60 000
　　贷：预收账款——兴华公司　　　　　　　　　　　　　　60 000

【例5－34】 28日，本月预收兴华公司货款的A产品80件，现已发货，发票注明的价款57 600元，增值税销项税额7 488元（57 600×13%），原预收款不足，其差额部分当即收到存入银行。

此项经济业务的发生，涉及"预收账款""主营业务收入""应交税费""银行存款"四个账户。由于结算引起预收账款的减少，应记入"预收账款"账户的借方；销售收入的增加，应记入"主营业务收入"账户的贷方；销项税额的增加，应记入"应交税费"账户的贷方；由于预收款的不足，差额补收的银行存款，应记入"银行存款"账户的借方。编制会计分录如下：

借：预收账款——兴华公司　　　　　　　　　　　　　　　60 000
　　银行存款　　　　　　　　　　　　　　　　　　　　　5 088
　　贷：主营业务收入　　　　　　　　　　　　　　　　　　57 600
　　　　应交税费——应交增值税（销项税额）　　　　　　　7 488

【例5－35】 30日，结转已销售的A产品580件和B产品700件的实际生产成本。

单位销售成本的计算也可以采用原材料发出单价的计价方法，即加权平均法、先进先出法等。在本例中，为简化核算，假设"库存商品——A"明细分类账户和"库存商品——B"明细分类账户均没有期初余额，则销售成本的计算如下（A、B产品的单位生产成本见表5－9）：

A产品的销售成本＝580×634.73＝368 143.40(元)
B产品的销售成本＝700×635.70＝444 990(元)

此项经济业务的发生，一方面使销售成本增加，应记入"主营业务成本"账户的借方；

另一方面使库存商品减少，应记入"库存商品"账户的贷方。编制会计分录如下：

借：主营业务成本　　　　　　　　　　　　　　　813 133.40
　　贷：库存商品——A产品　　　　　　　　　　　368 143.40
　　　　　　　　——B产品　　　　　　　　　　　444 990

【例 5-36】 25日，以银行存款支付产品广告费20 000元。

此项经济业务的发生，一方面使销售费用增加，应记入"销售费用"账户的借方；另一方面使银行存款减少，应记入"银行存款"账户的贷方。编制会计分录如下：

借：销售费用　　　　　　　　　　　　　　　　　20 000
　　贷：银行存款　　　　　　　　　　　　　　　 20 000

【例 5-37】 30日，依据税法规定，计算企业本月销售产品应缴纳的城市维护建设税2 600元，教育费附加880元，另外B产品应缴纳的消费税为8 000元（假设B产品为应税消费品）。

此项经济业务的发生，一方面使销售税金增加，应记入"税金及附加"账户的借方；另一方面使应交税费增加，应记入"应交税费"账户的贷方。编制会计分录如下：

借：税金及附加　　　　　　　　　　　　　　　　11 480
　　贷：应交税费——应交城市维护建设税　　　　 2 600
　　　　　　　　——应交教育费附加　　　　　　 880
　　　　　　　　——应交消费税　　　　　　　　 8 000

【例 5-38】 5日，销售一批原材料，价款20 000元，增值税额2 600元（20 000×13%），款项收到存入银行。

此项经济业务的发生，涉及"银行存款""其他业务收入""应交税费"三个账户。银行存款的增加，应记入"银行存款"账户的借方；销售材料收入的增加，应记入"其他业务收入"账户的贷方；销项税额的增加，应记入"应交税费"账户的贷方。编制会计分录如下：

借：银行存款　　　　　　　　　　　　　　　　　22 600
　　贷：其他业务收入　　　　　　　　　　　　　 20 000
　　　　应交税费——应交增值税（销项税额）　　 2 600

【例 5-39】 30日，结转上述销售原材料的成本17 500元。

此项经济业务的发生，一方面使销售材料的成本增加，应记入"其他业务成本"账户的借方；另一方面使库存原材料成本减少，应记入"原材料"账户的贷方。编制会计分录如下：

借：其他业务成本　　　　　　　　　　　　　　　17 500
　　贷：原材料　　　　　　　　　　　　　　　　 17 500

【例 5-40】 30日，计提本月经营租出固定资产的折旧费2 500元。

此项经济业务的发生，一方面使租出固定资产折旧费用增加，应记入"其他业务成本"账户的借方；另一方面使累计折旧数额增加，应记入"累计折旧"账户的贷方。编制会计分录如下：

借：其他业务成本　　　　　　　　　　　　　　　2 500
　　贷：累计折旧　　　　　　　　　　　　　　　 2 500

产品销售业务的总分类核算，如图5-6所示。

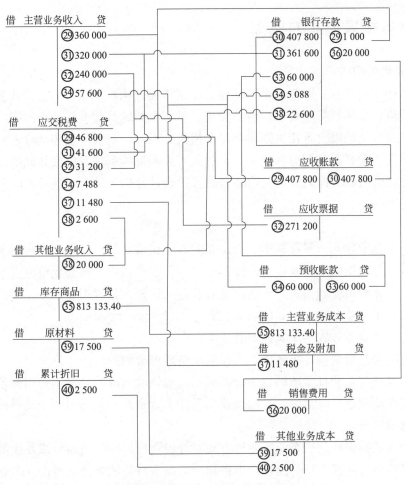

图 5-6 产品销售业务总分类核算图

5.6 财务成果业务的核算

5.6.1 财务成果业务核算的主要内容

财务成果又称利润（亏损），是指企业在一定时期内全部经营活动在财务上所实现的最终成果。企业作为独立的经济实体，其生产经营活动的主要目的就是要不断地提高企业的盈利水平，而利润（或亏损）又是综合反映企业在一定时期生产经营成果的重要指标。对于企业实现的利润，还要按照有关规定合理地进行分配，因此，财务成果业务核算的主要内容是确定企业实现的利润及对利润的分配。

5.6.2 财务成果形成的核算

1. 财务成果的构成

从利润的构成内容看,财务成果不仅包括在销售业务核算中涉及的主营业务收支、其他业务收支的核算,也包括管理费用、财务费用、投资收益这些营业活动中的损益,同时还包括那些与生产经营活动没有直接关系的利得和损失。因此,利润一般包括收入减去费用后的净额、直接记入当期利润的利得和损失。未计入当期利润的利得和损失扣除所得税影响后的净额计入其他综合收益。净利润与其他综合收益的合计金额为综合收益总额。利润的具体构成包括以下几部分。

1)营业利润

营业利润=营业收入-营业成本-税金及附加-销售费用-管理费用-财务费用-资产减值损失+其他收益+投资收益(-投资损失)+公允价值变动收益(-公允价值变动损失)+资产处置收益(-资产处置损失)

营业收入=主营业务收入+其他业务收入

营业成本=主营业务成本+其他业务成本

资产减值损失是指企业计提各项资产减值准备所形成的损失。

其他收益是指与企业日常活动相关,但又不宜确认收入或冲减成本费用的政府补助。

公允价值变动收益(或损失)是指企业交易性金融资产等公允价值变动形成的记入当期损益的利得(或损失)。

投资收益(或损失)是指企业以各种方式对外投资所取得的收益(或发生的损失)。

资产处置收益(或损失)是指企业出售划分为持有待售的非流动资产(金融工具、长期股权投资和投资性房地产除外)或处置组(子公司和业务除外)时确认的处置利得或损失,以及处置未划分为持有待售的固定资产、在建工程、生产性生物资产及无形资产而产生的处置利得或损失。债务重组中因处置非流动资产产生的利得或损失和非货币性资产交换中换出非流动资产产生的利得或损失也包括在资产处置收益内。

2)利润总额

利润总额=营业利润+营业外收入-营业外支出

营业外收入是指计入当期损益的利得,是指企业发生的与其日常活动没有直接关系的各项利得;营业外支出是指计入当期损益的损失,是指企业发生的与其日常活动没有直接关系的各项损失。

3)净利润

净利润=利润总额-所得税费用

2. 财务成果形成核算需要设置的账户

在前述的销售业务中,已阐述了主营业务收支和其他业务收支业务的会计核算,下面将继续说明财务成果构成中其他项目的会计核算,包括管理费用、财务费用、营业外收支、投资收益等项目。而公允价值变动损益、资产减值损失等涉及的相关业务的核算将在后续的中级财务会计学课程中讲解。

1)"管理费用"账户

该账户属于损益类账户,用来核算企业为组织和管理企业生产经营活动所发生的各项费用,主要包括董事会和行政管理部门在企业经营活动中发生的或者应由企业统一负担的公司经费(如行政管理部门职工的工资及福利费、办公费、差旅费等)、业务招待费、咨询费,还有企业生产车间和行政管理部门发生的固定资产修理费用等后续支出也在本账户核算。其借方登记发生的各项管理费用;贷方登记期末转入"本年利润"账户的数额;期末一般没有余额。该账户应按费用项目设置明细分类账户。

2)"财务费用"账户

该账户属于损益类账户,用来核算企业为筹集生产经营所需资金而发生的筹资费用,包括利息支出(减利息收入)、汇兑损益及相关的手续费等。其借方登记发生的各项财务费用;贷方登记期末转入"本年利润"账户的数额;期末一般没有余额。该账户应按费用项目设置明细分类账户。

3)"应付利息"账户

该账户属于负债类账户,用来核算企业按照合同约定应支付的利息,包括分期付息到期还本的长期借款、企业债券等的应付利息。其贷方登记计算的应付利息;借方登记实际支付的利息;期末贷方余额,表示应付未付的利息。本账户按债权人设置明细分类账户。

4)"投资收益"账户

该账户属于损益类账户,用来核算企业确认的投资收益或投资损失,包括购买股票取得股利或出售股票发生的损益、购买债券取得利息或出售债券发生的损益。其贷方登记实现的投资收入;借方登记发生的投资损失;期末将投资收入或投资损失分别转入"本年利润"账户贷方或借方,结转后本账户无余额。该账户应按投资项目设置明细分类账户。

5)"营业外收入"账户

该账户属于损益类账户,用来核算企业发生的除营业利润以外的收益,主要包括债务重组利得、与企业日常活动无关的政府补助、盘盈利得、捐赠利得。其贷方登记发生的各项营业外收入;借方登记期末转入"本年利润"账户贷方的数额;结转后本账户无余额。该账户应按营业外收入项目设置明细分类账户。

6)"营业外支出"账户

该账户属于损益类账户,用来核算企业发生的除营业利润以外的支出,主要包括债务重组损失、公益性捐赠支出、非常损失、盘亏损失、非流动资产毁损报废损失等。其借方登记发生的各项营业外支出;贷方登记期末转入"本年利润"账户借方的数额;结转后本账户无余额。该账户应按营业外支出项目设置明细分类账户。

7)"所得税费用"账户

该账户属于损益类账户,用来核算企业确认的应从当期利润总额中扣除的所得税费用。其借方登记按照税法规定计算确定的当期应交所得税;贷方登记期末结转到"本年利润"账户借方的数额;期末结转后无余额。本账户可按"当期所得税费用"和"递延所得税费用"设置明细分类账户。

8)"本年利润"账户

该账户属于所有者权益类账户,用来核算企业在本年度实现的净利润(或发生的净亏损)额。其贷方登记期末各收入账户的转入数;借方登记各支出账户的转入数;期末将收入与费用相抵后,若收入大于费用,即为贷方余额,表示本期实现的净利润;若收入小于费用,即为借方余额,表示本期发生的亏损。在本年度1—11月,该账户的余额保留在本账户,不予转账,表示截至本期末本年度累计实现的净利润或发生的累计亏损;年末,应将本年实现的净利润(或亏损额)全部转入"利润分配——未分配利润"账户的贷方(或借方),结转后本账户无年末余额。

3. 财务成果形成业务的账务处理

财务成果业务核算以新民企业2018年12月发生的经济业务为例来说明。

【例5-41】 12月15日,企业管理部门一般消耗领用原材料2 520元。

此项经济业务的发生,一方面使管理部门原材料费用增加,应记入"管理费用"账户的借方;另一方面使库存原材料减少,应记入"原材料"账户的贷方。编制会计分录如下:

借:管理费用　　　　　　　　　　　　　　　　　　　　　　　　　2 520
　　贷:原材料　　　　　　　　　　　　　　　　　　　　　　　　　　2 520

【例5-42】 12月30日,企业结算本月应付公司管理人员工资18 000元。

此项经济业务的发生,一方面使管理人员工资费用增加,应记入"管理费用"账户的借方;另一方面使应付职工薪酬增加,应记入"应付职工薪酬"账户的贷方。编制会计分录如下:

借:管理费用　　　　　　　　　　　　　　　　　　　　　　　　　18 000
　　贷:应付职工薪酬——工资　　　　　　　　　　　　　　　　　　18 000

【例5-43】 12月30日,计提企业本月管理部门使用的固定资产折旧24 000元。

此项经济业务的发生,一方面使管理部门固定资产的折旧费用增加,应记入"管理费用"账户的借方;另一方面使累计折旧额增加,应记入"累计折旧"账户的贷方。编制会计分录如下:

借:管理费用　　　　　　　　　　　　　　　　　　　　　　　　　24 000
　　贷:累计折旧　　　　　　　　　　　　　　　　　　　　　　　　24 000

【例5-44】 12月30日,本月短期借款的本金为100 000元,月利率为8‰,计提本月短期借款利息为8 000元(100 000×8‰)。

此项经济业务的发生,一方面使企业的短期借款利息费用增加,应记入"财务费用"账户的借方;另一方面使负债应付利息增加,应记入"应付利息"账户的贷方。编制会计分录如下:

借:财务费用　　　　　　　　　　　　　　　　　　　　　　　　　8 000
　　贷:应付利息　　　　　　　　　　　　　　　　　　　　　　　　8 000

【例5-45】 12月28日,企业在一项交易中因对方违约而取得罚款收入20 000元存入银行。

此项经济业务的发生，一方面使企业银行存款增加，应记入"银行存款"账户的借方；另一方面使企业的营业外收入增加，应记入"营业外收入"账户的贷方。编制会计分录如下：

借：银行存款　　　　　　　　　　　　　　　　　　　　　　　　20 000
　　贷：营业外收入　　　　　　　　　　　　　　　　　　　　　　　　20 000

【例 5 - 46】12 月 29 日，企业开出转账支票一张，向希望工程捐款 5 000 元。

此项经济业务的发生，一方面使企业的捐赠支出增加，应记入"营业外支出"账户的借方；另一方面使企业的银行存款减少，应记入"银行存款"账户的贷方。编制会计分录如下：

借：营业外支出　　　　　　　　　　　　　　　　　　　　　　　　5 000
　　贷：银行存款　　　　　　　　　　　　　　　　　　　　　　　　　5 000

【例 5 - 47】12 月 15 日，对外债券投资取得利息收入 155 000 元，存入银行。

此项经济业务的发生，一方面使企业的银行存款增加，应记入"银行存款"账户的借方；另一方面使企业的投资收益增加，应记入"投资收益"账户的贷方。编制会计分录如下：

借：银行存款　　　　　　　　　　　　　　　　　　　　　　　　155 000
　　贷：投资收益　　　　　　　　　　　　　　　　　　　　　　　　155 000

【例 5 - 48】企业将各损益账户（不含所得税）的本月发生额转入"本年利润"账户，计算本期利润总额。

将各收入类账户的本期发生额转入"本年利润"账户的贷方。编制的会计分录如下：

借：主营业务收入　　　　　　　　　　　　　　　　　　　　　　977 600
　　其他业务收入　　　　　　　　　　　　　　　　　　　　　　　20 000
　　投资收益　　　　　　　　　　　　　　　　　　　　　　　　　155 000
　　营业外收入　　　　　　　　　　　　　　　　　　　　　　　　20 000
　　贷：本年利润　　　　　　　　　　　　　　　　　　　　　　1 172 600

将各成本、费用、支出类账户的本期发生额转入"本年利润"账户的借方。编制的会计分录如下：

借：本年利润　　　　　　　　　　　　　　　　　　　　　　　922 133.40
　　贷：主营业务成本　　　　　　　　　　　　　　　　　　　　813 133.40
　　　　其他业务成本　　　　　　　　　　　　　　　　　　　　　20 000
　　　　税金及附加　　　　　　　　　　　　　　　　　　　　　　11 480
　　　　销售费用　　　　　　　　　　　　　　　　　　　　　　　20 000
　　　　管理费用　　　　　　　　　　　　　　　　　　　　　　　44 520
　　　　财务费用　　　　　　　　　　　　　　　　　　　　　　　 8 000
　　　　营业外支出　　　　　　　　　　　　　　　　　　　　　　 5 000

经过上述结转后，将"本年利润"账户的本期贷方发生额合计减去本期借方发生额合计，可计算出本期实现的利润为 250 466.60 元(1 172 600－922 133.40)。

【例 5 - 49】12 月 31 日，企业按规定计算本期应交所得税（假定没有纳税调整项目），所得税税率为 25%。

所得税是按照国家税法规定，对企业某一经营年度实现的经营所得，按规定的所得税税率计算缴纳的一种税款。企业所得税一般实行按季（或月）预交、年终清算的办法。其计算公式为：

应纳所得税额＝应纳税所得额×适用所得税税率

应纳税所得额＝利润总额＋(－)纳税调整项目

纳税调整项目主要是由于税法与会计的相关规定不同而造成的，纳税调增项目主要包括根据税法规定企业已经计入当期费用但超过税法规定不允许扣除项目（如超过税法规定的标准工资支出等）；纳税调减项目主要包括根据税法规定允许弥补的亏损和准予免税的项目（如五年内未弥补的亏损和国债的利息收入等）。由于纳税调整项目的计算比较复杂，在基础会计学课程中，为了简化核算的需要，一般对纳税调整项目不予考虑。同时，由于所得税会计核算的复杂性，在这里为了简化，不考虑递延所得税的核算。其相关的内容将在中级财务会计课程中讲解。则：

本期应交所得税＝250 466.60×25％＝62 616.65(元)

此项经济业务的发生，一方面使企业承担的所得税费用增加，应记入"所得税费用"账户的借方；另一方面使企业的应交所得税负债增加，应记入"应交税费"账户的贷方。编制会计分录如下：

借：所得税费用　　　　　　　　　　　　　　　　　　　　　62 616.65
　　贷：应交税费——应交所得税　　　　　　　　　　　　　　62 616.65

企业净利润＝250 466.60－62 616.65＝187 849.95(元)

【例5-50】将"所得税费用"账户的本期发生额由其贷方转入"本年利润"账户的借方。

此项经济业务的发生，是将本期所发生的所得税费用转入"本年利润"账户。所得税费用的结转，表明费用的减少，记入"所得税费用"账户的贷方；同时记入"本年利润"账户的借方。编制会计分录如下：

借：本年利润　　　　　　　　　　　　　　　　　　　　　　62 616.65
　　贷：所得税费用　　　　　　　　　　　　　　　　　　　　62 616.65

利润形成的总分类核算，如图5-7和图5-8所示。

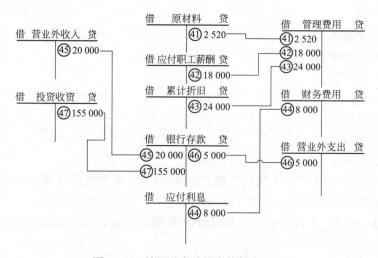

图5-7 利润形成总分类核算图（1）

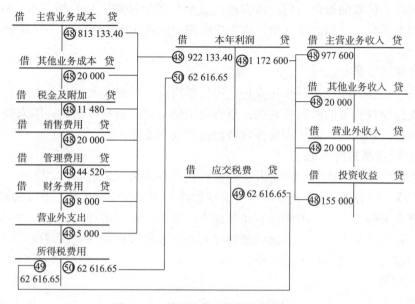

图5-8 利润形成总分类核算图（2）

5.6.3 利润分配的核算

企业实现的净利润是企业最终获得的净收益，需要按照有关法规的规定进行分配。

1. 利润分配的程序

企业当年实现的净利润，首先是弥补以前年度的亏损，然后按以下顺序进行分配：

（1）提取法定盈余公积。一般按照当年实现净利润的10%比例提取。

（2）向投资者分配利润或股利，即将可供投资者分配的利润又作如下分配：①支付优先股股利；②提取任意盈余公积；③支付普通股股利；④转作资本（股本）的普通股利。

（3）未分配利润。企业本年实现的净利润加上年初未分配利润和其他转入（如用盈余公积弥补亏损）后的余额，即为企业本年度的可供分配利润。经过上述分配后，即为年末的未分配利润。

2. 利润分配核算需要设置的账户

1）"利润分配"账户

该账户属于所有者权益类账户，用来核算企业利润的分配（或亏损的弥补）和历年利润分配（或亏损弥补）后的余额。其借方登记分配的利润数，如提取的盈余公积金、应付股利及本年亏损的结转等；贷方登记用盈余公积弥补的亏损额及年末从"本年利润"账户借方转入的本年度实现净利润数；平时借方余额表示累计利润分配数，年末贷方余额表示累计的未分配利润数，若为借方余额表示累计未弥补的亏损数。"利润分配"账户通常按企业利润分配的内容设置相应的明细分类账户。一般设置"提取法定盈余公积""提取任意盈余公积""应付股利""盈余公积补亏""未分配利润"等明细分类账户。

2）"盈余公积"账户

该账户属于所有者权益类账户，用来核算企业盈余公积的提取、使用和结存情况。其贷方登记从净利润中提取的盈余公积;借方登记盈余公积的使用,如转增资本,弥补亏损等;期末贷方余额表示盈余公积的结存数。该账户应按"法定盈余公积""任意盈余公积"设置明细分类账户。

3)"应付股利"账户

该账户属于负债类账户,用来核算企业应付给投资者的现金股利或利润。其贷方登记企业计算的应支付给投资者的股利或利润;借方登记已支付的股利或利润;期末贷方余额表示应付未付的股利或利润。该账户应按投资者设置明细分类账户。

3. 利润分配业务的账务处理

下面仍以新民企业 2018 年 12 月发生的有关经济业务为例来说明。

【例 5-51】 12 月 31 日,企业本年度实现的净利润为 804 000 元,予以结转。

此项经济业务的发生,一方面使利润分配中的未分配利润增加,应记入"利润分配——未分配利润"账户的贷方;另一方面因结转净利润使本年实现的净利润减少,应记入"本年利润"账户的借方。编制会计分录如下:

借:本年利润　　　　　　　　　　　　　　　　　　　　804 000
　　贷:利润分配——未分配利润　　　　　　　　　　　　　　　804 000

【例 5-52】 12 月 31 日,按照本年实现净利润 804 000 元的 10% 提取法定盈余公积 80 400 元(804 000×10%)。

此项经济业务的发生,一方面使利润分配增加,应记入"利润分配——提取法定盈余公积"账户的借方;另一方面使盈余公积增加,应记入"盈余公积"账户的贷方。编制会计分录如下:

借:利润分配——提取法定盈余公积　　　　　　　　　　　80 400
　　贷:盈余公积——法定盈余公积　　　　　　　　　　　　　　80 400

【例 5-53】 12 月 31 日,企业决定向投资者分配利润 578 880 元。

此项经济业务的发生,涉及"利润分配"和"应付股利"两个账户。利润分配的增加,应记入"利润分配——应付股利"账户的借方;应付利润负债的增加,应记入"应付股利"账户的贷方。编制会计分录如下:

借:利润分配——应付股利　　　　　　　　　　　　　　578 880
　　贷:应付股利　　　　　　　　　　　　　　　　　　　　　578 880

【例 5-54】 12 月 31 日,将"利润分配"账户下其他明细分类账户期末余额转入"利润分配——未分配利润"明细账户。

此项经济业务的发生,是"利润分配"账户各明细分类账户之间的转账。编制会计分录如下:

借:利润分配——未分配利润　　　　　　　　　　　　　659 280
　　贷:利润分配——提取法定盈余公积　　　　　　　　　　　　80 400
　　　　　　　——应付股利　　　　　　　　　　　　　　　　578 880

利润分配的总分类核算如图 5-9 所示。

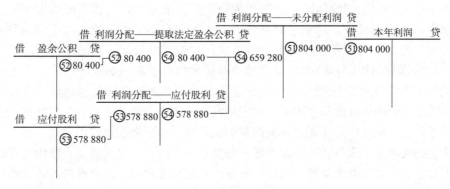

图 5-9 利润分配总分类核算图

5.7 账户的分类

账户是用来对经济业务生成的会计数据进行分类记录的有效工具,只从某一侧面反映会计要素的具体变化及结果。在学习制造企业主要经济活动涉及的大量账户基础上,还应进一步研究账户的共性规律,这将有助于揭示全部账户是如何分工且协作地全面反映会计对象的过程,也便于设计恰当的会计账页格式,并将深化对设置和运用账户这一会计核算方法的理解。

账户体系是包含众多账户的集合,科学地对其进行分类才能实现科学的管理。主要的账户分类标准有按会计要素分类和按用途和结构分类两种。账户按会计要素分类可以分为资产类账户、负债类账户、所有者权益类账户、收入类账户、费用类账户和利润类账户 6 种。账户之间本质区别在于其反映的经济内容不同,账户按会计要素分类是账户的基本分类。

账户的用途,是指设置和运用账户的目的,即通过账户记录提供什么核算指标。账户的结构,是指在账户中如何登记经济业务,以取得所需要的各种核算指标,即账户借方登记什么内容,贷方登记什么内容,期末账户有无余额,如有余额在账户的哪一方,余额表示什么内容。

将账户按会计要素进行分类,对于掌握完整的账户体系,正确区分账户的经济性质,提供企业经营管理和对外报告所需要的各种核算指标,具有重要意义。但是,仅按会计要素对账户进行分类,还难以清晰说明各个账户的具体用途,以及账户如何在结构上提供管理中所需要的各种核算指标。从会计要素与用途、结构这两个不同的角度出发来研究账户,经常发现:一方面,按照会计要素归为一类的账户,可能具有不同的用途和结构;而另一方面,具有相同用途和结构的账户,在按照会计要素分类时可能属于不同的类别。

例如,"固定资产"账户和"累计折旧"账户,按其反映的会计要素都属于资产类账户,而且都用来反映固定资产的相关内容。但是,这两个账户的用途和结构却完全不同。"固定资产"账户是按原始价值反映固定资产增减变动及其结存情况的账户,增加记借方,减少记贷方,期末借方余额表示企业现有固定资产的原始价值。而"累计折旧"账户则是用来反映固定资产由于损耗而引起的价值减少,即提取折旧情况的账户,计提折旧的增加记贷方,已提折旧的减少或注销记借方,期末余额在贷方,表示现有固定资产的累计折旧。"本年利润"和"利润分配"也是一组归属于相同的会计要素但用途和结构却不同的账户。

因此,虽然账户的用途和结构总是直接或间接地依存于账户的经济性质,但账户按会计要素的分类并不能取代账户按用途和结构的分类。为了深入地理解和掌握账户在提供核算指标方面的规律性,正确地设置和运用账户来记录经济业务,为信息使用者提供有助于决策的会计信息,就有必要在账户按会计要素分类的基础上,进一步研究账户按用途和结构分类。两种划分账户角度的关系是:按会计要素进行账户分类是基本的、主要的分类,按用途和结构进行分类,是在按会计要素分类的基础上的进一步分类,是对账户按会计要素分类的必要补充。

在借贷记账法下,制造企业的主要账户按其用途和结构,可以分为盘存账户、结算账户、资本账户、集合分配账户、成本计算账户、损益结转账户、财务成果账户、调整账户和计价对比账户等九类账户。

5.7.1 盘存账户

盘存账户是用来核算和监督各项财产物资和货币资金的增减变动及其结存情况的账户。这类账户的结构是:借方登记各项财产物资和货币资金的增加额,贷方登记各项财产物资和货币资金的减少额,期末余额在借方,表示期末各项财产物资和货币资金的实际结存额。盘存账户的结构可如图 5-10 表示。

借方	盘存账户	贷方
期初余额:财产物资和货币资金的期初实存额		
发生额:财产物资和货币资金的本期增加额		发生额:财产物资和货币资金的本期减少额
期末余额:财产物资和货币资金的期末实存额		

图 5-10 盘存账户

属于这类账户的有"库存现金""银行存款""原材料""库存商品""固定资产"等账户。盘存账户的特点是:①盘存账户可以通过财产清查的方法(实地盘点或对账)确定其实存额,核对其实存额与账面结存额是否相符,检查实存的财产物资和货币资金在管理中是否存在问题;②除"库存现金""银行存款"账户外,其他盘存账户,如"原材料""库存商品""固定资产"等账户,可以通过设置数量金额式明细账格式,同时提供实物数量和金额两种指标。

5.7.2 结算账户

结算账户是用来核算和监督企业同其他单位或个人之间债权(应收款项或预付款项)、债务(应付款项或预收款项)结算情况的账户。由于结算业务的性质不同,决定了不同结算账户具有不同的用途和结构。按照用途和结构,可以将结算账户分为债权结算账户、债务结算账户和债权债务结算账户三类。

1. 债权结算账户

债权结算账户亦称资产结算账户,是用来反映和监督企业同各单位或个人之间的债权结算业务的账户。这类账户的结构是：借方登记债权的增加额，贷方登记债权的减少额，期末余额一般是在借方，表示期末尚未收回债权的实存额。债权结算账户的结构可用图 5-11 表示。

借方	债权结算账户	贷方
期初余额：债权的期初实存数		
发生额：债权的本期增加数	发生额：债权的本期减少额	
期末余额：债权的期末实存数		

图 5-11　债权结算账户

属于这类账户的有"应收账款""预付账款""应收股利""应收利息""其他应收款"等账户。

2. 债务结算账户

债务结算账户亦称负债结算账户，是用来核算和监督企业同其他单位或个人之间的债务结算业务的账户。这类账户的结构是：贷方登记债务的增加额，借方登记债务的减少额，期末余额一般在贷方，表示期末尚未偿还的债务的实存额。债务结算账户的结构可用图 5-12 表示。

借方	债务结算账户	贷方
	期初余额：债务的期初实存额	
发生额：债务的本期减少额	发生额：债务的本期增加额	
	期末余额：债务的期末实存额	

图 5-12　债务结算账户

属于这类账户的有"短期借款""应付账款""预收账款""应付职工薪酬""应交税费""应付利息""应付股利""其他应付款""长期借款""应付债券""长期应付款"等账户。

3. 债权债务结算账户

债权债务结算账户亦称资产负债结算账户或往来结算账户。这类账户既反映债权结算业务，又反映债务结算业务，是双重性质的结算账户。这类账户的使用主要是基于以下情况：在实际工作中，企业在与经常发生业务往来的单位之间，有时处于债权人的位置，有时处于债务人的位置。比如，企业向某单位销售产品，如果是先发货后收款，发生应收而尚未收到的款项就构成了企业的债权；如果合同规定购买方先预付货款，预收的款项就构成了企业的债务。企业在向该单位销售产品时，可能使用了不同的销售方式。为集中反映企业与同一单位发生的债权和债务的往来结算情况，减少会计科目的使用，简化核算手续，可设置和运用这类债权债务双重性质的结算账户，反映对该单位债权和债务的增减变化及其结余情况。

这类账户的结构是，借方登记债权（应收款项和预付款项）的增加额和债务（应付款项和预收款项）的减少额，贷方登记债务的增加额和债权减少额，期末账户余额可能在借方，也可能在贷方。期末账户余额如在借方，表示尚未收回的债权净额，即尚未收回的债权大于尚未偿付的债务的差额；如在贷方，表示尚未偿付的债务净额，即尚未偿付的债务大于尚未收回的债权的差额。债权债务结算账户的结构可用图 5-13 表示。

借方	债权债务结算账户	贷方
期初余额：债权大于债务的期初差额		期初余额：债务大于债权的期初差额
发生额：(1) 本期债权增加额		发生额：(1) 本期债权减少额
(2) 本期债务减少额		(2) 本期债务增加额
期末余额：债权大于债务的期末差额		期末余额：债务大于债权的期末差额

图 5-13　债权债务结算账户

按照平行登记的要求，该账户所属明细账的借方余额之和与贷方余额之和的差额，应当与总账的余额相等。但需要注意的是，由于总账账户具有债权债务的双重性质，所以总账余额只表明债权和债务的差额，无法清晰反映企业债权和债务的实际情况。因此，在填列资产负债表债权和债务具体项目时，不能根据债权债务双重性质的总账账户余额填列，必须根据该账户所属明细账数额的方向在分析债权或债务的性质后填写。

例如，企业将"其他应收款"账户和"其他应付款"账户合并设置为其他往来账户，其结构特点如图 5-14 所示。

借方	其他往来账户	贷方
期初余额：其他应收款大于其他应付款的期初差额		期初余额：其他应付款大于其他应收款的期初差额
发生额：(1) 其他应收款增加额		发生额：(1) 其他应收款减少额
(2) 其他应付款减少额		(2) 其他应付款增加额
期末余额：其他应收款大于其他应付款的期末差额		期末余额：其他应付款大于其他应收款的期末差额

图 5-14　其他往来账户

此外，如果企业预收款项的业务不多，可以不单设"预收账款"账户，而用"应收账款"账户同时反映企业应收款项和预收款项的增减变动及其变动结果，此时的"应收账款"账户就是一个债权债务结算账户；如果企业预付款项的业务不多，可以不单设"预付账款"账户，而用"应付账款"账户同时反映企业应付款项和预付款项的增减变动及其变动结果，此时的"应付账款"账户也是一个债权债务结算账户。这样做虽然可以节约会计科目的使用，但当企业用"应收账款"账户反映预收款项业务时，就会出现账户名称与其反映的业务内容不相一致的情况，不便于对账户的理解和运用。因此，在设置和运用这类账户时须注意其双重性质的特点。

【例 5-55】　企业本月与 A、B 公司发生的债权、债务业务登记结果如图 5-15～图 5-17 所示。

借方	应收账款（总账）	贷方
期初余额：0		
(1) 应收 A 公司销货款　　30 000		(2) 预收 B 公司购货款　　5 000
期末余额：应收款大于预收款的期末差额　25 000		

图 5-15　应收账款（总账）

借方	应收账款（明细账）——A 公司	贷方
期初余额：0		
(1) 应收销货款　　30 000		
期末余额：应收款的期末余额　30 000		

图 5-16　应收账款（明细账）——A 公司

借方	应收账款(明细账)——B公司	贷方
	期初余额:0	
	(2) 预收购货款	5 000
	期末余额:预收款的期末余额	5 000

图 5-17 应收账款(明细账)——B公司

通过例 5-52,我们应明确:

(1) 月末,企业从 A 公司应收款项 30 000 元,从 B 公司预收款项 5 000 元;
(2) 两个明细账方向相抵的余额之和借方 25 000 元(30 000-5 000)与总账相同;
(3) 总账借方 25 000 只表示债权大于债务的差额,不是单纯的债权数额。

需注意的是,在借贷记账法下,一些结算账户的余额方向是不确定的,如"应交税费""应付职工薪酬"等。当预交税费时,作为资产的增加,应记入"应交税费"账户的借方;月末计算出应交纳金额时,作为负债的增加,应记入"应交税费"账户的贷方。如果预交金额大于应交金额,账户出现借方余额,则"应交税费"为债权(资产);如果预交金额小于应交金额,账户出现贷方余额,则"应交税费"为债务(负债);如果预交金额与应交金额相等,则账户没有余额。

总之,结算账户的特点是:①按照结算业务的对方单位和个人来设置明细账户,详细反映债权和债务的实际情况;②结算账户只提供金额指标,所以可设置三栏式明细账格式;③结算账户的余额方向决定了账户的性质,当余额在借方时属于资产,当余额在贷方时属于负债。

5.7.3 资本账户

资本账户,是用来反映和监督企业所获取的所有者投入资本及资本在运用中的增减变动和结存情况的账户。这类账户的结构是:贷方登记资本的增加额,借方登记资本的减少额,余额在贷方,表示期末所有者权益的实存额。该账户的结构可用图 5-18 表示。

借方	资本账户	贷方
	期初余额:所有者权益期初的实存额	
发生额:所有者权益的本期减少额	发生额:所有者权益的本期增加额	
	期末余额:所有者权益的期末实存额	

图 5-18 资本账户

属于这类账户的有"实收资本""资本公积""盈余公积"等账户。资本公积是投入资本发生溢价或者通过其他来源直接增加所有者权益形成的;盈余公积属于企业的留存收益,是投入资本形成的增值,其最终所有权属于企业的所有者。两者都反映所有者对企业拥有权益的增加,因而将其归入资本账户。

资本账户的特点是:①根据反映不同具体内容的需求,分别设置明细账记录企业所有者投资的实际情况,如"实收资本"可按投资者进行明细核算,"资本公积"可按"资本溢价""其他资本公积"进行明细核算,"盈余公积"可按"法定盈余公积""任意盈余公积"进行明细核算;②资本账户只提供金额指标,可以设置三栏式明细账格式。

5.7.4 集合分配账户

集合分配账户是用来归集和分配企业生产过程中所发生的各种间接费用,核算和监督与生产产品密切相关的间接费用计划执行情况及分配情况的账户。这类账户的结构是:借方登记各种间接费用的发生额,贷方登记按照一定标准分配计入各个成本计算对象的费用分配额,一般情况下,期末时归集在这类账户借方的费用会全部从贷方分配出去,所以通常没有余额。该类账户的结构可用图5-19表示。

借方	集合分配账户	贷方
发生额:汇集生产过程中各种间接费用的本期发生额		发生额:将各种间接费用计入各个成本计算对象的本期分配额

图5-19 集合分配账户

属于这类账户的有"制造费用"账户。集合分配账户的特点是:①通常,期末将汇集的间接费用分配出去后无余额,具有明显的过渡性质;②虽然只提供间接费用的金额指标,但为详细反映间接费用的组成,可以设置多栏式明细账。

5.7.5 成本计算账户

成本计算账户是用来反映和监督企业生产经营过程中某一阶段所发生的、应计入成本计算对象的全部费用,并确定各个成本计算对象的实际成本的账户。这类账户的结构是:借方登记应计入成本计算对象的全部费用,包括计入各个成本计算对象的直接费用和按一定标准分配计入各个成本计算对象的间接费用;贷方登记转出的已完成某一过程的成本计算对象的实际成本,期末借方余额,表示按照成本计算对象尚未完成某一过程的实际成本。成本计算账户的结构可用图5-20表示。

借方	成本计算账户	贷方
期初余额:按照成本计算对象尚未完成某一过程的期初实际成本		
发生额:生产经营过程某一阶段发生的应计入成本计算对象的费用		发生额:按照成本计算对象结转已完成某一过程的实际成本
期末余额:按照成本计算对象尚未完成某一过程的期末实际成本		

图5-20 成本计算账户

这类账户包括"在途物资""材料采购""生产成本""在建工程"等。成本计算账户的特点是:①应按照成本计算对象和成本项目设置多栏式明细账;②可以提供实物和金额指标,具有盘存账户的性质。

5.7.6 损益结转账户

损益结转账户是用来核算和监督企业在一定时期内的收益和支出,并在期末将其结转,合理计算该期间损益的账户。按照经济内容,可以进一步划分为收入损益结转账户和费用损益结转账户。

1. 收入损益结转账户

该类账户用来核算和监督企业在一定时期内所取得的、应计入当期损益的各种经济利益流入的账户。这里的收入概念是广义的。这类账户的结构是:贷方登记本期收入的增加额,借方登记本期收入的减少额和期末转入"本年利润"账户的收入额,结转后该类账户应无余额。该账户的结构可用图 5-21 表示。

借方	收入损益结转账户	贷方
发生额:(1) 本期收入的减少额 (2) 期末转入"本年利润"账户的收入数额		发生额:本期收入的增加额

图 5-21　收入损益结转账户

属于这类账户的有"主营业务收入""其他业务收入""投资收益""营业外收入"等账户。

2. 费用损益结转账户

该类账户是用来核算和监督企业在一定时期内所发生的、应计入当期损益的各种经济利益流出的账户。这里的费用概念只包括应计入当期损益的广义费用,并不包括和产品生产密切相关的生产费用(计入资产)。这类账户的结构是:借方登记本期费用的增加额,贷方登记本期费用的减少额和期末转入"本年利润"账户的费用额,结转后无余额。该账户的结构可用图 5-22 表示。

借方	费用损益结转账户	贷方
发生额:本期费用的增加额		发生额:(1) 本期费用的减少额 (2) 期末转入"本年利润"账户的费用数额

图 5-22　费用损益结转账户

属于这类账户的有"主营业务成本""营业税金及附加""其他业务成本""销售费用""管理费用""财务费用""资产减值损失""营业外支出""所得税费用"等账户。

总之,损益结转账户的特点是:①为恰当地计算本期损益,期末会等额地从减少额方向结转至"本年利润",结转后没有余额,其过渡的性质和集合分配账户有相似之处;②只提供金额指标,但为详细反映具体内容,可以按照业务类别、支出项目设置多栏式明细账。

5.7.7　财务成果账户

财务成果账户是用来核算和监督企业在一定时期内全部生产经营活动最终成果的账户,是在损益结转账户的基础上综合反映企业经营业绩。这类账户的结构是:贷方登记期末从各收入损益结转账户转来的本期发生额,借方登记期末从各费用损益结转账户转来的本期发生额。中期期末(1—11月)如有贷方余额,为企业本期累计实现的净利润;若有借方余额,则为企业本期累计发生的亏损。年末,本年实现的净利润或发生的亏损都要结转至"利润分配"账户,结转后无余额。该账户的结构可用图 5-23 表示。

借方	财务成果账户	贷方
发生额：应计入本期损益的各项费用	发生额：应计入本期损益的各项收入	
期末余额：（1—11月）发生的累计亏损额	期末余额：（1—11月）实现的累计利润额	
	年末无余额	

图 5-23 财务成果账户

属于这类账户的有"本年利润"账户。财务成果账户的特点如下。①在年度中间，余额一直保留在账户内，目的是提供截至本期累计实现的净利润或发生的亏损，余额可能在贷方，也可能在借方；年终结算时，要将账户余额转入"利润分配"账户，结转之后账户无余额，和损益结转账户类似。②只提供金额指标，可以按照具体项目设置多栏式明细账。

5.7.8 调整账户

调整账户是依附于被调整账户，为求得被调整账户的实际余额而设置的账户。在会计核算中，由于管理上的需要或其他方面的原因，对于某些会计要素，需要获取不同方面的信息。在这种情况下，就有必要设置两个账户，一个用来反映其原始数字，另一个用来反映对原始数字的调整数字，将原始数字和调整数字相加或相减，即可求得调整后的实际数字。

调整账户按其调整方式的不同，可以分为备抵账户、附加账户和备抵附加账户三类。

1. 备抵账户

备抵账户亦称抵减账户，是用来抵减被调整账户余额，以求得被调整账户实际余额的账户。被调整账户的余额与备抵账户的余额一定存在相反的方向；如果被调整账户的余额在借方，则备抵账户的余额一定在贷方；反之亦然。其调整方式，可用公式表示为

被调整账户余额－调整账户余额＝被调整账户的实际余额

例如，"累计折旧"账户就是"固定资产"的备抵调整账户。因为对于固定资产，从管理的角度考虑，既需要掌握固定资产的原始价值，也应掌握固定资产由于使用发生损耗后的实际价值，因此固定资产价值的减少就不能直接记入"固定资产"账户的贷方，冲减其原始价值，而应另外开设"累计折旧"账户。由"固定资产"账户记录原始价值，"累计折旧"账户记录磨损价值，两者的结构显然是相反的，所以提取的折旧应记入"累计折旧"账户的贷方。将"固定资产"账户的借方余额减去"累计折旧"账户的贷方余额，其差额表示现有固定资产的账面价值。两个账户之间的关系，可用图 5-24～图 5-26 表示。

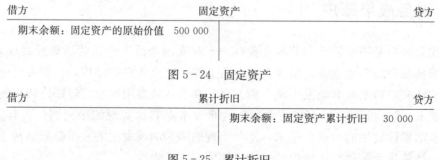

借方	固定资产	贷方
期末余额：固定资产的原始价值 500 000		

图 5-24 固定资产

借方	累计折旧	贷方
		期末余额：固定资产累计折旧 30 000

图 5-25 累计折旧

固定资产的原始价值	500 000
减：固定资产的累计折旧	30 000
固定资产的账面价值	470 000

图 5-26　固定资产的账面价值

"利润分配"账户则是"本年利润"的备抵调整账户。由于信息使用者既想得到有关利润形成的资料，还希望了解利润分配的情况，如果直接在"本年利润"中核算利润分配的内容，就无法完整表达利润形成和分配这两方面的信息，所以需要另外设置"利润分配"账户。利润的形成和分配性质是完全相反的，因此，"本年利润"账户的贷方余额反映已实现的累计净利润，"利润分配"账户的借方余额反映已分配的利润，用"本年利润"账户的贷方余额减去"利润分配"账户的借方余额，其差额表示企业期末尚未分配的利润额。两个账户之间的关系，可用图 5-27～图 5-29 表示。

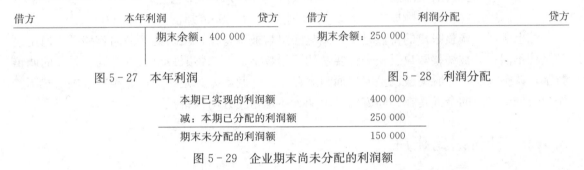

图 5-27　本年利润　　　　　　　图 5-28　利润分配

本期已实现的利润额	400 000
减：本期已分配的利润额	250 000
期末未分配的利润额	150 000

图 5-29　企业期末尚未分配的利润额

属于备抵账户的还有"累计摊销""坏账准备"等账户。

2. 附加账户

附加账户是用来增加被调整账户的余额，以求得被调整账户的实际余额的账户。其调整方式可用公式表示为：

被调整账户余额＋附加账户余额＝被调整账户的实际余额

因此，被调整账户的余额与附加账户的余额一定是在同一方向（借方或贷方）。在实际工作中，很少运用纯粹的附加账户。

3. 备抵附加账户

备抵附加账户是指根据调整账户不同的余额方向，既可以用来抵减，又可以用来附加被调整账户的余额，以求得被调整账户实际余额的账户。当调整账户的余额与被调整账户的余额方向相反时，发挥备抵账户的功能；当调整账户的余额与被调整账户的余额方向相同时，发挥附加账户的功能。当然，在特定时刻只能发挥一种功能。

企业采用计划成本法进行材料的日常核算时，需要同时获得原材料的计划成本和实际成本方面的信息，因此应在设置"原材料"（按计划成本核算）账户之外，另设"材料成本差异"账户。"材料成本差异"账户借方余额表示库存材料实际成本大于计划成本的超支额，贷方余额表示库存材料实际成本小于计划成本的节约额。当"材料成本差异"账户为借方余额时，原材料的实际成本为："原材料"账户的借方余额（计划成本）加上"材料成本差异"账户借方余额（超支额）。当"材料成本差异"账户为贷方余额时，原材料的实际成本为："原材料"账户的借方余额（计划成本）减去"材料成本差异"账户贷方余额

（节约额）。可见，"材料成本差异"账户是"原材料"的备抵附加调整账户，如图5-30～图5-33所示。

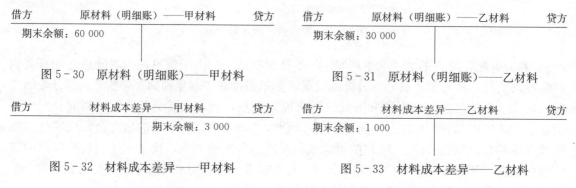

甲材料的实际成本＝60 000（计划成本）－3 000（节约差）＝57 000
乙材料的实际成本＝30 000（计划成本）＋1 000（超支差）＝31 000

综上所述，调整账户的特点是：①调整账户与被调整账户反映的经济内容相同，但用途和结构不同；②被调整账户反映会计要素的原始数字，而调整账户反映的是同一要素的调整数字，调整账户不能脱离被调整账户而独立存在；③调整方式是相加还是相减取决于被调整账户与调整账户的余额是在相同方向（附加）还是相反方向（备抵）。

5.7.9 计价对比账户

计价对比账户是用来对经济业务按照两种不同的标准进行计价、对比，确定其业务成果的账户。在企业的生产经营过程中，为了加强经济管理，对某项经济业务，可以按照两种不同的标准计价，并将两种不同的计价标准进行对比，从而确定其业务成果。这类账户的结构是：借方核算业务的第一种计价标准发生额，贷方核算业务的第二种计价标准发生额，在该业务完成时需要从借方将贷差（第二种计价大于第一种计价的差额）转入差异账户，从贷方将借差（第一种计价大于第二种计价的差额）转入差异账户。该账户的结构可用图5-34表示。

借方	计价对比账户	贷方
发生额：（1）核算业务的第一种计价标准 （2）将贷差转入差异账户的贷方		发生额：（1）核算业务的第二种计价标准 （2）将借差转入差异账户的借方

图5-34 计价对比账户

按计划成本进行材料日常核算的企业所设置的"材料采购"账户属于计价对比账户。"材料采购"账户结构是：借方登记材料的实际采购成本（第一种计价），贷方登记验收入库材料的计划成本（第二种计价），将借贷双方两种计价对比，可以确定材料采购的业务成果，即以实际采购成本与计划对比，确定超支（材料采购的借差）或节约额（材料采购的贷差），并将超支差和节约差在材料验收入库、结转采购成本时记入"材料成本差异"账户。按照计划成本进行库存商品日常核算的企业所设置的"生产成本"账户，也是计价对比账户。

按用途和结构对制造企业主要的账户进行分类的情况如图5-35所示。

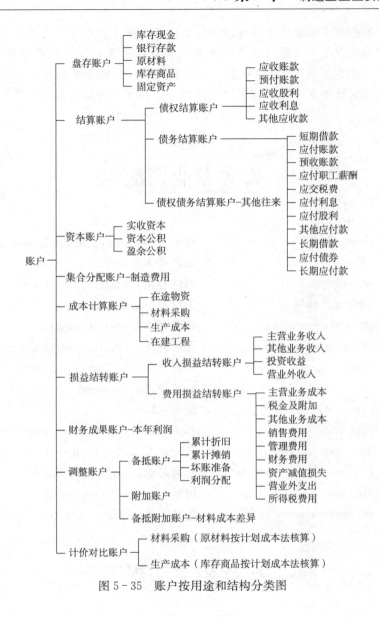

图 5-35 账户按用途和结构分类图

本 章 小 结

制造企业的主要经济业务包括资金筹集业务、生产准备业务、产品生产业务、产品销售业务、财务成果形成与分配业务。生产准备业务的核算主要包括固定资产购入业务的核算，材料采购业务的核算和材料采购成本的计算；产品生产业务中费用的发生、归集和分配，以及产品成本的计算，构成了产品生产业务核算的主要内容；销售过程中企业确认销售收入的实现，办理结算，收回销货款，计算并结转销售成本，计算销售税金，支付销售费用，确定销售业务成果,就构成了销售业务核算的内容;财务成果业务核算的主要内容是确定企业实现的利润及对利润的分配。为了进行上述业务的核算,需要设置"材料采购""生产成本""主营业务收入""本年利润""利润分配"等许多账户。账户可以按照不同的标准分类,主要的分类标准有按会计要素分类和按用途及结构分类两种。按会计要素进行账户分类是基本的、主要的分类。

英文专业词汇

短期借款:short-term loan
长期借款:long-term loan
应付账款:accounts payable
应付票据:notes payable
应交税费:tax and expenses payable
应付职工薪酬:salaries payable
销售收入:sales
利得:gain
净利润:net income
实收资本:paid-in capital
应付股利:dividends payable
盈余公积:retained profit
分类:classification
调整账户:adjustment account

材料采购:material purchased
生产成本:production cost
制造费用:manufacturing overhead
原材料:initial material
销售成本:cost of goods sold
管理费用:administrative expenses
销售费用:selling expenses
财务费用:financial expenses
损失:loss
本年利润:profit for current year
投资收益(损失):investment income(loss)
利润分配:profit distribution
摊销:amortization
备抵账户:offset account

本章相关法规

1. 中华人民共和国会计法(根据2017年11月4日第十二届全国人民代表大会常务委员会第三十次会议第二次修正)

2. 企业会计准则——基本准则(2006年2月15日财政部令第33号公布,自2007年1月1日起施行;2014年7月23日根据《财政部关于修改〈企业会计准则——基本准则〉的决定》修改并执行)

3. 企业会计准则——具体准则的应用指南(2006年10月30日财政部发布,自2007年1月1日起施行,2014年至2018年修订了部分具体准则的应用指南)

4. 企业会计准则第1号——存货(2006年2月15日财政部发布,自2007年1月1日起施行)

5. 企业会计准则第4号——固定资产(2006年2月15日财政部发布,自2007年1月1日

日起施行）

6. 企业会计准则第 9 号——职工薪酬（2006 年 2 月 15 日财政部发布；2014 年 1 月 27 日财政部修订，自 2014 年 7 月 1 日起施行）

7. 企业会计准则第 14 号——收入（2006 年 2 月 15 日财政部发布；2017 年 7 月财政部修订，自 2018 年 1 月 1 日起在境内外同时上市的企业以及在境外上市并采用国际财务报告准则或企业会计准则编制财务报告的企业执行，自 2020 年 1 月 1 日起其他在境内上市的企业执行，自 2021 年 1 月 1 日起执行企业会计准则的非上市企业执行，允许条件具备、有意愿和有能力提前执行）

8. 企业会计准则第 18 号——所得税（2006 年 2 月 15 日财政部发布，自 2007 年 1 月 1 日起施行）

9. 企业会计准则第 30 号——财务报表列报（2006 年 2 月 15 日财政部发布，自 2007 年 1 月 1 日起施行；2014 年 1 月 26 日财政部修订，自 2014 年 7 月 1 日起施行）

10. 中华人民共和国增值税暂行条例（1993 年 12 月 13 日中华人民共和国国务院令第 134 号公布，2008 年 11 月 5 日国务院第 34 次常务会议修订通过，2016 年 2 月 6 日《国务院关于修改部分行政法规的决定》第一次修订，2017 年 11 月 19 日《国务院关于废止〈中华人民共和国营业税暂行条例〉和修改〈中华人民共和国增值税暂行条例〉的决定》第二次修订）

11. 中华人民共和国消费税暂行条例（2008 年 11 月 10 日中华人民共和国国务院令第 539 号，自 2009 年 1 月 1 日起施行，2014 年、2015 年、2016 年对消费税的征税范围、消费税单位税额和税率进行调整）

12. 关于全面推开营业税改征增值税试点的通知（2016 年 3 月 23 日财政部、国家税务总局发布，自 2016 年 5 月 1 日起施行）

13. 中华人民共和国城市维护建设税暂行条例（1985 年 2 月 8 日国务院发布，自 1985 年度起施行；2011 年 1 月 8 日，根据国务院令第 588 号《国务院关于废止和修改部分行政法规的决定》修订并施行）

14. 征收教育费附加的暂行规定（1986 年 4 月 28 日国务院发布，自 1986 年 7 月 1 日起施行；根据 1990 年 6 月 7 日《国务院关于修改〈征收教育费附加的暂行规定〉的决定》第一次修订；根据 2005 年 8 月 20 日《国务院关于修改〈征收教育费附加的暂行规定〉的决定》第二次修订；2011 年 1 月 8 日，根据国务院令第 588 号《国务院关于废止和修改部分行政法规的决定》第三次修订并施行）

15. 中华人民共和国资源税暂行条例（1993 年 12 月 10 日中华人民共和国国务院令第 139 号，自 1994 年 1 月 1 日起施行，2011 年 9 月 30 日修订，2014 年 12 月 1 日，对原油和天然气从价计征，后陆续调整资源税税率和计税依据，2016 年 7 月 1 日起，将 27 种资源品目和未列举名称的其他金属矿施行从价计征）

16. 中华人民共和国企业所得税法（2007 年 3 月 16 日第十届全国人民代表大会第五次会议通过，2017 年 2 月 24 日第十二届全国人民代表大会常务委员会第 26 次会议修订通过）

17. 增值税会计处理规定（2016 年 12 月 3 日财政部发布）

18. 关于调整增值税税率的通知（2018 年 4 月 4 日财政部、国家税务总局发布，自 2018 年 5 月 1 日起施行）

19. 关于修订印发2018年度一般企业财务报表格式的通知（2018年6月15日财政部印发）

20. 关于深化增值税改革有关政策的公告（2019年3月20日财政部、税务总局、海关总署发布，财政部、税务总局、海关总署公告2019年第39号，自2019年4月1日起施行）

阅读材料

会计学家——阎达五

阎达五教授是山西祁县人，1949年3月肄业于北平私立华北文法学院经济系，1954年毕业于中国人民大学夜大学。从1950年10月一直在中国人民大学工作，历任讲师、副教授、教授。

阎达五教授早在20世纪50年代，因力主苏联经验与中国实际相结合，率先编写第一本中国化会计教材而闻名于中国会计界，80年代作为"管理活动论"会计学派创始人之一，对发展中国的会计理论与实务做出了重要贡献。作为会计管理活动论学派的奠基人之一，1980年在中国会计学会成立大会上与杨纪琬教授合作发表了题为《开展我国会计理论研究的几点意见——兼论会计学的科学属性》的学术论文，首次提出了"会计管理"概念，视会计为一种管理活动。并于1985年和1987年分别出版了《会计理论专题》和《责任会计的理论和实践》两本专著，标志着会计管理理论初步形成。

阎达五教授对学术界的另一贡献是关于会计准则的研究。1985年，在《经济效果专题》一书中比较系统地介绍了西方会计准则，同时提出中国的会计准则既存在概括性会计准则，也存在具体会计准则，这一观点已被我国进行的会计改革所证实。后来阎达五教授相继发表了一系列关于制定中国会计准则的文章，如《制定我国会计原则若干问题的研究》等。

学术论文参考

[1] 阎达五. 制订我国会计原则若干问题的思考. 会计研究，1989（2）.

[2] 阎达五. 关于中国会计准则模式、结构的研究. 会计研究，1992（2）.

[3] 阎达五. 我国会计准则述评. 会计研究，1997（1）.

[4] 黄太冲. 中国现代会计创始人：谢霖先生. 财会通讯，1993（8）.

[5] 成圣树. 民国时期上海会计师史话. 江西财经大学学报，2004（3）.

本章练习题

一、单项选择题

1. 下列费用中不构成产品成本,而直接计入当期损益的是(　　)。
   A. 直接材料费　　　　　　　　B. 直接人工费
   C. 管理费用　　　　　　　　　D. 制造费用
2. 企业资产的提供者对企业资产所享有的经济利益,在会计上称之为(　　)。
   A. 债权人权益　　　　　　　　B. 权益
   C. 所有者权益　　　　　　　　D. 负债
3. 下列属于营业外收入内容的有(　　)。
   A. 销售产品收入　　　　　　　B. 出售劳务收入
   C. 罚款净收入　　　　　　　　D. 出租包装物
4. 企业设置"固定资产"账户用来核算固定资产的(　　)。
   A. 磨损价值　　　　　　　　　B. 累计折旧
   C. 原始价值　　　　　　　　　D. 净值
5. 下列项目中属于其他业务收入的是(　　)。
   A. 销售产品收入　　　　　　　B. 出售材料收入
   C. 清理固定资产净收益　　　　D. 罚款净收入
6. 财务成果业务核算的主要内容包括(　　)。
   A. 利润的形成与分配　　　　　B. 销售收入的实现
   C. 生产成本的计算　　　　　　D. 销售成本的计算
7. 下列属于营业外支出内容的有(　　)。
   A. 销售产品的成本　　　　　　B. 经营租出固定资产计提的折旧费
   C. 提供劳务的成本　　　　　　D. 支付违约罚款的支出
8. 一般将所有者权益中的盈余公积和未分配利润称为(　　)。
   A. 实收资本　　　　　　　　　B. 资本公积
   C. 留存收益　　　　　　　　　D. 所有者权益
9. 下列账户中不可能与"制造费用"账户发生对应关系的账户是(　　)。
   A. 银行存款　　　　　　　　　B. 原材料
   C. 应付职工薪酬　　　　　　　D. 库存商品
10. 某企业3月初负债总额1 200万元,3月份收回欠款150万元,用银行存款归还借款100万元,用银行存款预付购货款135万元,则3月末的负债总额是(　　)。
    A. 1 050万元　　　　　　　　B. 1 100万元
    C. 1 125万元　　　　　　　　D. 1 350万元

二、多项选择题

1. 企业购入材料的成本包括（　　）。
   A. 材料买价
   B. 增值税进项税额
   C. 材料运输费用
   D. 材料入库前的挑选整理费用
   E. 材料搬运费

2. 企业的资本金按其投资主体不同可以分为（　　）。
   A. 货币投资
   B. 国家投资
   C. 个人投资
   D. 法人投资
   E. 外商投资

3. "税金及附加"账户借方登记的内容有（　　）。
   A. 增值税
   B. 消费税
   C. 城建税
   D. 房产税
   E. 所得税

4. 以下税种应在"管理费用"账户核算的有（　　）。
   A. 董事会会费
   B. 房产税
   C. 车船使用税
   D. 印花税
   E. 业务招待费

5. 下列项目中，属于成本项目的有（　　）。
   A. 直接材料
   B. 直接人工
   C. 制造费用
   D. 财务费用
   E. 销售费用

三、判断题

1. 在生产准备过程中支付的各项采购费用，不构成材料的采购成本，故将其记入期间费用。（　　）
2. "生产成本"账户属于成本费用账户，所以期末应无余额。（　　）
3. 销售一批商品时，应借记"主营业务收入"账户，贷记"库存商品"账户。（　　）
4. 印花税应在"管理费用"账户中核算。（　　）
5. 所得税费用属于企业利润分配的一项内容。（　　）

四、思考题

1. 简述生产费用与期间费用的关系。
2. 简述企业财务成果的构成。
3. 销售收入如何确认？
4. 简述利润分配的内容。
5. 为什么在账户按经济内容分类的基础上，还要按用途和结构分类？
6. 账户按用途和结构分为哪几类？
7. 说明债权债务结算账户的结构特点。
8. 简述调整账户的特点。

五、业务核算题

1. 东方公司 2018 年 7 月份发生如下经济业务。

（1）收到宏丰公司投入的设备一台，双方确定价值是 135 000 元。

（2）7 月 1 日从银行取得借款 500 000 元，期限 6 个月，年利率为 9%，利息每季度末结算一次，所得借款存入银行。

（3）收到国家投入的货币资金 100 000 元，已存入银行。

（4）收到某企业投入商标权一项，双方确认的价值为 60 000 元。

（5）用银行存款归还短期借款的本金 500 000 元。

要求：

（1）根据上述经济业务编制会计分录；

（2）该企业本月有关账户的期初余额为"实收资本"账户为 300 000 元，"短期借款"账户为 30 000 元，开设"实收资本"和"短期借款"两个总分类账户（采用"T"形账户），并根据资料及分录进行登记，结出本期发生额及余额。

2. 东方公司 2019 年 4 月份发生如下经济业务。

（1）从外地工厂购入甲材料一批 50 吨，单价 1 000 元，价款 50 000 元，增值税进项税额 6 500 元，全部款项用银行存款支付。

（2）上述甲材料运达企业并已验收入库，支付运费并取得增值税专用发票，注明运费 300 元，增值税额 27 元，款项用现金支付。

（3）向某公司赊购乙材料 20 吨，单价 5 000 元，价款 100 000 元，增值税税率为 13%，材料已运达企业并已验收入库。

（4）开出转账支票支付到期的商业汇票款 50 000 元。

（5）购入甲材料 100 吨，单价 1 000 元，乙材料 200 吨，单价 5 000 元。增值税税率为 13%，全部款项尚未支付。

（6）上述材料运达企业，验收入库时，以现金支付入库前的挑选整理费用共计 1 200 元，按材料的重量比例计入甲、乙材料的采购成本。

（7）以银行存款购入生产设备一台，设备价款 60 000 元，设备价款相关的增值税额 7 800 元；支付运费并取得增值税专用发票，注明运费 1 800 元，增值税额 162 元。设备运回后立即投入使用。

（8）购入乙材料 20 吨，单价 5 000 元，增值税率 13%。对方代垫运费并取得增值税专用发票，注明运费 1 500 元，增值税额 135 元，全部款项尚未支付，材料尚在运输途中。

（9）结转上述已入库材料的实际采购成本。

要求：

（1）根据上述资料，编制会计分录；

（2）开设"在途物资"总分类账户（采用"T"形账户）和"在途物资"明细分类账户，并根据会计分录登记所设账户，结出本期发生额和期末余额。

3. 东方公司 2018 年 9 月份发生以下各项经济业务。

（1）生产车间生产 A 产品领用甲材料 5 600 元，乙材料 2 400 元；生产 B 产品领用甲材料 4 400 元，乙材料 1 600 元。

(2) 结算本月份应付职工工资，按用途归集如下：

A 产品生产工人工资　　　　　　　　　　　　　　12 000 元
B 产品生产工人工资　　　　　　　　　　　　　　10 000 元
车间管理人员工资　　　　　　　　　　　　　　　 4 000 元
管理部门人员工资　　　　　　　　　　　　　　　 6 000 元

(3) 计提本月份固定资产折旧 2 700 元，其中，车间使用的固定资产折旧 1 900 元，管理部门使用的固定资产折旧 800 元。

(4) 车间报销办公费及其他零星开支 600 元，以现金支付。

(5) 车间管理人员张明报销差旅费 420 元，原预支 500 元，余额退回现金。

(6) 将本月发生的制造费用总额按生产工人工资的比例分配，计入 A、B 两种产品成本中去。

(7) 本月生产 A 产品 100 件，B 产品 80 件，均已全部制造完工，并验收入库，按其实际生产成本入账。

要求：

(1) 根据上述业务编制会计分录；

(2) 开设并登记"生产成本"、"制造费用"总分类账户（采用"T"形账户）及其明细分类账户；

(3) 列示制造费用的分配过程。

4. 东方公司 2019 年 4 月份发生如下经济业务。

(1) 接到银行转来的进账通知单，上月的销货款 95 000 元已收妥入账。

(2) 以现金支付产品的包装费 13 000 元。

(3) 销售产品一批，价款 300 000 元，增值税税款 39 000 元，用银行存款代垫运费 2 500 元，全部款项暂未收到。

(4) 经计算本月应负担的城市维护建设税 38 800 元。

(5) 销售产品一批，价款 200 000 元，增值税税率 13%，收到对方签发并承兑的银行承兑汇票一张。

(6) 接到银行通知，到期的商业承兑汇票款 70 000 元已如数收到，存入银行。

(7) 销售产品开具的增值税专用发票注明售价 100 000 元，增值税税款 13 000 元。全部款项收到对方签发的转账支票一张。

(8) 结转本月已销产品的实际成本 320 000 元。

(9) 计提销售机构固定资产的折旧 1 700 元。

(10) 结算销售机构人员工资 1 500 元，计提职工福利费 150 元。

要求：

(1) 根据上述经济业务，编制会计分录。

(2) 计算企业本月营业利润。

5. 东方公司 2019 年 4 月份发生如下经济业务。

(1) 以银行存款向税务机关缴纳上月的所得税 70 000 元。

(2) 用现金从税务机关购入印花税票 400 元。

(3) 以银行存款支付本季度短期借款利息 12 000 元（其中，已计提 10 000 元）。

(4) 以银行存款支付产品的广告费 2 000 元。

(5) 交易中对方违约,公司获取罚款收入 5 000 元,存入银行。
(6) 以银行存款支付因违约发生的罚款支出 3 000 元。
(7) 经计算,本月应交城市维护建设税 3 400 元。
(8) 本月所销售产品的售价 400 000 元,增值税税款 52 000 元,全部款项收存银行。
(9) 经计算,本月已销售产品的成本 270 000 元,予以结转。
(10) 月末将本月应计入损益的收入予以结转。
(11) 月末将本月应计入损益的费用予以结转。
(12) 按照利润总额的 25% 计算本月应交纳的所得税。
(13) 月末结转本月的所得税费用。
(14) 按照本月实现的净利润的 10% 提取盈余公积。
(15) 经计算,应向投资者分配利润 50 000 元。
(16) 以银行存款支付上年度向投资者分配的利润 280 000 元。

要求: 根据上述经济业务,编制会计分录。

6. 东方公司 2019 年 4 月发生下列经济业务。
(1) 2 日收到国家投入的货币资金 150 000 元存入银行。
(2) 5 日向银行取得借款 50 000 元,期限为 6 个月,年利率为 7.2%,利息每季度结算一次,所得借款存入银行。
(3) 8 日购入 A 材料 10 吨,货款 20 000 元,增值税额 2 600 元,支付运费并取得增值税专用发票,注明运费 1 000 元,增值税额 90 元。货款已于上月预付 20 000 元,当即用银行存款补付差额款。材料已验收入库。
(4) 结转入库 A 材料的实际采购成本。
(5) 10 日购入下列 A、B、C 三种材料,实际成本 64 000 元,增值税进项税额为 8 320 元,款项尚未支付。

A 材料	10 吨	单价 2 000 元	计 20 000 元
B 材料	40 吨	单价 700 元	计 28 000 元
C 材料	20 吨	单价 800 元	计 16 000 元
			合计 64 000 元

(6) 10 日以银行存款支付 A、B、C 三种材料的运费,取得增值税专用发票,注明运费 2 800 元,增值税额 252 元(按重量分配)。
(7) 10 日 A、B、C 三种材料验收入库,并结转入库材料的实际成本 66 800 元。
(8) 15 日仓库发出材料,发料情况如表 5-10 所示。

表 5-10 东方公司 2019 年 4 月 15 日发料情况 单位:元

项目	A 材料	B 材料	C 材料	合计
生产产品耗用				
甲产品	14 000	5 000	3 800	22 800
乙产品	10 000	8 000	6 000	24 000
车间一般耗用	7 000	3 000		10 000
厂部一般耗用	3 000		1 000	4 000
合计	34 000	16 000	10 800	60 800

(9) 15 日结算本月应付职工工资，其中：

生产工人工资
  甲产品工人工资   18 000 元
  乙产品工人工资   16 000 元
车间管理人员工资   7 000 元
行政管理人员工资   5 000 元

合计   46 000 元

(10) 15 日开出现金支票一张，从银行提取现金 46 000 元，当即支付工资。

(11) 18 日以银行存款支付 10 日的购料款及增值税额。

(12) 18 日管理部门员工张亮报销差旅费 750 元，张亮出差时预借差旅费 1 000 元，余款退回现金。

(13) 20 日开出转账支票一张，购买办公用品 3 200 元，交厂部使用。

(14) 20 日将现金 4 500 元存入银行。

(15) 21 日收到购买单位偿付的前欠货款 18 000 元，存入银行。

(16) 25 日销售乙产品一批，售价 100 000 元，增值税的销项税额 13 000 元，代垫运费 1 200 元，已向银行办理托收手续。

(17) 28 日以银行存款支付广告费 1 500 元。

(18) 29 日销售甲产品一批，售价 120 000 元，增值税的销项税额 15 600 元，收到面值 135 600 元期限 4 个月的商业承兑汇票一张。

(19) 30 日计提本月负担的短期借款利息 300 元。

(20) 30 日计提本月固定资产的折旧费，其中车间使用固定资产应计提折旧 5 200 元，厂部使用固定资产应计提折旧 1 800 元。

(21) 30 日计算并分配结转本月发生的制造费用。（按生产工时比例分配，其中甲产品的工时 6 000 小时，乙产品的工时为 4 000 小时。）

(22) 本月甲产品投入 200 件全部完工，乙产品投入 150 件，完工 100 件，50 件为期末在产品，30 日结转甲、乙产品入库的实际成本。（其中 50 件乙产品在产品单位成本为：直接材料 150 元，直接人工 100 元，制造费用 59 元）同时假设甲、乙产品均没有期初在产品。

(23) 30 日结转本月已销售产品的生产成本 44 000 元。

(24) 30 日按照规定计算出本月应负担的城市维护建设税 7 600 元。

(25) 30 日收到某单位的违约罚款收入 15 000 元，存入银行。

(26) 30 日用银行存款 50 000 元支付税收罚款滞纳金。

(27) 30 日结转各损益账户，计算本月的利润总额。

(28) 30 日按利润总额的 25% 计算本月应交所得税，并予以结转。

(29) 30 日按本月实现净利润的 10% 提取法定盈余公积。

(30) 30 日向投资者分配利润 150 000 元。

(31) 本年度实现的净利润为 356 000 元，予以结转。

(32) 将利润分配其他明细账户的发生额转入"利润分配——未分配利润"账户的借方。

要求：

(1) 根据上述资料编制会计分录；

（2）根据有关分录登记"生产成本""制造费用""管理费用"总分类账户（采用"T"形账户）及甲、乙产品生产成本明细账。

六、连线题

账户按照会计要素分类	账户名称	账户按照用途和结构分类
资产类账户	库存商品	盘存账户
	预收账款	结算账户
负债类账户	应付职工薪酬	资本账户
	制造费用	集合分配账户
所有者权益类账户	生产成本	成本计算账户
	盈余公积	损益结转账户
收入类（广义）账户	材料采购	财务成果账户
	累计折旧	调整账户
费用类（广义）账户	本年利润	计价对比账户
	主营业务收入	
利润类账户	主营业务成本	
	投资收益	
	管理费用	
	原材料	

第 6 章

会 计 凭 证

【学习目标】

填制和审核会计凭证是会计信息处理的输入环节，本章详细阐述这一会计核算的基本方法。通过本章的学习，要求：(1) 熟悉会计凭证的种类；(2) 掌握会计凭证的基本内容、填制与审核方法；(3) 熟悉会计凭证的传递与保管。

【案例或故事】

会计凭证是如何传递与审核的呢？

小孟是 ABC 地铁公司技术部中级工程师，3 月 14 日他被部长派往江苏常州西门子公司出差，负责解决地铁逃生门技术问题。三天之后问题得到了有效解决，小孟于 18 日返回公司。19 日，他拿着出差期间的火车票和住宿发票到会计部门报销。会计人员在认真查看小孟的报销票据后告诉他：按照公司的财务与会计规章制度，火车票和住宿发票需要由报销人员粘贴在报销单上，在相关负责人对单据签字确认后，经财务部审核方可领取款项。同时，会计人员还告诉他：此次的软卧车票不能按票面金额全额报销，因为公司的规定是，中级技术工程师出差应按硬卧车票标准报销。

经过本章学习，将帮助您了解有关会计凭证的基本知识。

6.1 会计凭证的意义和种类

6.1.1 会计凭证的意义

会计凭证是记录经济业务发生和完成情况的书面证明,也是登记账簿的依据。

企业在处理任何一项经济业务时,都必须办理凭证手续,由执行和完成该项经济业务的有关人员从单位外部取得或自行填制有关凭证,以书面形式记录和证明经济业务的性质、内容、数量、金额等,并在凭证上签名或盖章,确保对经济业务的合法性和凭证的真实性、完整性负责。任何会计凭证必须经过有关人员的严格审核并确认无误后,才能作为记账的依据。合法地取得、正确地填制和审核会计凭证,是会计核算的基本方法之一,也是会计核算工作的起点和基础,具有重要意义。主要体现在以下三个方面。

1. 记录经济业务,提供记账依据

经济业务发生后,应编制或取得会计凭证。会计凭证是经济信息和会计信息的载体,审核无误的会计凭证是登记账簿的依据。可见,会计凭证是整个会计信息系统的输入环节,会计凭证所记录的有关信息是否真实、可靠、及时,对于能否保证会计信息质量至关重要。

2. 明确经济责任,强化内部控制

任何会计凭证除记录有关经济业务的基本内容外,必须由有关部门和人员签章,要求对会计凭证所记录经济业务的真实性、完整性、合法性负责,以防止舞弊行为,强化内部控制,促使责任人在职权范围内承担责任。

3. 监督经济活动,控制经济运行

会计凭证是经济业务的真实记录,通过会计凭证的审核,可以查明经济业务是否符合国家相关法规、制度规定,是否符合计划、预算进度,是否有违法乱纪、铺张浪费行为等。对于查处的问题,应积极采取措施予以纠正,实现对经济活动的控制,保证经济活动健康运行。

6.1.2 会计凭证的种类

会计凭证按照填制程序及用途不同,分为原始凭证和记账凭证两大类。

原始凭证又称单据,是在经济发生或完成时取得或填制的,用以记录或证明经济业务的发生或完成情况的原始凭据。原始凭证是会计核算的原始资料和重要依据,是编制记账凭证的基础。

记账凭证又称记账凭单,是会计人员根据审核无误的原始凭证,据以确定会计分录所填制的会计凭证。记账凭证根据复式记账原理,确定应借、应贷的会计科目和金额,将原始凭证所记载的经济信息转化为会计信息,完成了会计的初始确认程序。记账凭证是登记账簿的直接依据,是介于原始凭证和账簿之间的中间环节。

6.2 原始凭证

6.2.1 原始凭证的基本内容

由于经济业务的种类和内容不同,经营管理的要求不同,因此原始凭证的格式和内容也各不相同。但无论何种原始凭证,都必须做到所载明的经济业务清晰,经济责任明确,一般应具备以下基本内容:①原始凭证的名称;②填制原始凭证的日期;③接受原始凭证单位名称;④经济业务内容(数量、单价和金额);⑤填制凭证单位和相关人员的签章;⑥凭证附件。

实际工作中,根据经营管理和特殊业务的需要,除上述基本内容外,可以增加其他必要的内容。对于不同单位经常发生的共同性经济业务,有关部门可以制定统一的凭证格式。如中国人民银行统一制定的银行转账结算凭证,标明了结算双方单位名称、账号等内容;铁道部统一制定的铁路运单,标明了发货和收货单位、提货方式等内容。

6.2.2 原始凭证的种类

对于原始凭证,可以按取得来源、填制手续和经济业务的类别做出进一步分类。

1. 按取得来源分类

原始凭证按取得来源不同,分为外来原始凭证和自制原始凭证。

(1) 外来原始凭证。是指在经济业务发生或完成时,从其他单位或个人直接取得的原始凭证。如购买货物取得的增值税专用发票(表6-1)、对外单位支付款项时取得的收据(表6-2)、职工出差取得的飞机票、火车票、汽车票等。

(2) 自制原始凭证。是指由本单位内部经办业务的部门和人员,在执行或完成某项经济业务时填制的、仅供本单位内部使用的原始凭证。如收料单、领料单(表6-3)、限额领料单(表6-4)、产品入库单、产品出库单、借款单、工资发放明细表、折旧计算表等。

表6-1 增值税专用发票

增值税专用发票							
发票联					No.		
开票日期:			年 月 日				
购货单位	名称			纳税人登记号			
	地址、电话			开户银行及账号			
货物或应税劳务名称	计量单位	数量	单价	金额	税率(%)	税额	
合计							
价税合计(大写)					¥		
销货单位	名称			纳税人登记号			
	地址、电话			开户银行及账号			
收款人:				开票单位(未盖章无效):			

第二联:发票联 购货方记账

表 6－2　对外单位支付款项时取得的收据

××统一银钱收据
No.
今收到＿＿＿＿＿＿＿＿＿＿＿＿＿＿＿＿＿＿＿＿＿
交来＿＿＿＿＿＿＿＿＿＿＿＿＿＿＿＿＿＿＿＿＿
人民币（大写）＿＿＿＿＿＿＿＿＿＿＿＿＿¥＿＿＿
收款单位＿＿＿＿＿　　收款人＿＿＿＿＿
（公章）　　　　　　（签章）　　　　年　月　日

第二联：收据

表 6－3　领 料 单

领 料 单

领料部门：　　　　　　　　　　　　　　　　领料编号：
领料用途：　　　　　　　年　月　日　　　　发料仓库：

材料编号	材料名称及规格	计量单位	数量		单价	金额
			请领	实领		
备注					合计	

发料人：　　　　审批人：　　　　领料人：　　　　记账：

第一联

表 6－4　限额领料单

限额领料单

领料部门：　　　　　　　　　　　　　　　　领料编号：
领料用途：　　　　　　　年　月　日　　　　发料仓库：

材料类别	材料编号	材料名称及规格	计量单位	领用限额	实际领用	单价	金额	备注

供应部门负责人：　　　　　　　　　　　　计划生产部门负责人：

日期	领用				退料			限额结余
	请领数量	实发数量	发料人签章	领料人签章	退料数量	退料人签章	收料人签章	

2．按填制手续分类

原始凭证按填制手续不同，分为一次凭证、累计凭证和汇总凭证。

（1）一次凭证。是指一次填制完成、只记录一笔经济业务的原始凭证。如收据、领料单、发货票、借款单、银行结算凭证等。一次凭证是一次有效的凭证，所有的外来原始凭证和绝大多数的自制原始凭证都属于一次凭证。一次凭证只反映一笔经济业务，使用方便灵活，但在经济业务量大、频繁发生时数量多，核算工作量大。

(2) 累计凭证。是指在一定时期内多次记录发生的同类型经济业务的原始凭证。其特点是在一张凭证内可以连续登记相同性质的经济业务，随时结出累计数及结余数，并按照费用限额进行费用控制，期末按实际发生额记账，如限额领料单。累计凭证是多次有效的原始凭证，可以减少凭证的使用数量、简化填制手续，并有利于控制管理。

(3) 汇总凭证。是指对一定时期内反映经济业务内容相同的若干张原始凭证，按照一定标准综合填制的原始凭证。如发出材料汇总表（表6-5）、工资结算汇总表、差旅费报销单等。

表6-5 发出材料汇总表

会计科目	领料部门	领用材料			
		原材料	包装物	低值易耗品	合计
生产成本	一车间				
	二车间				
	小计				
	供电车间				
	供水车间				
	小计				
制造费用	一车间				
	二车间				
	小计				
管理费用	行政部门				

发出材料汇总表
年　月　日

3. 按经济业务分类

原始凭证按经济业务的类别不同，分为以下六类。

(1) 款项收付业务凭证。是指记录库存现金和银行存款收付增减等业务的原始凭证。如现金借据、现金收据、领款单、零星购物发票、车船机票、医药费单据、银行支票、付款委托书、托收承付结算凭证等。

(2) 出入库业务凭证。是指记录原材料、库存商品出入库等情况的原始凭证。如入库单、领料单、提货单等。

(3) 成本费用凭证。是指记录产品生产费用的发生和分配情况的原始凭证。如工资单、工资费用汇总表、折旧费用分配表、制造费用分配表、产品成本计算单等。

(4) 购销业务凭证。是指记录材料物品采购或劳务供应、产成品（商品）或劳务销售情况的原始凭证。如提货单、发货单、交款单、运费单据等。

(5) 固定资产业务凭证。是指记录固定资产购置、调拨、报废和盘盈、盘亏业务的原始凭证。如固定资产调拨单、固定资产移交清册、固定资产报废单和盘盈、盘亏报告单等。

(6) 转账业务凭证。是指会计期间终了，为了结平收入和支出等账户，计算并结转成本、利润等，由会计人员根据会计账簿记录整理制作的原始凭证。通常无固定格式，但需要注明制证人并由会计主管签章。

6.2.3 原始凭证的填制要求

原始凭证是记录经济业务的原始依据，是编制记账凭证的基础。要保证会计核算工作的质量，必须从正确填制原始凭证开始。具体的填制要求如下。

(1) 记录真实。原始凭证所填列的经济业务内容和数字，必须真实可靠，符合实际情况。

(2) 内容完整。原始凭证所要求填列的项目必须逐项填列齐全，不得遗漏和省略。应注意日期据实填写，名称应齐全，品名、用途应明确。

(3) 手续完备。单位自制的原始凭证必须有经办单位领导人或者其他指定的人员签名盖章；对外开出的原始凭证必须加盖本单位公章；从外部取得的原始凭证，必须盖有填制单位的公章；从个人取得的原始凭证，必须有填制人员的签名盖章。购买实物的原始凭证，必须有验收证明。支付款项的原始凭证，必须有收款单位和收款人的收款证明。发生销货退回的，除填制退货发票外，还必须有退货验收证明；退款时，必须取得对方的收款收据或者汇款银行的凭证，不得以退货发票代替收据。职工公出借款凭据，必须附在记账凭证之后。收回借款时，应当另开收据或者退还借款副本，不得退还原借款收据。上级有关部门批准的经济业务，应当将批准文件作为原始凭证附件。这样才能明确经济责任，确保凭证的合法性、真实性。

(4) 书写清楚、规范。原始凭证要按规定填写，文字要简要，字迹要清楚，易于辨认，不得使用未经国务院公布的简化汉字。大小写金额必须相符且填写规范，小写金额用阿拉伯数字逐个书写，不得写连笔字。在金额前要填写人民币符号"¥"，人民币符号"¥"与阿拉伯数字之间不得留有空白。金额数字一律填写到角、分，无角、分的，写"00"或符号"—"；有角无分的，分位写"0"，不得用符号"—"。大写金额用汉字壹、贰、叁、肆、伍、陆、柒、捌、玖、拾、佰、仟、万、亿、元、角、分、零、整等，一律用正楷或行书字书写。大写金额前未印有"人民币"字样的，应加写"人民币"三个字，"人民币"字样和大写金额之间不得留有空白。大写金额到元或角为止的，后面要写"整"或"正"字；有分的，不写"整"或"正"字。如小写金额为 2 008.00，大写金额应写成"贰仟零捌元整"。

(5) 连续编号。凭证应连续编号，以便查考。如果原始凭证已预先印定编号，在写坏作废时，应加盖"作废"戳记，妥善保管，不得撕毁。

(6) 不得涂改、刮擦、挖补。原始凭证有错误的，应当由出具单位重开或更正，更正处应当加盖出具单位印章。原始凭证金额有错误的，应当由出具单位重开，不得在原始凭证上更正。

(7) 填制及时。各种原始凭证一定要及时填写，并按规定的程序及时送交会计机构，会计人员进行审核。

6.2.4　原始凭证的审核

为了如实反映经济业务的发生和完成情况，发挥会计监督的职能，保证会计信息质量的可靠性，会计部门必须对原始凭证进行严格审核。原始凭证的审核主要包括以下方面。

(1) 审核原始凭证的真实性、合法性、合理性。包括审核凭证日期、业务内容和数据是否真实，对外来原始凭证，必须有填制单位公章和填制人员签章，对自制原始凭证，必须有经办部门和经办人员的签名或盖章；审核原始凭证所记录的经济业务是否违反国家相关法规，是否履行了规定的凭证传递和审核程序，是否有贪污腐化等行为；审核原始凭证所记录的经济业务是否符合企业生产经营活动需要，是否符合有关的计划和预算等。

(2) 审核原始凭证的正确性。审核原始凭证各项金额计算及填写是否正确、规范，包括：阿拉伯数字分位填写，不得连写；小写金额前要填写"￥"，中间不得留有空白；大写金额前应加写"人民币"三个字，大写金额和小写金额要相符；凭证中有书写错误的，应采用正确的方法更正，不能采用涂改、刮擦、挖补等不正确方法。

(3) 审核原始凭证的完整性、及时性。包括审核原始凭证填写内容是否完整，审核原始凭证的填制日期（特别是时效性强的原始凭证）。

经审核的原始凭证应根据不同情况处理：①对于完全符合要求的原始凭证，应及时据以编制记账凭证入账；②对于真实、合法、合理但内容不够完整、填写有错误的原始凭证，应退回给有关经办人员，由其负责将有关凭证补充完整、更正错误或重开后，再办理正式会计手续；③对于不真实、不合法的原始凭证，会计机构和会计人员有权不予接受，并向单位负责人报告。

6.3　记账凭证

6.3.1　记账凭证的基本内容

由于企业可根据自身的特点和管理的要求来设置，所以作为登记账簿直接依据的记账凭证格式不尽相同。但为了满足记账的基本要求，记账凭证应具备以下基本内容：①记账凭证的名称；②填制记账凭证的日期；③记账凭证的编号；④经济业务事项的内容摘要；⑤经济业务事项所涉及的会计科目及其记账方向；⑥经济业务事项的金额；⑦记账标记；⑧所附原始凭证张数；⑨会计主管、记账、审核、出纳、制单等有关人员签章。

6.3.2　记账凭证的种类

对于记账凭证，又可以按经济内容、填列方式做出进一步分类。

1. 按经济内容分类

记账凭证按经济内容，可分为收款凭证、付款凭证、转账凭证。

(1) 收款凭证。是指用于记录库存现金和银行存款收款业务的会计凭证。收款凭证根据有关库存现金和银行存款收入业务的原始凭证填制,是登记库存现金日记账、银行存款日记账及有关明细账和总账等账簿的依据,是出纳人员收讫款项的依据。如表6-6所示。

表6-6 收款凭证

借方科目:		收款凭证 年　月　日			收字第　号	
摘　要	贷方科目		记　账	金　额	附件
	一级科目	二级或明细科目			
					张
合计					
会计主管		记账	出纳	审核	制单

(2) 付款凭证。是指用于记录库存现金和银行存款付款业务的会计凭证。付款凭证根据有关库存现金和银行存款支付业务的原始凭证填制,是登记库存现金日记账、银行存款日记账及有关明细账和总账等账簿的依据,是出纳人员支付款项的依据。如表6-7所示。

表6-7 付款凭证

贷方科目:		付款凭证 年　月　日			付字第　号	
摘　要	借方科目		记　账	金　额	附件
	一级科目	二级或明细科目			
					张
合计					
会计主管		记账	出纳	审核	制单

(3) 转账凭证。是指用于记录不涉及库存现金和银行存款业务的会计凭证。转账凭证根据有关业务的原始凭证填制,是登记有关明细账和总账等账簿的依据。如表6-8所示。

表6-8 转账凭证

	转账凭证 年　月　日				转字第　号	
摘　要	会计科目		记　账	借方金额	贷方金额	附件
	一级科目	二级或明细科目				
						张
合计						
会计主管		记账	审核		制单	

收款凭证、付款凭证、转账凭证的划分,有利于区别不同经济业务进行分类管理,但工作量较大,适用于规模较大、收付款业务较多的企业。如果规模较小、收付款业务较少的单位,也可以采用通用记账凭证来记录全部经济业务。在通用记账凭证中,将所有经济业务登记在同一格式的记账凭证中,不再区分收款、付款及转账业务类型。通用记账凭证的格式与转账凭证基本相同。

2. 按填列方式分类

记账凭证按填列方式分类,可分为单式记账凭证、复式记账凭证和汇总记账凭证。

(1) 单式记账凭证。是指每一张记账凭证只填列经济业务事项所涉及的一个会计科目及其金额的记账凭证。填列借方科目的称为借项凭证,填列贷方科目的称为贷项凭证。经济业务涉及几个会计科目,就需要编制几张单式记账凭证。单式记账凭证反映内容单一,便于分工和汇总,但一张凭证无法反映经济业务全貌,不便于检查会计分录的正确性。在实际工作中应用不多。

(2) 复式记账凭证。是指将每一笔经济业务事项所涉及的全部会计科目及其发生额均在同一张记账凭证中反映的一种凭证。这是实际工作中最普遍使用的记账凭证,前述的收款凭证、付款凭证、转账凭证及通用记账凭证都属于此类。复式记账凭证可以全面反映经济业务全貌,有利于检查会计记录的正确性,但不便于会计岗位上的分工记账。

(3) 汇总记账凭证。是将许多同类记账凭证逐日或定期汇总后填制的凭证。如将收款凭证、付款凭证、转账凭证按一定时间间隔分别汇总,编制汇总收款凭证(表6-9)、汇总付款凭证(表6-10)、汇总转账凭证(表6-11);将一段时间的全部记账凭证按会计科目分别汇总借方和贷方数额,编制记账凭证汇总表(也称科目汇总表,表6-12)等。

表6-9 汇总收款凭证

汇总收款凭证						
借方账户:		年　月			第　　号	
贷方账户	金　额				记　账	
	(1)	(2)	(3)	合　计	借　方	贷　方

附注:(1) 自_____日至_____日　收款凭证共计_____张
　　　(2) 自_____日至_____日　收款凭证共计_____张
　　　(3) 自_____日至_____日　收款凭证共计_____张

表6-10 汇总付款凭证

汇总付款凭证						
贷方账户:		年　月			第　　号	
借方账户	金　额				记　账	
	(1)	(2)	(3)	合　计	借　方	贷　方

附注:(1) 自_____日至_____日　付款凭证共计_____张
　　　(2) 自_____日至_____日　付款凭证共计_____张
　　　(3) 自_____日至_____日　付款凭证共计_____张

表 6-11 汇总转账凭证

贷方账户：	汇总转账凭证 年 月				第 号	
借方账户	金 额				记 账	
	(1)	(2)	(3)	合 计	借 方	贷 方

附注：(1) 自_____日至_____日　转账凭证共计_____张
　　　(2) 自_____日至_____日　转账凭证共计_____张
　　　(3) 自_____日至_____日　转账凭证共计_____张

表 6-12 科目汇总表

科目汇总表 年 月 日至 日				
账户名称	总账页数	本期发生额		记账凭证起讫号数
		借 方	贷 方	

6.3.3 记账凭证的编制要求

1. 记账凭证总体的编制要求

记账凭证必须按照规定的格式和要求正确编制，总体上和原始凭证的填制要求一致，也应当做到内容完整、连续编号、书写规范清楚、手续完备等。此外，还需注意以下三个方面。

（1）摘要简明。在记账凭证的"摘要"栏内，应简明扼要地写清楚经济业务的主要内容，文字应概括明了，以便查阅。

（2）分录正确。原始凭证的核心是经济业务内容，而会计分录是记账凭证的关键。在记账凭证中，必须书写规范的会计科目名称、正确的应借应贷方向、准确的金额数字。

（3）附件齐全。除结账和更正错误的记账凭证可以不附原始凭证外，其他记账凭证都是根据原始凭证编制的，因此必须附有原始凭证。对记账凭证发生错误的处理，将在第7章会计账簿中说明。

2. 不同记账凭证具体的编制要求

（1）收款凭证的编制。收款凭证左上角的"借方科目"按收款的性质填写"库存现金"或"银行存款"；日期填写编制本凭证的日期；右上角填写编制收款凭证的顺序号；"摘要"填写对所记录的经济业务的简要说明；"贷方科目"填写与收入现金或银行存款相对应的会计科目；"记账"是指该凭证已登记账簿的标记，防止经济业务事项重记或漏记；"金额"是指该项经济业务事项的发生额;该凭证右边"附件 张"是指本记账凭证所附原始凭证的张数;最下边分别由有关人员签章,以明确经济责任。

(2)付款凭证的编制。付款凭证的编制方法与收款凭证基本相同,只是左上角由"借方科目"换为"贷方科目",凭证中间的"贷方科目"换为"借方科目"。

特别要强调的是,为了避免记账的重复,现实工作中对于涉及"库存现金"和"银行存款"之间的经济业务(包括企业提取现金或将现金交存银行),一般只编制付款凭证,不编收款凭证。

(3)转账凭证的编制。转账凭证将经济业务事项中所涉及全部会计科目按照先借后贷的顺序记入"会计科目"栏中的"一级科目"和"二级及明细科目",并按应借、应贷方向分别记入"借方金额"或"贷方金额"栏。其他项目的填列与收、付款凭证相同。

(4)通用记账凭证的编制。该凭证的编制与转账凭证基本相同,只是在凭证编号时,通用记账凭证按照全部经济业务发生的先后顺序编号,而不像转账凭证采取分类编号的方式(收款凭证和付款凭证也进行分类编号)。无论收款凭证、付款凭证、转账凭证还是通用记账凭证,如果一笔经济业务涉及两张以上记账凭证,都应在原编号(收、付或转字第×号)的基础上进行分数编号。

(5)汇总记账凭证的编制。汇总收款凭证是根据收款凭证分别按库存现金和银行存款账户的借方设置,并按对应的贷方账户归类汇总;汇总付款凭证是根据付款凭证分别按库存现金和银行存款账户的贷方设置,并按对应的借方账户归类汇总。汇总转账凭证是根据不涉及库存现金和银行存款的业务所编制的转账凭证,按账户的贷方设置,并按对应科目的借方账户归类汇总。汇总记账凭证可以反映经济业务的全貌,但汇总的工作量比较大。

(6)科目汇总表的编制。首先,根据分录凭证设置"T"形账户,将本期各会计科目的发生额填入有关"T"形账户;然后,计算各个账户的本期借方发生额与贷方发生额合计数;最后,将发生额合计数填入科目汇总表中有关科目相对应的"本期发生额"栏,并将全部会计科目本期借方发生额与贷方发生额进行合计,借贷相等后(试算平衡的要求),一般说明无误,可用以登记总账。科目汇总表起到了试算平衡表的作用,有利于及时查找记录中的差错,还可以简化登记总账的手续,但无法反映经济业务的来龙去脉,编制科目汇总表的工作量比较大。

6.3.4 记账凭证的审核

为了保证会计信息的质量,在记账前应由有关稽核人员对记账凭证进行严格审核。

(1)审核记账凭证内容是否真实。应审核记账凭证是否附有原始凭证,记账凭证的经济内容是否与所附原始凭证的内容相同,记账凭证汇总表的内容与其所依据的记账凭证的内容是否一致等。

(2)审核记账凭证科目和金额是否正确。应审核记账凭证中应借、应贷的会计科目(包括二级或明细科目)对应关系是否清晰,科目是否符合国家统一的会计规范;记账凭证的金额是否与所附原始凭证的金额一致,计算是否正确,记账凭证汇总表的金额与其所依据的记账凭证的合计金额是否一致等。

(3)审核记账凭证项目是否齐全、书写是否规范、手续是否完备。应审核记账凭证中的项目是否填制完整,摘要是否清楚,有关人员的签章(也适用于电算化企业的机制记账凭证)是否齐全等。

此外,出纳人员在办理收款或付款业务后,应在凭证上加盖"收讫"或"付讫"的戳记,以避免重收重付。

根据6.2节与6.3节的内容,可将会计凭证的分类整理为图6-1。

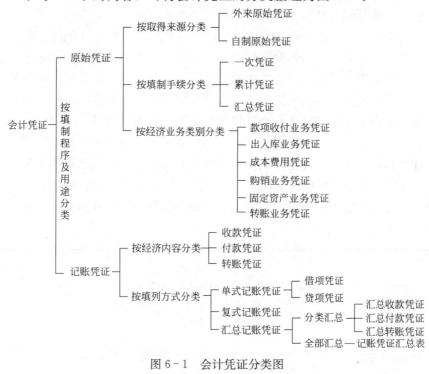

图6-1 会计凭证分类图

6.4 会计凭证的传递与保管

6.4.1 会计凭证的传递

会计凭证的传递是指从会计凭证的取得或填制时起至归档保管过程中,在企业内部有关部门和人员之间的传送程序。会计凭证的传递是会计核算得以正常、有效进行的前提。

会计凭证的传递包括凭证的传递路线、传递时间和传递手续三个方面。会计凭证的传递,应满足内部控制制度的要求,使传递程序合理有效,同时尽量节约传递时间,减少传递的工作量。企业可根据生产组织特点、经济业务内容和管理的要求,制定每一种凭证的传递程序和方法。会计凭证的传递是否科学、严密、有效,对于加强企业内部管理、提高会计信息质量具有重要意义。

6.4.2 会计凭证的保管

会计凭证的保管是指会计凭证记账后的整理、装订、归档和存查工作。会计凭证作为记账的依据,是重要的会计档案和经济资料,必须采用科学的方法妥善保管,应既要保护会计凭证的安全完整,又要便于日后查阅。主要有下列要求。

(1) 会计凭证应定期装订成册,防止散失。会计部门在依据会计凭证记账后,应定期对各种会计凭证进行分类整理,将各种记账凭证按照编号顺序,连同所附的原始凭证一起加具封面、封底,装订成册,并在装订线上加贴封签,由装订人员在装订线封签处签名或盖章。

从外单位取得的原始凭证遗失时,应取得原签发单位盖有公章的证明,并注明原始凭证的号码、金额、内容等,由经办单位会计机构负责人、会计主管人员和单位负责人批准后,才能代作原始凭证。若确实无法取得证明的,如车票丢失,则应由当事人写明详细情况,由经办单位会计机构负责人、会计主管人员和单位负责人批准后,代作原始凭证。

(2) 会计凭证封面应注明单位名称、凭证种类、凭证张数、起止号数、年度、月份、会计主管人员、装订人员等有关事项,会计主管人员和保管人员应在封面上签章。会计凭证封面的一般格式如图6-2所示。

年 月 份 第 册			
		(企业名称)	
	收款	年　　月份共××册第××册	
	付款	凭证第××号至××号共××张	
	转账	附:原始凭证××张	
	会计主管:	保管:	

图6-2 会计凭证封面的一般格式

(3) 会计凭证应加贴封条,防止抽换凭证。单位应当严格按照相关制度利用会计凭证,在进行会计凭证查阅、复制、借出时履行登记手续,严禁篡改和损坏。单位保存的会计凭证一般不得对外借出。确因工作需要且根据国家有关规定必须借出的,应当严格按照规定办理相关手续。会计凭证借用单位应当妥善保管和利用借入的会计档案,确保借入会计档案的安全完整,并在规定时间内归还。

(4) 原始凭证较多时,可单独装订,但应在凭证封面注明所属记账凭证的日期、编号和种类,同时在所属的记账凭证上应注明"附件另订"及原始凭证的名称和编号,以便查阅。

(5) 当年形成的会计凭证,在会计年度终了后,可由单位会计管理机构临时保管一年,再移交单位档案管理机构保管。因工作需要确需推迟移交、由会计机构临时保管的,应当经档案机构或档案工作人员所属机构同意,且最多不超过三年。临时保管期间,会计资料的保管应当符合国家有关规定,且出纳人员不得兼管会计档案。

(6) 严格遵守会计凭证的保管期限要求,企业的会计凭证通常保管期限为30年,从会计年度终了后的第一天算起。单位应当定期对已到保管期限的会计凭证进行鉴定,并形成会计档案鉴定意见书。经鉴定,仍需继续保存的会计凭证,应当重新划定保管期限;对保管期满，确无保存价值的会计凭证，可以销毁。保管期满但未结清的债权债务会计凭证和涉及其他未了事项的会计凭证不得销毁，纸质会计档案应当单独抽出立卷，电子会计档案单独转存，保管到未了事项完结时为止。单独抽出立卷或转存的会计档案，应当在会计档案鉴定意见书、会计档案销毁清册和会计档案保管清册中列明。

本 章 小 结

会计凭证是记录经济业务事项发生或完成情况的书面证明，也是登记账簿的依据。填制和审核会计凭证，是专门的会计核算方法，也是会计核算工作的基础。会计凭证按照编制的程序及用途不同，可分为原始凭证和记账凭证，按照不同的分类标准可以对原始凭证和记账凭证进行进一步划分。原始凭证的核心是经济业务内容（含数量、单价、金额等）；原始凭证在填制时应当做到记录真实、填制及时、内容完整、手续完备、书写清楚规范、连续编号、不得违规涂改；原始凭证的审核主要包括审核原始凭证的真实性、合法性、合理性、完整性、正确性、及时性，经审核的原始凭证应根据不同情况处理。记账凭证中的重要内容是记录经济业务的会计分录；记账凭证在填制时应当做到摘要简明、分录正确、附件齐全、内容完整、连续编号、书写规范清楚、手续完备等；记账凭证的审核主要包括审核内容是否真实、项目是否齐全、科目是否正确、金额是否正确、书写是否正确。出纳人员在办理收款或付款业务后，应在凭证上加盖"收讫"或"付讫"的戳记，以避免重收重付。企业可根据具体情况，合理设计凭证的传递，并在会计凭证记账后及时装订整理、妥善保管。

英文专业词汇

会计凭证：accounting document　　记账凭证：journal voucher
原始凭证：source document　　　　收款凭证：receipt voucher
发票：invoice　　　　　　　　　　付款凭证：payment voucher
通用记账凭证：general purpose voucher　　转账凭证：transfer voucher

本章相关法规

1. 中华人民共和国会计法（根据2017年11月4日第十二届全国人民代表大会常务委员会第三十次会议第二次修正）
2. 会计基础工作规范（1996年6月17日财政部发布并实施）
3. 会计档案管理办法（2015年12月11日财政部和国家档案局令第79号，自2016年1月1日起施行）

阅 读 材 料

商品采购的基本程序

购买商品的交易一开始,买卖双方将就商品价格、付款方式、谁承担运输费用等事项达成协议。具体的程序如下。

(1) 当需要购买某些商品或者某些存货的数量低于再订货点时,负责存货记录的人员可填写请购单交购货部门。

(2) 购货部门在了解价目表、行情表、供应商目录后开出订购单。向所选的卖主开出的订购单应说明所订购商品的数量、规格及价格。还可以指明付款方式和包括运费支付方式在内的运输安排。

(3) 销货方收到订购单后,于货物发出时开出发票并送交购货方。这一发票在销货方称为销货发票,在购货方则为购货发票,发票内说明交易的条件。

(4) 购货方在收到运达的商品时,其收货部门将清点和检查运达的商品,并出具收货报告,详细说明收到的货物数量。

(5) 在批准付款之前,购货部门或应付账款部门核对订购单、发票和收货报告,以便确定商品的数量、规格和价格是否一致。

站在购货企业的角度,购货发票是编制记账凭证的依据,而请购单、订购单、收货报告只是附属凭证。购货方在批准付款时才作分录登记购货交易。

学术论文参考

[1] 娄尔行. 怀念顾准先生. 上海会计,1995 (6).
[2] 柴静. 非如此不可 非如此不可. 书城,2010 (4).
[3] 顾准. 资本的原始积累和资本主义发展. 社会科学,1981 (5).
[4] 吴敬琏. 当代中国需要顾准这样的思想家. 炎黄春秋,1998 (5).
[5] 朱学勤. 一个为真理而勇往直前的思想家:读《顾准文集》. 探索与争鸣,1995 (9).

本章练习题

一、单项选择题

1. 会计凭证按其填制的程序及用途不同,分为(   )。

A. 外来原始凭证和自制原始凭证　　B. 一次性凭证和累计凭证
C. 专用凭证和通用凭证　　D. 原始凭证和记账凭证

2. 原始凭证按照填制手续不同，分为（　　）。
   A. 收款凭证、付款凭证和转账凭证　　B. 一次凭证、累计凭证和汇总凭证
   C. 外来凭证和自制凭证　　D. 通用凭证和专用凭证

3. 下列原始凭证中，属于累计原始凭证的是（　　）。
   A. 收料单　　B. 领料单
   C. 限额领料单　　D. 发货票

4. 下列各项中，不属于原始凭证审核内容的是（　　）。
   A. 原始凭证的真实性　　B. 原始凭证的合法性
   C. 会计分录的正确性　　D. 原始凭证的完整性和准确性

5. 销售过程中企业与客户签订的产品销售合同属于（　　）。
   A. 自制原始凭证　　B. 记账凭证
   C. 外来原始凭证　　D. 以上三者都不是

6. 下列记账凭证中，可以不附原始凭证的是（　　）。
   A. 所有收款凭证　　B. 所有付款凭证
   C. 所有转账凭证　　D. 用于结账的记账凭证

7. 对于从银行提取现金的业务，会计人员应填制的记账凭证是（　　）。
   A. 库存现金收款凭证
   B. 银行存款付款凭证
   C. 库存现金收款凭证和银行存款付款凭证
   D. 银行存款收款凭证

8. 下列凭证中，应在其左上方填写借方科目的是（　　）。
   A. 原始凭证　　B. 收款凭证
   C. 付款凭证　　D. 转账凭证

9. 某企业购入物资一批，货款付清，物资入库。该项业务中，取得或填制的原始凭证有：增值税专用发票 1 张，银行结算凭证 1 张，收料单 5 张，收料凭证汇总表 1 张，则在记账凭证中注明的附件张数应为（　　）。
   A. 2 张　　B. 3 张
   C. 7 张　　D. 8 张

10. 关于会计凭证的传递与保管，以下说法中不正确的是（　　）。
    A. 科学合理的传递程序应能保证会计凭证在传递过程中的安全、及时、准确和完整
    B. 要建立会计凭证交接的签收制度
    C. 原始凭证不得外借，也不得复制
    D. 会计凭证记账完毕后，应当按分类和编号顺序保管

二、多项选择题

1. 填制和审核会计凭证的重要意义在于（　　）。
   A. 记录经济业务，提供记账依据　　B. 监督经济活动，控制经济运行

C. 提高会计工作效率　　　　　　　D. 增加企业盈利，提高竞争能力
　　E. 明确经济责任，强化内部控制
2. 对于收付款记账凭证，应在记账凭证上签名或盖章的人员有（　　）。
　　A. 记账凭证填制人员　　　　　　　B. 审核人员
　　C. 单位负责人　　　　　　　　　　D. 出纳人员
　　E. 会计主管
3. 企业职工出差归来报销差旅费并交回剩余现金，根据差旅费报销单和收据，应填制的记账凭证有（　　）。
　　A. 库存现金付款凭证　　　　　　　B. 库存现金收款凭证
　　C. 银行存款付款凭证　　　　　　　D. 银行存款收款凭证
　　E. 转账凭证
4. 记账凭证的填制，可以（　　）。
　　A. 根据每一张原始凭证填制　　　　B. 根据若干张同类原始凭证汇总填制
　　C. 根据总账账簿记录填制　　　　　D. 根据原始凭证汇总表填制
　　E. 根据明细账账簿记录填制
5. 下列各项中，属于记账凭证审核内容的有（　　）。
　　A. 所附原始凭证的内容与记账凭证的内容是否一致
　　B. 使用的会计科目是否正确
　　C. 记账方向是否正确
　　D. 金额是否正确
　　E. 书写是否正确

三、判断题

1. 自制原始凭证必须由企业会计人员自行填制。　　　　　　　　　　　　　（　　）
2. 审核无误的原始凭证，是登记账簿的直接依据。　　　　　　　　　　　　（　　）
3. 从外单位取得的原始凭证如有遗失，必须由开具单位重新开具。　　　　　（　　）
4. 对于不真实、不合法的原始凭证，会计机构会计人员有权不予接受，并向单位负责人报告。　　　　　　　　　　　　　　　　　　　　　　　　　　　　　　　（　　）
5. 单位应当定期对已到保管期限的会计凭证进行鉴定，对保管期满，确无保存价值的会计凭证，可以销毁。　　　　　　　　　　　　　　　　　　　　　　　　（　　）

四、思考题

1. 说明会计凭证的含义及填制与审核会计凭证的意义。
2. 简述会计凭证的分类体系。
3. 原始凭证应具备哪些基本内容？
4. 填制原始凭证的要求有哪些？
5. 简述原始凭证审核要点及原始凭证审核后的处理。
6. 记账凭证应具备哪些基本内容？
7. 比较汇总记账凭证和科目汇总表。

8. 涉及库存现金和银行存款的收付业务应如何编制记账凭证？
9. 填制记账凭证有哪些要求？
10. 简述记账凭证审核的要点。
11. 会计凭证的保管要求有哪些？

五、业务题

东方公司 2019 年 4 月发生有关经济业务如下。

(1) 向新华工厂购入甲材料一批，其中：货款 40 000 元，增值税额 5 200 元，运杂费 200 元，全部款项已通过银行存款支付；材料已验收入库结转材料采购成本。

(2) 通过银行向蓝星公司预付购买材料款 10 000 元。

(3) 收到投资者追加投资 50 000 元，存入银行。

(4) 领用甲材料一批，其中生产产品耗用 30 000 元，车间一般性耗用 2 000 元，厂部耗用 5 000 元。

(5) 向清华公司销售 A 产品一批，货款 30 000 元，增值税额 3 900 元，尚未收到款项。

(6) 预提本月应负担的银行借款利息 800 元。

(7) 收到清华公司款项 35 100 元，存入银行。

(8) 收到蓝星公司材料，其中：货款 8 000 元，增值税额 1 040 元，运杂费 140 元，余款退回。

(9) 从银行提取现金 500 元，备零星开支用。

(10) 向银行借入短期借款 5 000 元，直接支付欠外单位的货款。

(11) 采购员王明借差旅费 1 000 元，以现金支付。

(12) 将现金 1 000 元存入银行。

(13) 分配工资费用，其中 A 产品工人工资 12 000 元，B 产品工人工资 10 000 元，车间管理人员工资 8 000 元，厂部管理人员工资 5 000 元。

(14) 本月发生制造费用 30 000 元，按生产工时（A 产品 6 000 工时，B 产品 4 000 时）分配计入 A、B 产品成本。

(15) 经过计算销售 A 产品的消费税 2 500 元，所得税费用为 25 000 元。

(16) 用银行存款 1 000 元支付销售 A 产品广告费。

(17) 结转已销 A 产品成本 180 500 元。

(18) 结转本月实现的主营业务收入 300 000 元，营业外收入 50 000 元。

(19) 结转本月发生的主营业务成本 180 500 元，销售费用 1 000 元，税金及附加 2 500 元，管理费用 7 500 元，财务费用 800 元，营业外支出 5 400 元，所得税费用 36 950 元；将本年利润账户结账。

(20) 提取法定盈余公积 7 600 元，确定分配方案将分给投资人利润 35 000 元。

要求：

(1) 根据以上业务编制会计分录；

(2) 指明其按照经济内容应编制的记账凭证名称。

第7章

会 计 账 簿

【学习目标】

　　根据会计凭证登记账簿是全面、系统、连续地核算和监督企业经济活动的基本环节，本章阐述各种账簿的设置与登记。通过本章的学习，要求：(1)熟悉会计账簿的种类；(2)明确会计账簿的内容、启用与记账规则；(3)掌握会计账簿的格式和登记方法；(4)掌握对账、结账和错账更正方法；(5)了解会计账簿的更换与保管。

【案例或故事】

登记会计账簿时发生错误该如何处理呢？

　　小王是W公司负责登记总账的实习会计员，其工作任务是根据已审核的记账凭证登记总账。为保证总账记录不出现错误，小王会先用铅笔在总账上登记，对会计凭证检查无误后再用蓝黑钢笔登记。有一张记账凭证显示，出纳员到银行提取现金900元。但小王在登记这笔业务时很匆忙，直接根据记账凭证上的会计分录用钢笔记入库存现金总账和银行存款总账；直到检查原始凭证时小王才发现，提取现金的金额应为600元。因为刚实习没几天，小王怕主管批评，就偷偷地用壁纸刀将账簿上登错的"9"刮掉改成了"6"，并告诉记账凭证核算人员该笔业务有错误，应撕掉原错误凭证重新填写。小王的这些行为符合会计账簿登记的有关规定吗？

　　通过本章学习，将帮助你将了解有关会计账簿的基本知识。

7.1 会计账簿的意义和种类

7.1.1 会计账簿的意义

填制与审核会计凭证,可以将企业日常发生的经济业务进行如实、正确的记录,并明确经济责任。但由于会计凭证数量繁多且分散,导致提供的会计信息片面,缺乏系统性且间断,不便于会计信息的整理和报告,为此,需要设置账簿来全面、系统、连续地核算和监督企业的经济活动。

会计账簿是指由一定格式的账页组成的,以经过审核的会计凭证为依据,全面、系统、连续地记录各项经济业务的簿籍。设置和登记账簿,是编制会计报表的基础,是连接会计凭证与会计报表的中间环节,在会计核算中具有重要意义。

1. 提供全面、系统的会计信息

通过设置和登记账簿,可以对企业全部经济业务进行序时、分类的核算,将分散在会计凭证中的信息进行系统化的整理,既能分门别类地通过发生额和余额计算,提供相关的总括信息,也能具体反映各项会计信息,提供经济活动的详细情况,从而完整地反映企业财务状况、经营成果和现金流量。

2. 为编制会计报表提供数据资料

会计报表是对企业财务状况、经营成果和现金流量进行高度概括的结构性表述,是财务会计工作最终的成果性文件。无论是管理层受托责任的履行,还是与企业相关的各方信息使用者作出经济决策,都依赖于会计报表。会计账簿是会计报表编制的基础,为编制会计报表提供总括和详细的分类数据资料。

3. 有利于考核企业经营情况

企业整个的经济活动运行情况可以通过会计账簿完整地体现出来,结合账簿记录,可以评价企业总体的经营情况,对经济活动进行分析、总结经验、提出改进措施,监督和促进企业依法经营。

需要说明的是,账簿和账户有着十分密切的联系。账户存在于账簿之中,账簿中的每一账页就是账户的存在形式和载体,没有账簿,账户就无法存在;账簿序时、分类地记载经济业务,是在个别账户进行核算的基础上完成的。因此,账簿只是一个外在形式,账户才是它的真实内容。账簿与账户的关系,是形式和内容的关系。

7.1.2 会计账簿的分类

账簿通常可以按用途、账页格式和外表形式三个方面进行分类。

1. 按用途分类

会计账簿按照用途的不同,分为序时账簿、分类账簿和备查账簿三种。

（1）序时账簿。序时账簿又称日记账，是按照经济业务发生或完成时间的先后顺序逐日逐笔进行登记的账簿。序时账簿还可以再分为普通日记账和特种日记账。普通日记账是用来记录全部经济业务的日记账，特种日记账是用来记录某一类经济业务的日记账。在我国，大多数企业一般只设库存现金日记账和银行存款日记账，而不设置转账日记账和普通日记账。

（2）分类账簿。分类账簿是对全部经济业务事项按照会计要素的具体类别而设置的分类账户进行登记的账簿。按照总分类账户分类登记经济业务事项的是总分类账簿，简称总账；按照明细分类账户分类登记经济业务事项的是明细分类账簿，简称明细账。总账提供总括的会计信息，明细账提供详细的会计信息，两者相辅相成、互为补充。分类账簿提供的核算信息是编制会计报表的主要依据。

应说明的是，序时账簿可以提供连续、系统的信息，分类账簿则可归集、汇总不同类别的信息，小型企业由于业务简单，总账账户不多，为简化核算，可把序时账簿和分类账簿结合起来，设置联合账簿（如日记总账）。

（3）备查账簿。备查账簿简称备查簿，是对某些在序时账簿和分类账簿等主要账簿中都不予登记或登记不够详细的经济业务事项进行补充登记时使用的账簿。与序时账簿、分类账簿相比，备查账簿的不同之处在于：一是登记依据可以不需要记账凭证，甚至不需要一般意义上的原始凭证；二是账簿的格式和登记方法不同，通常备查账簿注重用文字来表述经济业务的发生，而不是记录金额。典型的备查账簿如代管商品物资登记簿、应收票据贴现备查簿等。

2. 按账页格式分类

按账页格式不同，账簿可分为两栏式、三栏式、多栏式、数量金额式、横线登记式五种。

（1）两栏式账簿。两栏式账簿是只有借方和贷方两个基本金额栏目的账簿。如普通日记账和转账日记账。

（2）三栏式账簿。三栏式账簿是设有借方、贷方和余额三个基本栏目的账簿。各种日记账、总分类账及资本、债权、债务明细账都可采用三栏式账簿，用来反映金额信息。如果在三栏式账簿中设"对方科目"栏，称为设对方科目的三栏式账簿，否则称为一般三栏式账簿。

（3）多栏式账簿。多栏式账簿是在账簿的两个基本栏目借方和贷方按需要分设若干专栏的账簿。收入、费用等明细账一般均采用这种格式的账簿，专栏可在借方或贷方设置，也可以同时在双方设专栏。

（4）数量金额式账簿。数量金额式账簿的借方、贷方和余额三个栏目内，都分设数量、单价和金额三小栏，借以反映财产物资的实物数量和价值量。原材料、库存商品等明细账一般都采用数量金额式账簿。

（5）横线登记式账簿。又称平行式账簿，是指将前后密切相关的经济业务登记在同一行上，以便检查每笔业务的发生和完成情况的账簿。

3. 按外表形式分类

按外表形式不同，账簿可分为订本账、活页账、卡片账三种。

（1）订本账。订本账是启用之前就已将账页装订在一起，并对账页进行了连续编号的账簿。其优点是能避免账页散失和防止抽换账页；缺点是无法准确知晓账户所需的账页数量，不能为账户预留正好的账页，容易造成账页浪费或者不便于连续登记。这种账簿一般适用于总分类账、库存现金日记账、银行存款日记账。

(2) 活页账。活页账是在账簿登记完毕之前并不固定装订在一起，而是装在活页账夹中。当账簿登记完毕之后（通常是一个会计年度结束之后），才将账页予以装订，加具封面，并给各账页连续编号。其优点是记账时可根据需要随时将空白账页装入账簿，或抽去不需用的账页，及时分工记账；缺点是如果管理不善，可能会造成账页散失或故意抽换账页。各种明细分类账一般采用活页账形式。

(3) 卡片账。卡片账是将账户所需格式印刷在硬卡上。严格说，卡片账也是一种活页账，只不过它不是装在活页账夹中，而是装在卡片箱内。在我国，一般只对固定资产的核算采用卡片账形式，便于随长期使用的固定资产在不同使用部门间转移。少数企业在材料核算中也使用材料卡片。

账簿的分类如图 7-1 所示。

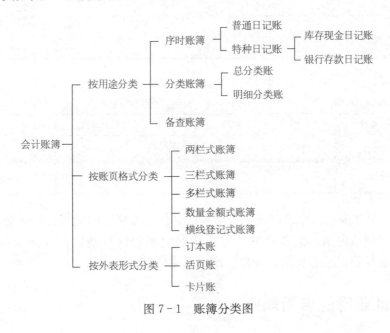

图 7-1 账簿分类图

7.2 会计账簿的启用和记账规则

7.2.1 会计账簿的基本内容

在实际工作中，账簿的格式可以多种多样，但各种主要账簿应具备下列基本内容。

(1) 封面。主要标明账簿的名称和记账单位名称。

(2) 扉页。主要列明科目索引、账簿启用和经管人员一览表。格式如表 7-1 和表 7-2 所示。

表7-1 会计账簿扉页

账簿启用和经管人员一览表

账簿名称：_____   单位名称：_____
账簿编号：_____   账簿册数：_____
账簿页数：_____   启用日期：_____
会计主管：_____   记账人员：_____

移交日期			移 交 人		接管日期			接 管 人		会计主管	
年	月	日	姓名	签章	年	月	日	姓名	签章	姓名	签章

表7-2 会计账簿的账户目录

账户目录（科目索引）

页数	科目	页数	科目	页数	科目	页数	科目	页数	科目

（3）账页。是账簿用来记录经济业务事项的载体，其格式因记录经济业务内容的不同而有所差异，但主要应包括：①账户的名称；②登记账户的日期栏；③凭证种类和号数栏；④摘要栏；⑤金额栏；⑥总页次、分户页次等基本内容。

7.2.2 会计账簿的启用规则

每个会计年度开始，企业都应启用新的会计账簿，具体的要求如下：

（1）设置账簿的封面和封底。除订本账不另设封面、封底外，各种活页账都应设置封面和封底，在账簿封面上写明单位名称和账簿名称。

（2）填写账簿启用及经管人员一览表。启用会计账簿时，应填好启用说明，包括单位名称、账簿名称、账簿编号、起止日期、单位负责人、主管会计、审核人员和记账人员等项目，并加盖单位公章。在会计人员发生变更时，应办理交接手续并填写交接说明。

（3）填写科目索引。订本式账簿，应当从第一页到最后一页顺序编定页数，不得跳页、缺号；活页式账页，应当按账户顺序编号，并须定期装订成册，装订后再按实际使用的账页顺序编定页码，另加目录，记明每个账户的名称和页次。填写科目索引时，应按照会计科目的编号顺序填写科目名称及启用页号。

（4）粘贴印花税票。印花税票应粘贴在账簿的右上角，并且划线注销。在使用缴款书缴纳印花税时，应在右上角注明"印花税已缴"及缴款金额。

7.2.3 会计账簿的记账规则

(1) 准确完整。登记会计账簿时,应当将经审核无误的会计凭证日期、编号、业务内容摘要、金额和其他有关资料逐项记入账内,做到数字准确、摘要清楚、登记及时、字迹工整。

(2) 注明记账符号。登记完毕后,要在记账凭证上签名或者盖章,并注明已经登账的符号,表示已经记账。

(3) 书写留空。账簿中书写的文字和数字上面要留有适当空格,不要写满格,一般应占格距的1/2,以便更正和查账。

(4) 正常记账使用蓝黑墨水。登记账簿要用蓝黑墨水或者碳素墨水书写,不得使用圆珠笔(银行的复写账簿除外)或者铅笔书写。

(5) 特殊记账使用红墨水。为防止篡改,只有下列情况可以用红色墨水记账:①按照红字冲账的记账凭证,冲销错误记录;②在不设借贷等栏的多栏式账页中,登记减少数;③在三栏式账户的余额栏前,如未印明余额方向的,在余额栏内登记负数余额;④根据国家统一的会计制度的规定可以用红字登记的其他会计记录。

(6) 顺序连续登记。各种账簿应按页次顺序连续登记,不得跳行、隔页。如果发生跳行、隔页,应当将空行、空页划线注销,或者注明"此行空白""此页空白"字样,并由记账人员签名或者盖章。

(7) 结出余额。凡需要结出余额的账户,结出余额后,应当在"借或贷"等栏内写明"借"或"贷"等字样。没有余额的账户,应在"借或贷"栏内写"平"字,并在"余额"栏用"0"表示。

(8) 过次承前。每一账页登记完毕结转下页时,应当结出本页合计数及余额,写在本页最后一行和下页第一行有关栏内,并在摘要栏内注明"过次页"和"承前页"字样;也可以将本页合计数及金额只写在下页第一行有关栏内,并在摘要栏内注明"承前页"字样。

对需要结计本月发生额的账户,结计"过次页"的本页合计数应当为自本月初起至本页末止的发生额合计数;对需要结计本年累计发生额的账户,结计"过次页"的本页合计数应当为自年初起至本页末止的累计数;对既不需要结计本月发生额也不需要结计本年累计发生额的账户,可以只将每页末的余额结转次页。

(9) 不得刮擦涂改。登记账簿时,如果发现差错,应根据错误的具体情况,使用规定的错账更正方法,严禁刮擦、挖补、涂改或用药水消除字迹。

7.3 会计账簿的登记

7.3.1 日记账的格式和登记方法

日记账按照核算和监督的经济业务的范围,可分为普通日记账和特种日记账。普通日记账是用来记录全部经济业务的发生和完成情况,特种日记账是用来记录某一类经济业务的发生和完成情况。具体的账簿格式和登记方法如下。

1. 普通日记账

普通日记账又称分录簿,用来序时登记全部经济业务的发生和完成。一般只设借方和贷方两个金额栏次,以满足编制会计分录的需要,可不再做记账凭证。如表7-3所示。

表7-3 普通日记账

年		摘 要	账户名称	记 账	借 方	贷 方
月	日					

普通日记账(两栏式)

采用普通日记账的优点是,便于了解企业在一定时期内发生的所有经济业务全貌,可以直接在账簿中进行试算平衡,比较容易发现记账差错。但不足之处在于,不便于记账分工,过账的工作量大,无法了解某一类经济业务的发生或完成情况。适用于规模较小、经济业务不多的企业。

2. 库存现金日记账

库存现金日记账是用来核算和监督库存现金每天的收入、支出和结存情况的账簿,其格式有三栏式和多栏式两种。无论采用三栏式还是多栏式库存现金日记账,为了保证账簿的安全和完整都必须使用订本账。

三栏式库存现金日记账设借方、贷方和余额三个基本的金额栏目,一般将其分别称为收入、支出和结余三个基本栏目。在金额栏与摘要栏之间常常插入"对方科目",以便记账时标明现金收入的来源科目和现金支出的用途科目。如表7-4所示。

表7-4 三栏式库存现金日记账

库存现金日记账(三栏式)

年		凭证号	摘 要	对方科目	收 入	支 出	结 余
月	日						

多栏式库存现金日记账是在三栏式库存现金日记账基础上发展而来的。这种日记账的借方(收入)、贷方(支出)金额栏都按对方科目设专栏,在月末结账时,可以结出收入来源专栏和支出用途专栏的合计数,便于对库存现金支出的合理性、合法性进行审核分析,便于检查财务收支计划的执行情况,全月发生额还可以作为登记总账的依据。如表7-5所示。

表7-5 多栏式库存现金日记账

年		凭证号	摘要	收入				支出				结余
				应贷科目				应借科目				
月	日			银行存款	主营业务收入	……	合计	其他应收款	管理费用	……	合计	

在实际工作中,如果借、贷两方对应的科目太多会造成账页过长,不便于保管和记录,因此,如果企业开设多栏式库存现金日记账,通常会分别设置"库存现金收入日记账"和"库存现金支出日记账"两本账。如表7-6和表7-7所示。

表7-6 多栏式库存现金收入日记账

年		凭证号	摘要	贷方科目				支出合计	结余
月	日			银行存款	主营业务收入	……	收入合计		

表7-7 多栏式库存现金支出日记账

年		凭证号	摘要	借方科目					支出合计
月	日			银行存款	其他应收款	管理费用	制造费用	……	

库存现金日记账由出纳人员按时间顺序逐日逐笔地根据库存现金收款凭证和与库存现金有关的银行存款付款凭证(从银行提取现金的业务)记入现金收入,根据库存现金付款凭证记入现金支出,并采用"上日余额+本日收入-本日支出=本日余额"的公式,逐日结出库存现金余额,与库存现金实存数核对,以检查每日现金收付是否有误,称为"日清";月终还要计算库存现金收、付合计数和结余额,称为"月结"。

对于借贷方分设的多栏式库存现金日记账,应先根据有关库存现金收入业务的记账凭证登记库存现金收入日记账,根据有关库存现金支出业务的记账凭证登记库存现金支出日记账,每日营业终了,根据库存现金支出日记账结计的支出合计数,一笔转入库存现金收入日记账的"支出合计"栏中,并结出当日余额。

3. 银行存款日记账

银行存款日记账是用来核算和监督银行存款每日的收入、支出和结余情况的账簿。银行存款日记账应按企业在银行开立的账户和币种分别设置,每个银行账户设置一本日记账。由出纳人员按时间先后顺序逐日逐笔地根据银行存款收款凭证和与银行存款有关的库存现金付款凭证(库存现金存入银行的业务)记入银行存款收入,根据银行存款付款凭证记入银行存款支出,每日结出存款余额。

银行存款日记账的格式和登记方法与库存现金日记账相同。可以采用三栏式,或者多栏式;还可以将多栏式银行存款日记账,分设"银行存款收入日记账"和"银行存款支出日记账"。通常在银行存款日记账中,加设"结算凭证"栏,以便记账时标明经济业务的结算凭证和编号,及时和银行核对账目。如表7-8和表7-9所示。

4. 转账日记账

转账日记账是根据转账凭证逐日逐笔顺序登记的账簿。设置转账日记账的目的主要是将每日发生的转账业务集中反映出来,并利用转账日记账的记录,检查转账凭证有无丢失,确保账证相符。转账日记账和普通日记账格式无本质的区别,在我国使用转账日记账的不多见。如表7-10所示。

表7-8 三栏式银行存款日记账

年		凭证号	摘要	结算凭证		对方科目	收入	支出	余额
月	日			种类	编号				

表7-9 多栏式银行存款日记账

年		凭证号	摘要	结算凭证		收入				支出				结余
						应贷科目				应借科目				
月	日			种类	编号	主营业务收入	其他业务收入	……	合计	其他应收款	管理费用	……	合计	

表7-10 两栏式转账日记账

转账日记账（两栏式）

年		凭证号	摘要	借方		贷方	
月	日			一级科目	金额	一级科目	金额

7.3.2 总分类账的格式和登记方法

总分类账是按照总分类账户分类登记以提供总括会计信息的账簿，也称总账。总账可以全面、系统、综合地反映企业所有经济活动情况，是编制会计报表的基本依据。

总分类账最常用的格式为三栏式，设置借方、贷方和余额三个基本金额栏目，可以设对方科目的三栏式总分类账，或一般三栏式总分类账，如表7-11和表7-12所示。也可以采用多栏式总分类账，将企业使用的全部总账账户合设在一张账页上，如日记总账，如表7-13所示。但如果总账账户很多，显然账页就很长，不方便保管和记账，会计实务中很少采用。

表 7-11　设对方科目三栏式总分类账

总分类账（设对方科目三栏式）

账户名称：

年		凭证号	摘要	对方科目	借方金额	贷方金额	借或贷	余额
月	日							

表 7-12　一般三栏式总分类账

总分类账（一般三栏式）

账户名称：

年		凭证号	摘要	借方金额	贷方金额	借或贷	余额
月	日						

表 7-13　日记总账

多栏式总分类账（日记总账）

年		凭证		摘要	发生额	＿科目		＿科目		＿科目		＿科目	
月	日	种类	编号			借	贷	借	贷	借	贷	借	贷

总账的记账依据和登记方法取决于企业采用的账务处理程序。可以根据记账凭证逐笔登记,也可以根据经过汇总的科目汇总表或汇总记账凭证等登记(相关内容在第 10 章会计核算组织程序中详细阐述)。但无论是直接依据记账凭证逐日逐笔顺序登记,或者间接依据记账凭证进行登记(如科目汇总表或汇总记账凭证),还是采取其他的核算程序,月终都要结出总账的本期发生额和期末余额。

7.3.3 明细分类账的格式和登记方法

明细分类账是根据二级账户或明细账户开设账页,分类、连续地登记经济业务以提供明细核算资料的账簿,也称明细账。明细账是总账的详细记录,是按照总账的核算内容,采用更加详细的分类,反映某一具体类别的经济活动发生或完成情况,对总账起到补充说明的作用,提供的资料也是编制会计报表的重要依据。企业通常需要设置原材料、库存商品、固定资产、债权、债务、收入、费用、利润及其他必要的明细账。

明细账的格式主要是根据所反映的经济业务特点,以及实物管理的不同要求来设计的,通常可以采用三栏式、多栏式、数量金额式、横线登记式等。

1. 三栏式明细分类账

三栏式明细分类账是设有借方、贷方和余额三个栏目,用以分类核算各项经济业务,提供详细核算资料的账簿,其格式与三栏式总账格式相同。适用于只进行金额核算的账户,如债权、债务往来结算账户。

2. 多栏式明细分类账

多栏式明细分类账是将属于同一个总账科目的各个明细科目合并在一张账页上进行登记。适用于成本、费用、收入、利润的明细核算,具体的栏目可根据需要设置不同的指标,如表 7-14 所示。

表 7-14 多栏式明细分类账

年		凭证		摘要	借方(项目)		贷方(项目)		借或贷	余额
月	日	字	号			合计		合计		

实际工作中,管理费用账户的明细账也可以只按借方发生额设置专栏(如表 7-15 所示),贷方发生额由于每月发生的笔数很少,而在借方用红字冲销。

表 7-15　多栏式管理费用明细分类账

管理费用明细分类账（多栏式）											
年 || 凭证号	摘要	借　方								
月	日			工资及福利费	办公费	差旅费	折旧费	修理费	工会经费	……	合计

3. 数量金额式明细分类账

数量金额式明细分类账其借方（收入）、贷方（发出）和余额（结存）都分别设有数量、单价和金额三个专栏。数量金额式明细账提供了企业有关财产物资的数量和金额的收、发、存的详细资料，能加强财产物资的实物管理和使用监督，保证财产物资的安全完整。适用于既要进行金额核算又要进行数量核算的账户，如原材料、库存商品等账户，如表 7-16 所示。

4. 横线登记式明细分类账

横线登记式明细分类账采用横线登记，即将每一相关的业务登记在一行，从而可依据每一行各个栏目的登记是否齐全来判断该项业务的进展情况。适用于登记材料采购业务、应收票据和一次性备用金业务。

总之，不同类型经济业务的明细分类账，可根据管理需要，依据记账凭证、原始凭证或汇总原始凭证逐日逐笔或定期汇总登记。固定资产、债权、债务等明细账应逐日逐笔登记；库存商品、原材料收发明细账及收入、费用明细账可以逐笔登记，也可定期汇总登记。库存现金和银行存款账户由于已经设置了特种日记账，故不必再设明细账。

表 7-16　库存商品明细分类账

库存商品明细分类账（数量金额式）											
类别：										库存商品编号：		
品名或规格：										储备定额：		
存放地点：										计量单位：		
年		凭证号	摘要	收　入			发　出			结　存		
月	日			数量	单价	金额	数量	单价	金额	数量	单价	金额

7.4 对账和结账

7.4.1 对账

对账,是核对账目。为了保证账簿所提供的会计资料正确、真实、可靠,会计人员在登记账簿时,必须要有高度的责任心。记账完毕,还应定期做好对账工作,做到账证相符、账账相符、账实相符。会计对账工作主要包括以下内容。

1. 账证核对

账证核对是指核对会计账簿记录与原始凭证、记账凭证的时间、凭证字号、内容、金额是否一致,记账方向是否相符。虽然账簿是根据经过审核后的会计凭证登记的,但实际工作中仍然可能发生账证不符的情况。在日常编制凭证和记账过程中,应进行账证核对;在会计期末,则可通过试算平衡发现记账错误之后按一定线索查找错误原因。

2. 账账核对

账账核对是指核对不同会计账簿之间的账簿记录是否相符。企业的整个账簿系统是一个有机的体系,账簿之间既有分工,又有衔接。账簿间的衔接关系称为钩稽关系。利用账簿的钩稽关系可以及时发现记账工作中是否有误,账账核对进一步分为以下四个方面。

(1) 总账有关账户的余额核对。按照基本会计等式和借贷记账法的记账规则,总账各账户的期初余额、本期发生额和期末余额存在平衡关系,各账户的期末借方余额合计与贷方余额合计也存在平衡关系。这项核对工作可通过编制"总分类账户本期发生额和余额对照表"(或"试算平衡表")来完成。如表7-17所示。

表7-17 总分类账户本期发生额和余额对照表

账户名称	期初余额		本期发生额		期末余额	
	借方	贷方	借方	贷方	借方	贷方
库存现金						
银行存款						
应收账款						
库存商品						
⋮						
合 计						

总分类账户本期发生额和余额对照表
(试算平衡表)
年 月

(2) 总账与所属明细账核对。根据平行登记的要求,总账各账户的期末余额应与其所属的各明细账的期末余额之和相等。

(3) 总账与序时账簿核对。企业必须设置库存现金日记账和银行存款日记账,库存现金日记账和银行存款日记账应与库存现金总账、银行存款总账期末数额相符。

（4）明细账之间的核对。如会计部门有关实物资产的明细账与财产物资保管部门、使用部门的明细账应定期核对，以检查余额是否相符。

3. 账实核对

账实核对是指各项财产物资、债权债务等账面余额与实有数额之间的核对。造成账实不符的原因有很多：如财产物资保管过程中发生的自然损耗；财产收发过程中由于计量或检验不准，造成多收或少收的差错；由于管理不善、制度不严造成的财产损坏、丢失、被盗；在账簿记录中发生的错误记录；由于有关凭证未到，形成未达账项，造成结算双方账实不符；发生意外灾害等。因此，需要通过财产清查来及时发现、处理问题，保证会计信息真实、可靠。

账实核对包括：①库存现金日记账账面余额与库存现金实存数额是否相符；②银行存款日记账账面余额与银行对账单的余额是否相符；③各项财产物资明细账账面余额与财产物资的实有数额是否相符；④有关债权债务明细账账面余额与对方单位的账面记录是否相符。

7.4.2 结账

结账是结算账目，是指在将一定时期内所发生的经济业务全部登记入账的基础上，按照规定的方法一方面要结清损益类账户，计算确定本期利润；另一方面要结清资产、负债和所有者权益账户，结出本期发生额合计和余额的方法。由于企业经济活动的持续不断进行，为了及时获得企业财务状况、经营成果和现金流量的信息，在会计期末必须要进行结账，根据账簿记录编制会计报表。

1. 结账的程序

（1）将本期发生的经济业务事项全部登记入账，并保证其正确性。

（2）根据权责发生制的要求，调整有关账项（包括对应计收入和应计费用的调整，对收入分摊和费用分摊的调整），合理确定本期应计的收入和应计的费用。

（3）将损益类科目转入"本年利润"科目，结平所有损益类科目。

（4）结算出资产、负债和所有者权益科目的本期发生额和余额，并结转下期。

2. 结账的方法

（1）对不需按月结计本期发生额的账户，每次记账以后，都要随时结出余额，每月最后一笔余额即为月末余额。月末结账时，只需要在最后一笔经济业务事项记录之下通栏划单红线，不需要再结计一次余额。

（2）库存现金、银行存款日记账和需要按月结计发生额的收入、费用等明细账，每月结账时，要结出本月发生额和余额，在摘要栏内注明"本月合计"字样，并在下面通栏划单红线。

（3）需要结计本年累计发生额的某些明细账户，每月结账时，应在"本月合计"行下结出自年初起至本月末止的累计发生额，登记在月份发生额下面，在摘要栏内注明"本年累计"字样，并在下面通栏划单红线。12月末的"本年累计"就是全年累计发生额，全年累计发生额下通栏划双红线。

（4）总账账户平时只需结出月末余额。年终结账时，将所有总账账户结出全年发生额和年末余额，在摘要栏内注明"本年合计"字样，并在合计数下通栏划双红线。

(5) 年度终了结账时，有余额的账户，要将其余额结转下年，并在摘要栏注明"结转下年"字样；在下一会计年度新建有关会计账户的第一行余额栏内填写上年结转的余额，并在摘要栏注明"上年结转"字样。

7.5 错账查找与更正

7.5.1 错账查找

登记账簿难免会发生一些差错，出现错账的原因，一是会计凭证填制错误，如记录内容有误、计算错误、会计科目错误、借贷方向错误、借贷金额有误；二是记账错误，如账簿记录出现重记、漏记、混记、错记等。查找错账的方法有两种：全面检查法和个别检查法。

1. 全面检查法

全面检查法是对一定时期的账目进行全面核对的检查方法。可以按照记账的顺序，从头到尾依次检查原始凭证、记账凭证、总账、明细账及试算平衡表（称为顺查法）；也可以首先检查试算平衡表是否正确，然后检查账户计算正确与否，再核对账簿与凭证是否相符，最后检查记账凭证与原始凭证是否相符（称为逆查法）。

2. 个别检查法

个别检查法是针对错账的数字进行检查的方法。主要包括以下四种。

(1) 差数法。记账人员首先算出借方和贷方的差数，再根据差数去查找错误。这种方式对于发现漏记账目很有效。比如记账过程中只登记了会计分录的一个方向，在试算平衡中借方合计与贷方合计不等，借方金额遗漏会使金额在贷方超出，贷方金额遗漏会使金额在借方超出。

(2) 除2法。记账人员先算出借方和贷方的差数，再根据差数除以2来查找错误。这种方式便于检查方向记错的情况。比如，应记入"库存商品——甲商品"科目借方的3 000元误记入贷方，造成该明细科目的期末余额将小于其总账科目期末余额6 000元，记账人员将差额6 000除以2，得到的商3 000元就是借贷方向相反的金额，据此应查找有无3 000元借方金额记入贷方。

(3) 除9法。记账人员先算借方与贷方的差数，再根据差数除以9来查找错误。这种方式可检查数字由于写大、写小或邻数颠倒造成的错误。如将200写成20，将60写成600，或者将78写成87等，通过计算差数，然后除以9，在此基础上找出出现的错误。

(4) 尾数法。记账人员为提高检查差错效率，对角分的差错可以只查找小数部分。

7.5.2 错账更正

账簿记录发生错误，不准涂改、挖补、刮擦或者用药水消除字迹，不准重新抄写，必须按规定的方法更正。①对于发现以前年度的错账，由于账目已经结清所以应调整本年期初数。②对于发现当年内的错账,如果是填制记账凭证时就发现的错误应当重新填制记账凭证;如果已登记入账的记账凭证发现有错误,应采用红字更正法或补充更正法更正;如果记账凭证无误,仅属于记账错误,应采用划线更正法更正。下面具体说明主要的错账更正方法。

1. 划线更正法

在结账前发现账簿记录有文字或数字错误,而记账凭证没有错误,采用划线更正法。更正时,可在错误的文字或数字上划一条红线,在红线的上方填写正确的文字或数字,并由记账及相关人员在更正处盖章。对于错误的数字,应全部划红线更正,不得只更正其中的错误数字。对于文字错误,可只划去错误的部分。

2. 红字更正法

记账后在当年内发现记账凭证所记的会计科目错误,或者会计科目无误而所记金额大于应记金额,从而引起记账错误,采用红字更正法。

红字更正法适用于两种情况。

(1) 记账后发现记账凭证中的应借、应贷会计科目有错误,从而引起记账错误。更正方法是:记账凭证会计科目错误时,用红字填写一张与原记账凭证完全相同的记账凭证,以示注销原记账凭证,然后用蓝字填写一张正确的记账凭证,并据以记账。

【例7-1】 新民企业用银行存款支付展览费5 000元,在做会计分录时误写借方科目为"管理费用",并已经登记入账。原错误的会计分录是:

借:管理费用　　　　　　　　　　　　　　　　　　　　5 000
　　贷:银行存款　　　　　　　　　　　　　　　　　　　　　　5 000

企业在更正错账时,应先用红字填写一张与原记账凭证完全相同的记账凭证,在摘要栏注明"注销某月某日某号凭证"字样(以下分录中,□内数字表示红字),会计分录为:

借:管理费用　　　　　　　　　　　　　　　　　　　　|5 000|
　　贷:银行存款　　　　　　　　　　　　　　　　　　　　　　|5 000|

然后,用蓝字重新填写一张正确的记账凭证,注明"订正某月某日某号凭证"字样,会计分录为:

借:销售费用　　　　　　　　　　　　　　　　　　　　5 000
　　贷:银行存款　　　　　　　　　　　　　　　　　　　　　　5 000

将以上更正错账的记账凭证登记入账后,错误记录得到更正,具体情况如图7-2所示。

图7-2 红字更正法1

(2) 记账后发现记账凭证中的应借、应贷会计科目无误而所记金额大于应记金额。更正方法是:按多记的金额用红字编制一张与原记账凭证应借、应贷科目完全相同的记账凭证,以冲销多记的金额,并据以记账。

【例 7-2】 承例 7-1，科目选用无误，只是金额误记为 50 000 元，则企业按多记的 45 000 用红字编制一张与原记账凭证应借、应贷科目完全相同的记账凭证，注明"冲销某月某日某号凭证多记金额"字样，会计分录为：

借：销售费用　　　　　　　　　　　　　　　　　　　　　45 000
　　贷：银行存款　　　　　　　　　　　　　　　　　　　　　45 000

将更正错账的记账凭证登记入账后，错误记录就得到了更正，具体情况如图 7-3 所示。

3. 补充更正法

记账后发现记账凭证填写的会计科目无误，只是所记金额小于应记金额时，采用补充更正法。更正方法是：按少记的金额用蓝字编制一张与原记账凭证应借、应贷科目完全相同的记账凭证，以补充少记的金额，并据以记账。

【例 7-3】 承例 7-1，科目选用无误，只是金额误记为 500 元，则企业按少记的 4 500 元用蓝字编制一张与原记账凭证应借、应贷科目完全相同的记账凭证，注明"补记某月某日某号凭证少记金额"字样，会计分录为：

借：销售费用　　　　　　　　　　　　　　　　　　　　　4 500
　　贷：银行存款　　　　　　　　　　　　　　　　　　　　　4 500

将更正错账的记账凭证登记入账后，使错误记录得到更正，具体情况如图 7-4 所示。

图 7-3　红字更正法 2　　　　　　　　　图 7-4　补充更正法

7.6　账簿的更换和保管

7.6.1　会计账簿的更换

账簿的更换是指在会计年度终了时，将上年度的账簿更换为新年度的账簿。会计账簿的更换通常在新会计年度建账时进行，总账、日记账和多数明细账应每年更换一次（固定资产明细账可多年使用），备查账簿可以连续使用。更换账簿时，按照年终结账的要求进行，无须填制记账凭证。

7.6.2 会计账簿的保管

会计账簿是会计工作的重要历史资料,也是会计档案的重要组成部分,企业必须按照国家有关规定,妥善保管会计账簿。具体应该做到以下几个方面。

(1) 各种账簿的管理要专人负责,严格管理。账簿经管人员要负责账簿的结账并保证账簿的记账、对账并保证账簿的安全完整。单位应当严格按照相关制度利用会计账簿,在进行会计账簿查阅、复制、借出时履行登记手续,严禁篡改和损坏。单位保存的会计账簿一般不得对外借出。确因工作需要且根据国家有关规定必须借出的,应当严格按照规定办理相关手续。会计账簿借用单位应当妥善保管和利用借入的会计档案,确保借入会计档案的安全完整,并在规定时间内归还。

(2) 年度终了,各种账户在结转下年、建立新账后,一般都要把旧账送交会计部门集中统一审查核对,整理立卷,装订成册。当年形成的会计账簿,在会计年度终了后,可由单位会计管理机构临时保管一年,再移交单位档案管理机构保管。因工作需要确需推迟移交、由会计机构临时保管的,应当经档案机构或档案工作人员所属机构同意,且最多不超过三年。临时保管期间,会计资料的保管应当符合国家有关规定,且出纳人员不得兼管会计档案。

(3) 严格遵守会计账簿的保管期限要求,企业的会计账簿通常保管期限为30年,从会计年度终了后的第一天算起,固定资产卡片在固定资产报废清理后继续保管5年。单位应当定期对已到保管期限的会计账簿进行鉴定,并形成会计档案鉴定意见书。经鉴定,仍需继续保存的会计档案,应当重新划定保管期限;对保管期满,确无保存价值的会计账簿,可以销毁。

本 章 小 结

会计账簿是指由一定格式账页组成的,以经过审核的会计凭证为依据,全面、系统、连续地记录各项经济业务的簿籍。设置和登记账簿,是编制会计报表的基础,是连接会计凭证与会计报表的中间环节,在会计核算中具有重要意义。账簿通常可以按用途、账页格式和外表形式进行分类。账簿应具备的基本内容包括封面、扉页和账页。为保证账簿记录的质量,应遵循账簿启用和记账规则。日记账、总分类账和明细账有各自不同的格式和登记方法。记账完毕,还应定期做好对账工作,做到账证相符、账账相符、账实相符。为及时获取企业财务状况、经营成果和现金流量的信息,在会计期末还必须进行结账。登记账簿时,难免会发生一些差错,可利用全面检查法和个别检查法来查找错账,对于发现当年内已入账的错误,可以采用划线、红字或补充更正法进行错账更正。企业在会计年度终了时,应进行账簿更换并由专人负责、妥善保管会计账簿。

英文专业词汇

会计账簿：book of accounts
序时账簿：journal
普通日记账：general journal
特种日记账：special journal
活页式分类账：loose-leaf book
卡片式分类账：card ledger
库存现金日记账：cash journal
银行存款日记账：deposit journal
分类账簿：ledger
总分类账：general ledger
明细分类账：subsidiary ledger
备查账簿：memorandum book
结账：closing
更正分录：correction entry

本章相关法规

1. 中华人民共和国会计法（根据2017年11月4日第十二届全国人民代表大会常务委员会第三十次会议第二次修正）
2. 会计基础工作规范（1996年6月17日财政部发布并实施）
3. 会计档案管理办法（2015年12月11日财政部和国家档案局令第79号，自2016年1月1日起施行）

阅读材料

中国会计之父——潘序伦

潘序伦是国内外颇负盛名的会计学家和教育家，是发展我国会计事业和培养我国会计人才的先驱，被国外会计界誉为"中国会计之父"。1893年潘序伦出生于江苏宜兴，为实现出国留学的志愿，1919年进入圣约翰大学着力进修英语，获得文学学士学位，经学校推荐进入美国哈佛大学商学院选学会计，奠定了一生从事会计学研究的基础。他勤奋苦读，获得了哈佛大学企业管理硕士学位，以及哥伦比亚大学经济博士学位。学成回国，任上海商科大学教务主任兼会计主任等职。1927年，创办了潘序伦会计事务所，并编译出版会计丛书和创办会计学校。他从实践中深深感到开展会计师业务，首先要取信于社会，因之取《论语》中："民无信不立"之句，提出"信以立志、信以守身、信以处事、信以待人、毋忘立信、当必有成"的"立信"准则，并毅然把事务所和学校更名为"立信会计师事务所"和"立信会计补习学校"。后又创办了"立信会计专科学校"和"立信高级会计职业学校"。曾任国民政府主计处筹委会委员、主计处主计官。抗日战争时期，创设立信会计图书用品社，专门出版立信会计丛书和印制发行会计账册报表。抗日战争胜利后，潘序伦曾任经济部常务次长、全国经济委员会委员。潘序伦还积极推动成立了全国第一个会计学会——上海会计学会和新中国成立后第一个会计师事务所——上海会计师事务所。

潘序伦主要著作有：《立信会计丛书》《苏联会计述要》《国营会计概要》《新编立信会计丛书》《成本会计》《高级商业簿记教科书》《公司登记规则》《公司会计》《股份有限公司会计》《国营企业会计概要》《基本会计学西方会计》《基本会计学》《会计学》《审计学》《所得税原理及实务》《通用簿记教程》《政府会计》等。

学术论文参考

[1] 潘序伦. 潘序伦回忆录（一）～（十一）. 财务与会计，1984（1）-(9)，1984（11）-(12).

[2] 潘序伦，丁苏民. 谈谈会计人员的职业道德. 上海会计，1983（4）.

[3] 马元驹，杨世忠. 对我国会计职业群体"希波克拉底誓言"的期盼：兼论潘序伦先生的会计职业道德思想. 会计之友，2009（4）.

[4] 贺宝成，阮孝青. 新收入准则的"国际趋同"与"本土特色". 财会研究，2018（8）.

[5] 时军. 浅析新收入准则的变化及其对会计核算的影响. 财会月刊，2018（5）.

本章练习题

一、单项选择题

1. 用于分类记录单位的全部交易或事项，提供总括核算资料的账簿是（   ）。
   A. 总分类账   B. 明细分类账
   C. 日记账   D. 备查账

2. 下列明细账中，不宜采用三栏式账页格式的是（   ）。
   A. 应收账款明细账   B. 应付账款明细账
   C. 生产成本明细账   D. 短期借款明细账

3. 库存现金日记账和银行存款日记账应当（   ）。
   A. 定期登记   B. 序时登记
   C. 汇总登记   D. 合并登记

4. 记账人员根据记账凭证登记账簿完毕后，要在记账凭证上注明已记账的符号，主要是为了（　　）。

　　A. 便于明确记账责任　　　　　　　　B. 避免错行或隔页

　　C. 避免重记或漏记　　　　　　　　　D. 防止凭证丢失

5. 下列账簿中，要求必须逐日结出余额的是（　　）。

　　A. 现金日记账和银行存款日记账　　　B. 债权债务明细账

　　C. 财产物资明细账　　　　　　　　　D. 总账

6. 记账人员在登记账簿后，发现所依据的记账凭证中使用的会计科目有误，则更正时应采用的更正方法是（　　）。

　　A. 涂改更正法　　　　　　　　　　　B. 划线更正法

　　C. 红字更正法　　　　　　　　　　　D. 补充更正法

7. 某企业通过银行收回应收账款 8 000 元，在填制记账凭证时，误将金额记为 6 000 元，并已登记入账。当年发现记账错误，更正时应采用的更正方法是（　　）。

　　A. 重编正确的收款凭证　　　　　　　B. 划线更正法

　　C. 红字更正法　　　　　　　　　　　D. 补充更正法

8. 下列记账错误中，适合用"除2法"进行查找的（　　）。

　　A. 重记　　　　　　　　　　　　　　B. 相邻数字颠倒

　　C. 数字方向记反　　　　　　　　　　D. 漏记

9. 下列各项中，应设置备查账簿进行登记的是（　　）。

　　A. 应付账款　　　　　　　　　　　　B. 应收票据贴现

　　C. 无形资产　　　　　　　　　　　　D. 资本公积

10. 企业结账的时间应为（　　）。

　　A. 每项交易或事项办理完毕时　　　　B. 每一个工作日终了时

　　C. 一定时期终了时　　　　　　　　　D. 会计报表编制完成时

二、多项选择题

1. 会计账簿按用途分为（　　）。

　　A. 日记账　　　　　　　　　　　　　B. 分类账

　　C. 备查账　　　　　　　　　　　　　D. 总账

　　E. 订本账

2. 下列错账更正方法中，可用于更正因记账凭证错误而导致账簿记录错误的方法有（　　）。

　　A. 划线更正法　　　　　　　　　　　B. 差数核对法

　　C. 红字更正法　　　　　　　　　　　D. 补充更正法

　　E. 挖补更正法

3. 下列账簿中，应采用数量金额式账簿的有（　　）。

　　A. 费用明细账　　　　　　　　　　　B. 原材料明细账

　　C. 库存商品明细账　　　　　　　　　D. 固定资产明细账

　　E. 应收账款明细账

4. 下列对账工作中，属于账账核对的有（　　）。

A. 银行存款日记账与银行对账单的核对
B. 总账账户与所属明细账户的核对
C. 应收款项明细账与债务人账项的核对
D. 库存现金日记账与库存现金总账
E. 会计部门的财产物资明细账与财产物资保管、使用部门明细账的核对

5. 下列账簿中,可以跨年度连续使用的有( )。
A. 银行存款日记账　　　　　　　　B. 应付账款明细账
C. 固定资产卡片账　　　　　　　　D. 代管商品物资登记簿
E. 原材料总账

三、判断题

1. 登记库存现金日记账的依据是现金收付款凭证和部分银行存款付款凭证。( )
2. 总账不论采用何种形式,都必须采用订本式账簿,以保证总账记录的安全和完整。
( )
3. 根据具体情况,会计人员可以使用铅笔、圆珠笔、钢笔、蓝黑墨水或红色墨水填制会计凭证,登记账簿。( )
4. 对账,就是核对账目,即对各种会计账簿之间相对应记录进行核对。( )
5. 当年形成的会计账簿,在会计年度终了后,可由单位会计管理机构临时保管一年,再移交单位档案管理机构保管。( )

四、思考题

1. 说明设置账簿的意义。
2. 简述账簿按用途、账页格式和外表形式进行的分类。
3. 说明账簿启用和登记的规则。
4. 可以使用红墨水记账的情况有哪些?
5. 日记账、总账和明细账的格式有哪些?如何进行登记?
6. 对账与结账的内容有哪些?
7. 如何查找错账?如何进行错账更正?
8. 说明账簿更换和保管的基本要求。

五、业务题

1. 东方公司2019年4月1日库存现金账户余额900元,银行存款账户余额150 000元。本月发生有关经济业务如下。
(1) 以现金300元购买厂部文具用品。
(2) 通过银行转账预付购货款30 000元。
(3) 从银行提取现金200元,以备日常开支。
(4) 销售产品一批,货款50 000元,增值税6 500元,收到款项存入银行。
(5) 从银行提取现金20 000元,以备发放工资。
(6) 以现金支付职工工资20 000元。

(7) 职工出差报销差旅费 580 元，退回现金 120 元（原借 700 元）。
(8) 以现金支付管理部门水电费 50 元。
(9) 收到预付款购买的材料，材料货款 40 000 元，增值税 5 200 元，运杂费 200 元，不足款项用银行存款补付，材料尚未验收入库。
(10) 用现金支付电报费 30 元。

要求：
(1) 登记库存现金和银行存款日记账的期初余额；
(2) 根据上述经济业务编制会计分录，并说明记账凭证类型；
(3) 根据会计分录（记账凭证），登记三栏式库存现金日记账和银行存款日记账；
(4) 月末结出库存现金日记账和银行存款日记账的本月发生额和期末余额。

2. 东方公司 2018 年在结账前的账证核对过程中，发现下列情况。
(1) 职工李松借支差旅费 2 000 元，开出现金支票，原编制的记账凭证的会计分录为：
借：其他应收款   2 000
  贷：库存现金   2 000
(2) 企业用银行存款支付广告费 6 500 元，原编记账凭证的会计分录为：
借：销售费用   6 500
  贷：银行存款   6 500
(3) 结转本月已售产品成本 70 000 元，原编记账凭证的会计分录为：
借：主营业务成本   7 000
  贷：库存商品   7 000
(4) 企业结转本月发生制造费用 6 800 元，原编记账凭证的会计分录为：
借：生产成本   8 600
  贷：制造费用   8 600
(5) 企业计算本月应交消费税为 34 000 元，原编记账凭证的会计分录为：
借：税金与附加   34 000
  贷：应交税费   34 000
该记账凭证登记账簿时，其"应交税费"科目的贷方所记金额为 43 000 元。

要求：
(1) 判断上述经济业务处理是否存在错误；
(2) 如有错误，请采用适当的更正错账方法予以更正。

第8章

财产清查

【学习目标】

本章阐述在填制凭证和登记账簿基础上,为确保账实相符、不断提高经营管理水平使用的财产清查核算方法。通过本章的学习,要求:(1) 了解财产清查的意义;(2) 熟悉财产清查的分类;(3) 掌握财产物资的盘存制度;(4) 掌握清查的方法;(5) 熟练编制银行存款余额调节表;(6) 掌握财产清查结果的会计处理。

【案例或故事】

企业有必要进行财产清查吗?

中国农业银行的内部历史可能会记住"任晓峰"这个名字,因为这位邯郸分行金库失窃案的主犯让中国农业银行2007年重要的股改工作一度陷入被动。从2006年11月到2007年4月,邯郸分行负责看守金库的库管员任晓峰、马向景相互勾结,在长达5个月的时间里从盗取几万元开始,发展为后来一次盗取几十万元甚至上千万元,共计盗窃现金约5 100万元,用来购买彩票。邯郸支行居然没有检查出来,本应进行每月至少3次的清查金库制度形同虚设。专业人士指出,财产清查制度在邯郸分行没有得到有效执行是该案发生的重要原因,银行金库的现金、企业的财产物资每天或每周都应进行相关清查,不盘点、没有底数将是管理上的可怕黑洞。

通过本章学习,你将了解有关财产清查的基本知识。

8.1　财产清查的意义

财产清查是指通过对各种财产物资和库存现金的实地盘点,对银行存款和债权债务的核对询证,确定财产物资、货币资金和债权债务的实存数,并与账存数核对,查明账实是否相符的一种会计核算的专门方法。

企业日常的经济业务,经过会计凭证的填制与审核、登记账簿、账证核对、账账核对等严密的处理方法,从理论上说,应该能确保账簿记录如实提供反映企业经济活动的信息。但在实际工作中,由于主客观的原因仍然会使账存数和实存数产生差异,主要包括:①由于自然条件或其他客观因素造成的在保管或加工过程中财产发生损失,致使数量短缺或质量变化;②在收发财产物资的过程中,由于工作人员的马虎或计量不准确,而发生数量、品种或质量上的差错;③财产物资发生增减变动时,没有填制凭证,漏办了入账手续,或者在填制财产收发凭证和登记财产账目时发生计算上或登记的差错;④由于保管人员管理不善,而造成财产物资短缺、坏损和霉烂变质;⑤因不法分子贪污盗窃、营私舞弊而发生的财产损失;⑥因未达账项、无法收回的债权或无法支付的债务等其他原因造成的账实不符等。

财产清查的重要意义主要表现在以下几个方面。

1. 保证账实相符,提高会计信息质量

通过财产清查可以确定各种财产的实存数,将账面结存数和实际结存数进行核对,发现账实间的差异,及时调整账簿记录,保证账簿记录真实、可靠,为信息使用者提供高质量的数据资料。

2. 促进企业改善经营管理

根据财产清查中账实不符的情况,可以发现企业在经营管理方面存在的问题,以便采取措施,有针对性地处理,不断提高企业经营管理的水平。在财产清查中:①应查明财产物资是否安全完整,有无短缺、毁损、霉变、变质、贪污偷盗的情况,如果属于管理制度不完善造成的问题,应及时完善管理制度,如果有不法行为,应给予法律制裁;②应查明财产物资的结存和利用情况,有无闲置不用、呆滞积压的财产物资,以便充分挖掘财产物资的潜力,加速资金周转;③应查明款项结算是否符合财经纪律和相关规定,及时清理各种债权、债务,促使企业严格执行财经纪律,避免发生坏账损失。

8.2　财产清查的种类和准备工作

8.2.1　财产清查的种类

按照清查的范围和时间,可将财产清查进一步进行分类。

1. 按照清查的范围分类

按照清查的范围分为全面清查和局部清查。

1）全面清查

全面清查是指对企业所有财产进行全面、彻底的盘点和核对。全面清查范围广，工作量大，涉及的人多。进行全面清查的情况通常是：①年终决算前，要进行全面清查，以保证年报资料真实、可靠；②单位撤销、合并或改变隶属关系时，为明确经济责任，需要对财产进行全面清查；③中外合资或国内联营时，需要进行全面清查；④开展清产核资或资产清查时，需要进行全面清查；⑤单位主要负责人调离工作时，需要进行全面清查。

2）局部清查

局部清查是指根据工作需要，针对某一部分财产进行清查。局部清查范围小，工作量较小，涉及的人也少但专业性较强。一般包括：①库存现金应由出纳员每日业务终了时清点；②银行存款和银行借款应每月同银行核对一次；③流动性较大的物资如存货，除年度清查外，年内需要轮流盘点或重点抽查；④各种贵重物资每月应清查一次；⑤债权债务也要在年内至少核对一至两次。

2. 按照清查的时间分类

按照清查的时间分为定期清查和不定期清查。

1）定期清查

定期清查是按预先计划安排的时间进行清查。一般是在年末、季末、月末办理结账工作时进行的。

2）不定期清查

不定期清查是指根据需要所进行的临时清查。通常在以下情况进行：①更换出纳员时对库存现金、银行存款进行的清查；②更换仓库保管员时对其所保管的财产物资进行的清查；③发生非常灾害和意外损失时，对受灾损失的财产进行的清查；④其他特殊需要，必须进行的清查等。其目的在于分清责任，查明情况。

3. 按照清查的执行系统分类

按照清查的执行系统分为内部清查和外部清查。

1）内部清查

内部清查是指由本单位内部自行组织清查工作小组所进行的财产清查工作。大多数财产清查都是内部清查。

2）外部清查

外部清查是指由上级主管部门、审计机关、司法部门、注册会计师根据国家有关规定或情况需要对本单位所进行的财产清查。通常进行外部清查时应有本单位相关人员参加。

需要注意的是，从清查范围和清查时间这两个角度对财产清查的划分不存在一一对应的关系，也就是说，定期清查可以是全面清查或局部清查，不定期清查也可以是全面清查或局部清查。财产清查的分类如图8-1所示。

8.2.2 财产清查前的准备工作

财产清查是一项复杂而又细致的工作，清查项目涉及面广，涉及人员众多。因此，必须有领导、有组织和有计划地进行。一般应成立由领导、主管人员、专业人员（包括会计人员和专业技术人员）和保管人员组成的清查小组，具体负责清查工作。准备工作主要包括以下

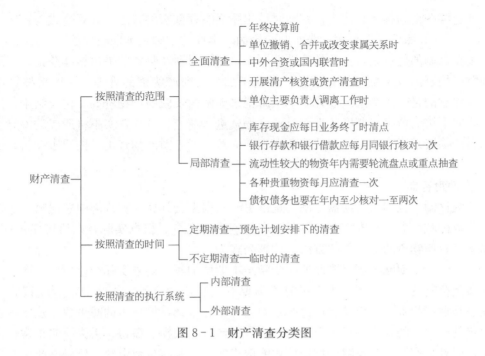

图 8-1 财产清查分类图

内容。

(1) 清查小组制订清查工作计划，明确规定清查范围和工作进度。

(2) 会计部门应把截至清查日的全部有关会计凭证登记入账，结出总账和相关明细账余额，并进行相互核对，做到账证相符、账账相符，为财产清查提供可靠依据。

(3) 财产保管人员应将财产分类整理，悬挂标签注明财产名称、规格、数量等，记好保管账卡，清查人员准备好经校正的计量仪器和必要的凭证。

8.3 财产清查的方法

财产清查的内容主要是各项财产物资、货币资金和债权债务。具体包括：①存货、固定资产等；②货币资金和有价证券；③应收款项、应付款项和银行借款等。由于财产特点各异，为确保财产清查有效发挥作用，需要对财产物资、货币资金、债权债务采取不同的方法进行清查。

8.3.1 财产物资的盘存制度

为使财产清查能顺利进行，企业需要建立财产物资的盘存制度，从账面上得出财产物资的结存数额。财产物资的盘存制度分为永续盘存制和实地盘存制两种。

1. 永续盘存制

永续盘存制，也称为账面盘存制，是指平时对各项财产物资的增加数和减少数都须根据会计凭证连续登记到相关账簿中，并随时结出账面结存数额的方法。计算公式为：

$$账面期末余额＝账面期初余额＋本期增加额－本期减少额$$

永续盘存制的优点是，会计核算手续严密，要求对财产物资的进出连续登记，能及时反映各项财产物资的收、发和结存情况，有利于加强对财产物资的管理；缺点是核算工作量大。值得注意的是，尽管永续盘存制下账簿记录能随时反映财产物资的变化及结果，但仍可能发生账实不符的情况，所以还需要对财产物资进行清查，处理账实不符造成的差异。通常企业的财产物资采用永续盘存制核算，本书前面章节对于财产物资也是按照永续盘存制来处理的。

2. 实地盘存制

实地盘存制，也称为定期盘存制，是指平时只根据会计凭证在账簿中登记财产物资的增加数，不登记减少数，月末需要对各项财产物资进行盘点，根据实际盘点所确定的实存数，倒挤出本月财产物资的减少数的方法。计算公式为：

$$本期减少额＝账面期初余额＋本期增加额－期末实际结存额$$

实地盘存制的优点在于，由于平时不需要登记财产物资的减少情况，所以核算工作量小；缺点是财产物资的减少没有经过严密的会计核算手续，倒挤出的减少数是建立在正常耗用的假定基础之上的，无法揭示由于财产物资的错发、毁损、盗窃、丢失等非正常耗用引起的减少，而且只有月末盘点财产物资后才能取得实存数和减少数资料，所以不能及时反映各项财产物资的发出和结存情况，不利于对财产物资的管理，是不完善的财产物资管理方法。只适用于无法办理出库手续的小型企业、经营鲜活商品的零售企业，或价值低且频繁发出的物资。

8.3.2 财产物资的清查方法

财产物资的清查，是指从数量和质量两个方面对存货（如原材料、在产品、库存商品）和固定资产等财产物资的清查。一般应按财产物资的实物特点，如体积、形状、重量、数量及堆放方式不同，采用实物盘点或技术推算盘点方法来查明财产物资的实存数量。

1. 实物盘点法

实物盘点法是指通过逐一清点或用计量器具来确定实存数的方法。其适用范围广泛，如包装好的存货、固定资产等。

2. 技术推算盘点法

技术推算盘点法是指通过技术推算确定实存数的方法。主要适用于散装、大量成堆、难以清点的财产物资，如矿产品、建筑用砂石等。

根据清查的财产物资数量可以确定其金额，如果难以确认实存数量，可以通过账面价值法或评估确认法等方法直接确定金额。

在财产清查过程中，实物保管人员与盘点工作人员必须同时在清查现场，以明确经济责任。清查盘点的结果，应及时登记在"盘存单"（如表 8-1 所示）上，并由盘点人和实物保管人签字或盖章。盘存单是记录实物盘点结果的书面证明，也是反映财产物资实有数的原始凭证。

表 8-1 盘存单

盘 存 单

单位名称：　　　盘点时间：　　　编号：
财产类别：　　　存放地点：

序号	名称	规格型号	计量单位	实存数量	单价	金额	备注

盘点人签章：×××　　　　　　　　　　　　　　实物保管人签章：×××

为了进一步查明盘点结果同账簿余额是否一致，还应根据"盘存单"和账簿记录编制"实存账存对比表"（如表 8-2 所示）。实存账存对比表是用来记录和反映各种财产物资的实存数和账存数及其差异的原始凭证。实际工作中，只填列账实不符的财产物资。实存账存对比表中所确定的各种财产物资的账实差异，反映了盘盈盘亏情况。实存账存对比表是调整账簿记录的依据，也是财产清查时分析差异原因、查明经济责任的根据。

表 8-2 实存账存对比表

实存账存对比表

单位名称：　　　　　　　　年　月　日

序号	名称	规格型号	计量单位	单价	实存		账存		实存与账存对比				备注
									盘盈		盘亏		
					数量	金额	数量	金额	数量	金额	数量	金额	
金额合计													

盘点人签章：　　　　　　　　　　　　　　　　　会计签章：

清查财产物资时，还应注意其质量是否完好，有无缺损、霉烂、变质、过时的情况。对于积压变质物资，应另行堆放，并填制积压变质报告单，说明情况，提出处理意见，报请审批后做出账务处理。积压变质报告单是用来记录和反映清查过程中发现的积压变质财产物资的原始凭证，如表 8-3 所示。

表 8-3 积压变质报告单

积压变质报告单

财产类别：　　　　　　　　年　月　日

编号	名称	规格	计量单位	进货单价	实存数量	金额	情况说明	处理意见

审批意见：

8.3.3 货币资金的清查方法

1. 库存现金的清查

库存现金的清查是通过实地盘点，确定库存现金的实存数，并与库存现金日记账的账面余额核对，查明盈亏情况。清查时出纳员要在场，不允许用白条抵库，也就是不能用不具有法律效力的借条、收据等抵充库存现金。现金盘点后，应根据盘点的结果及与库存现金日记账核对的情况，编制"库存现金盘点报告表"（如表8－4所示）。库存现金盘点报告表是记录和反映库存现金实有数和账实差异的原始凭证，它兼有"盘存单"和"实存账存对比表"的作用。库存现金盘点报告表应由盘点人员和出纳员共同签字盖章才能生效。

表8－4 库存现金盘点报告表

单位名称：		库存现金盘点报告表 年 月 日		
实存金额	账存金额	实存与账存对比		备注
		盘盈	盘亏	
盘点人签章：				出纳员签章：

对于有价证券的清查和库存现金清查方法相同。

2. 银行存款的清查

银行存款的清查，是通过与开户银行核对账目的方法来进行，即将企业的银行存款日记账与开户银行转来的对账单逐笔进行核对。通过核对，通常会发现双方账目不一致。造成不一致的原因，一是某一方记账有错误，二是存在未达账项。

所谓未达账项，是指企业与银行对于同一项经济业务，由于取得凭证的时间不同，导致记账时间不一致，而发生的一方已取得结算凭证已登记入账，但另一方由于未取得结算凭证尚未入账的款项。未达账项有以下四种情况。

（1）企业已收，银行未收款。例如，企业销售产品收到支票，送存银行后即可根据银行盖章退回的"进账单"回联登记银行存款增加，而银行需要等款项收妥后再登记。如果此时对账，则形成企业已收，银行未收款。

（2）企业已付，银行未付款。例如，企业开出一张支票支付采购材料款，企业可根据支票存根、发货票及收料单等凭证，登记银行存款减少，而此时银行由于持票人未兑付，尚未接到支付款项的凭证而未登记减少。如果此时对账，则形成企业已付，银行未付款。

（3）银行已收，企业未收款。例如，外地某客户给企业汇来款项，银行收到汇款单后，登记银行存款增加，企业由于尚未收到汇款凭证而未登记。如果此时对账就形成银行已收，企业未收款。

（4）银行已付，企业未付款。例如，银行接受企业委托代付水电费，银行取得支付款项的凭证，登记银行存款减少，企业由于尚未收到付款凭证而未登记。如果此时对账就形成银行已付，企业未付款。

上述任何一种情况的发生，都会使企业银行存款日记账余额与银行转来对账单的余额不符。因此，在与银行对账时，应首先查明有无未达账项，如果有未达账项可编制"银行存款余额调节表"，以便检验双方在消除未达账项的影响之后的账面余额是否一致。通常银行存款余额调节表的编制方法是，在企业和银行双方账面余额基础上，各自加上对方已收而本方未收的款项，减去对方已付而本方未付的款项。其计算公式为：

$$\text{企业银行存款日记账余额} + \text{银行已收企业未收款} - \text{银行已付企业未付款} = \text{银行对账单余额} + \text{企业已收银行未收款} - \text{企业已付银行未付款}$$

如果不存在记账错误，则经过调节后的双方余额应一致，表示企业当时实际可以动用的款项。现举例说明银行存款余额调节表的编制。

【例 8-1】新民企业 2018 年 2 月 28 日银行存款日记账余额为 80 020 元，银行对账单的余额为 77 800 元，经逐笔核对，发现有下列未达账项。

（1）2 月 26 日，企业开出转账支票 1 200 元，支付某公司款项，企业已登记入账，银行尚未入账。

（2）2 月 27 日，企业收入转账支票一张 800 元，企业已登记入账，银行尚未入账。

（3）2 月 28 日，银行代企业支付水费 520 元，银行已登记入账，企业尚未入账。

（4）2 月 28 日，企业收入一张现金支票 2 400 元，企业已登记入账，银行尚未入账。

（5）2 月 28 日，银行代企业委托收款 300 元，银行登记入账，企业尚未入账。

根据上述未达账项，编制银行存款余额调节表（如表 8-5 所示）。

表 8-5 银行存款余额调节表

银行存款余额调节表
2018 年 2 月 28 日
单位：元

项 目	金 额	项 目	金 额
企业银行存款日记账余额	80 020	银行对账单余额	77 800
加：银行已收，企业未收款 （5）银行代委托收款	+300	加：企业已收，银行未收款 （2）存入转账支票 （4）存入现金支票	+800 +2 400
减：银行已付，企业未付款 （3）银行代付水电费	-520	减：企业已付，银行未付款 （1）开出转账支票	-1 200
调节后的余额	79 800	调节后的余额	79 800

调整后的存款余额双方一致，说明双方记账一般无差错；如果双方调整后的余额仍不相等，说明企业或银行记账有误，应进一步查明更正。如果有长期存在的未达账项，应注意可能是错账。特别要说明的是，根据我国会计准则的要求，企业不需要对未达账项进行账务处理，因此不能根据银行存款余额调节表编制会计分录，必须在收到相关凭证后方可入账，银行存款余额调节表只起到对账的作用。

上述银行存款清查方法，也适用于银行借款的清查。

8.3.4 债权、债务往来款项的清查方法

各项债权、债务等结算往来款项的清查是采用发出函件查询核实的方法进行的。企业根据有关明细分类账簿记录，按经济往来单位编制"往来款项对账单"（如表 8-6 所

示），送往各往来单位查询核对各种应收、应付款项，并根据查询结果，填制"结算款项核对登记表"（如表8-7所示），针对不符情况应加注详细说明，以便进一步查明原因作出处理。

表8-6 往来款项对账单

往来款项对账单

××单位：

你单位于2018年4月15日到我公司购乙产品3 000件，已付货款9 000元，尚有5 000元货款未付，请核对后将回联单寄回。

清查单位：（盖章）
2018年12月19日

沿此虚线裁开，将以下回联单寄回！

往来款项对账单（回联）

××单位：

你单位寄来的"往来款项对账单"已收到，经核对相符无误。

××单位（盖章）
20 年 月 日

表8-7 结算款项核对登记表

结算性质		对方单位	应结金额	核对金额	备注
应收款项	1				
	2				
	3				
应付款项	1				
	2				
	3				

负责人： 制表：

8.4 财产清查结果的处理

8.4.1 财产清查结果的处理步骤

企业应按照国家有关规定，认真处理财产清查中发现的各种问题，对清查结果的处理步骤如下。

(1) 核准数字，查明原因。企业应根据财产清查的情况，核准盘盈盘亏数字，对账实间的差异原因进行分析，提出处理意见，报送有管理权限的部门批准。

(2) 调整账簿记录，做到账实相符。为保证账实相符，提供真实准确的会计信息，对于财产清查中发现的账实差异，在批准前应及时根据实存账存对比表等原始凭证编制记账凭证，并据以调整账簿记录。

(3) 经批准后进行账务处理。经过有管理权限部门的批准，企业按照批复意见进行账务处理，编制记账凭证，登记相关账簿。

(4) 积极处理问题资产，建立健全管理制度。进行财产清查后，应全面检查物资储备的定额执行情况，储备不足的物资应及时补充，多余积压的物资应根据原因及时处理，提高物资的使用效率。通过财产清查，企业应总结经验教训，建立健全财产管理制度，提高财产管理水平。

8.4.2　财产清查结果的会计处理

为了完整地核算和监督财产清查中查明的各种财产盘盈、盘亏和毁损的价值及处理情况，企业应设置"待处理财产损溢"账户。该账户按盘盈、盘亏的资产种类和项目进行明细核算，可开设"待处理流动资产损溢"和"待处理固定资产损溢"明细分类账户。该账户借方登记财产的盘亏、毁损数额及报经批准转销的盘盈数，贷方登记财产的盘盈数额及报经批准转销的盘亏、毁损数额。企业应查明财产损溢的原因，在期末结账前处理完毕，处理后"待处理财产损溢"账户应无余额，具有暂记的性质。应该注意的是，对于财产清查中债权、债务结算款项的处理，并不需要通过"待处理财产损溢"账户。

由于财产清查结果的处理需要报请审批，所以会计处理分两步进行：①报经审批前，应将已查明属实的盘盈、盘亏和毁损的数额，填制记账凭证，据以记入"待处理财产损溢"账户，调整有关财产的账面结存数额，使账存数与实存数相一致；②审批后，根据批准处理的意见，填制有关记账凭证，由"待处理财产损溢"账户转入有关账户，完成最终的账务处理工作。

1. 财产盘亏的会计处理

(1) 盘亏的库存现金，盘亏、毁损的各种材料、产成品、商品等，盘亏的固定资产，借记"待处理财产损溢"，贷记"库存现金""原材料""库存商品""固定资产"等账户，确保账实一致。材料、产成品、商品采用计划成本核算的，还应同时结转成本差异；需要转出增值税的，还应将进项税额转出。

企业已单独确认进项税额的购进货物、加工修理修配劳务或者服务、无形资产或者不动产但其事后发生非正常损失，原已计入进项税额等项目，按照现行增值税制度规定（2009年1月1日起施行的《增值税暂行条例实施细则》第二十四条），不得从销项税额中抵扣，应予以转出。其中，非正常损失是指因管理不善造成货物被盗、丢失、霉烂变质，以及因违反法律法规造成货物或者不动产被依法没收、销毁、拆除的情形。其他原因造成的资产盘亏未在不允许抵扣进项税所列情形内，如自然灾害等，发生时增值税不做处理。本书在举例及练习题中暂不考虑进项税额转出事项，后续的课程将对其进行说明。

(2) 盘亏、毁损的各项资产，按管理权限报经批准后处理时，贷记"待处理财产损溢"，按残料价值,借记"原材料"等账户,按可收回的保险赔偿或过失人赔偿,借记"其他应收款",扣除残料和赔偿后的差额,应区别不同情况借记"管理费用""营业外支出"等账户。

下面举例说明库存现金、存货和固定资产盘亏的会计处理。

【例8-2】 新民企业2018年10月31日进行库存现金清查,发现短缺50元。应作如下会计处理。

(1) 批准处理前:

 借:待处理财产损溢——待处理流动资产损溢   50
  贷:库存现金   50

(2) 若经反复核查,属于出纳员的责任,应由出纳员赔偿,批准处理后:

 借:其他应收款——出纳员××   50
  贷:待处理财产损溢——待处理流动资产损溢   50

(3) 若经反复核查,属于无法查明的其他原因,批准处理后可计入管理费用:

 借:管理费用   50
  贷:待处理财产损溢——待处理流动资产损溢   50

【例8-3】 11月30日进行盘点,发现短缺产成品2件,单位成本700元。查明原因,属于一般经营损失。应作如下会计处理。

(1) 批准处理前:

 借:待处理财产损溢——待处理流动资产损溢   1 400
  贷:库存商品   1 400

(2) 批准处理后可计入管理费用:

 借:管理费用   1 400
  贷:待处理财产损溢——待处理流动资产损溢   1 400

【例8-4】 11月30日在财产清查中,发现甲材料毁损100吨,单位成本217元,经查属于保管员过失造成,应由其赔偿15 000元;毁损材料残值5 000元;已办理入库手续;其余属一般经营损失。应作如下会计处理。

(1) 批准处理前:

 借:待处理财产损溢——待处理流动资产损溢   21 700
  贷:原材料——甲材料   21 700

(2) 批准处理后区别不同情况:

①由过失人赔偿:

 借:其他应收款——保管员××   15 000
  贷:待处理财产损溢——待处理流动资产损溢   15 000

②残料入库:

 借:原材料——甲材料   5 000
  贷:待处理财产损溢——待处理流动资产损溢   5 000

③扣除过失人的赔偿和残料后,属于一般经营损失,计入管理费用:

 借:管理费用   1 700
  贷:待处理财产损溢——待处理流动资产损溢   1 700

(3) 如果上述甲材料的毁损是由于风暴的原因造成的,根据保险合同的规定,应由保险公司赔偿 12 000 元。则作如下处理：

批准处理前：

借：待处理财产损溢——待处理流动资产损溢　　　　　　21 700
　　贷：原材料——甲材料　　　　　　　　　　　　　　　　　　21 700

批准处理后区别不同情况：

①由保险公司赔偿：

借：其他应收款——保险公司　　　　　　　　　　　　　12 000
　　贷：待处理财产损溢——待处理流动资产损溢　　　　　　　　12 000

②残料入库：

借：原材料——甲材料　　　　　　　　　　　　　　　　　5 000
　　贷：待处理财产损溢——待处理流动资产损溢　　　　　　　　 5 000

③扣除保险公司的赔偿和残料后，属于非常损失计入营业外支出：

借：营业外支出——非常损失　　　　　　　　　　　　　　4 700
　　贷：待处理财产损溢——待处理流动资产损溢　　　　　　　　 4 700

【例 8-5】 11 月 30 日在财产清查中，发现短缺机器一台，原价 24 000 元，已提折旧 16 000 元。应作如下会计处理。

(1) 批准处理前，将固定资产账面价值（即固定资产成本扣减累计折旧后的金额）转入"待处理财产损溢"：

借：待处理财产损溢——待处理固定资产损溢　　　　　　8 000
　　累计折旧　　　　　　　　　　　　　　　　　　　　16 000
　　贷：固定资产　　　　　　　　　　　　　　　　　　　　　　24 000

(2) 经批准，盘亏固定资产作营业外支出处理：

借：营业外支出——盘亏损失　　　　　　　　　　　　　　8 000
　　贷：待处理财产损溢——待处理固定资产损溢　　　　　　　　 8 000

值得注意的是，固定资产毁损的会计处理需要通过"固定资产清理"账户核算，这和存货的会计处理是不同的。

2. 财产盘盈的会计处理

(1) 盘盈的库存现金、各种材料、产成品、商品等，借记"库存现金""原材料""库存商品"等账户，贷记"待处理财产损溢"（企业如有盘盈固定资产的，应作为前期差错记入"以前年度损益调整"，具体的会计处理将在后续课程中进行说明）。

(2) 盘盈的除固定资产以外的其他财产，借记"待处理财产损溢"，贷记"管理费用""营业外收入""其他应付款"等账户。

下面举例说明库存现金、存货盘盈的会计处理。

【例 8-6】 11 月 30 日进行库存现金清查，发现长款 20 元。应作如下会计处理：

(1) 批准处理前：

借：库存现金　　　　　　　　　　　　　　　　　　　　　　20
　　贷：待处理财产损溢——待处理流动资产损溢　　　　　　　　　 20

(2) 若经反复核查，应支付有关人员，批准处理后：

借：待处理财产损溢——待处理流动资产损溢   20
　　贷：其他应付款——××   20
(3) 若经反复核查，属于无法查明的其他原因，批准处理后可计入营业外收入：
借：待处理财产损溢——待处理流动资产损溢   20
　　贷：营业外收入   20

【例8-7】 11月30日在财产清查中，发现盘盈乙材料2吨，实际单位成本195元，经查属于材料收发计量方面的错误。应作如下会计处理。

(1) 批准处理前：
借：原材料——乙材料   390
　　贷：待处理财产损溢——待处理流动资产损溢   390

(2) 批准后，冲减管理费用：
借：待处理财产损溢——待处理流动资产损溢   390
　　贷：管理费用   390

3. 债权、债务往来款项清查结果的处理

对于财产清查中债权、债务结算款项的处理，并不需要通过"待处理财产损溢"账户，而是在原来账面记录的基础上，按管理权限报经批准后，直接转账冲销。对无法收回的应收款项，借记"坏账准备"，贷记"应收账款"等账户；对无法支付的应付款项，借记"应付账款"等账户，贷记"营业外收入"。

【例8-8】 在年终财产清查中发现应收账款实际发生坏账损失2 000元。经批准后，应作如下会计处理。

借：坏账准备   2 000
　　贷：应收账款   2 000

【例8-9】 在年终财产清查中发现长期无法支付的应付账款5 000元，核实发现对方单位已解散，经批准销账。应作如下会计处理。

借：应付账款   5 000
　　贷：营业外收入   5 000

本 章 小 结

企业为了保证账实相符，提高会计信息质量，并有针对性地处理账实不符的情况，不断提高经营管理的水平，必须要对财产进行清查。财产清查按照清查的范围可分为全面清查和局部清查，按照清查的时间可分为定期清查和不定期清查。由于财产特点各异，需要对财产物资、货币资金、债权债务采取不同的方法进行清查。为使财产清查能顺利进行，企业需要建立财产物资的盘存制度，财产物资的盘存制度分为永续盘存制和实地盘存制两种。对各种财产物资的清查主要采用实物盘点和技术推算的方法；对库存现金的清查采用实地盘点的方法；对银行存款的清查采用与开户银行核对账目的方法，如果存在未达账项，需要编制银行存款余额调节表；对债权、债务往来结算款项的清查采用核对询证的方法。为了完整地核算

和监督财产清查中查明的各种财产盘盈、盘亏和毁损的价值及处理情况,企业应设置"待处理财产损溢"账户。财产清查结果的会计处理分报经审批前和审批后两个阶段进行。企业应查明财产损溢的原因,根据不同原因计入相关账户,在期末结账前处理完毕,处理后"待处理财产损溢"账户应无余额。对于财产清查中债权、债务结算款项的处理,不需要通过"待处理财产损溢"账户核算。

英文专业词汇

永续盘存制:perpetual inventory system　　实地盘存制:periodic inventory system
未达账项:account in transit　　　　　　　银行对账单:bank statement
银行存款余额调节表:bank reconciliation
待处理财产损溢:property gains and losses of suspense

本章相关法规

1. 企业会计准则第1号——存货(2006年2月15日财政部发布,自2007年1月1日起在上市公司范围内施行)

2. 企业会计准则第4号——固定资产(2006年2月15日财政部发布,自2007年1月1日起在上市公司范围内施行)

3. 企业会计准则第28号——会计政策、会计估计变更和差错更正(2006年2月15日财政部发布,自2007年1月1日起在上市公司范围内施行)

4. 企业会计准则——具体准则的应用指南(2006年10月30日财政部发布,自2007年1月1日起施行,2014年至2018年修订了部分具体准则的应用指南)

5. 会计基础工作规范(1996年6月17日财政部发布并实施)

6. 中华人民共和国增值税暂行条例(1993年12月13日中华人民共和国国务院令第134号公布,2008年11月5日国务院第34次常务会议修订通过,2016年2月6日《国务院关于修改部分行政法规的决定》第一次修订,2017年11月19日,《国务院关于废止〈中华人民共和国营业税暂行条例〉和修改〈中华人民共和国增值税暂行条例〉的决定》第二次修订)

7. 中华人民共和国增值税暂行条例实施细则(2008年12月18日财政部、国家税务总局令第50号公布,根据2011年10月28日《关于修改〈中华人民共和国增值税暂行条例实施细则〉和〈中华人民共和国营业税暂行条例实施细则〉的决定》修订,自2011年11月1日起施行)

阅读材料

美国杰出的会计师——威廉·佩顿

在 1987 年美国注册会计师协会（AICPA）百年华诞之际，威廉·佩顿被评为 100 年间美国最杰出的会计师之一。威廉·佩顿于 1917 年在密歇根大学获博士学位，退休前一直执教于密歇根大学会计学院。佩顿是会计理论的先驱者之一，1922 年，佩顿出版了经典名著《会计理论：以公司为中心》，是早期倡导会计主体观的代表作；1940 年，佩顿与利特尔顿合作出版了《公司会计准则绪论》，该书在收益计量上强调损益表，突出收益与成本的匹配，对会计理论和实务产生了深远的影响，被认为是经典的、具有开创性的会计理论著作。佩顿以雄辩的口才和犀利的文笔见长，他还是美国第一位运用真实案例编写会计教科书的作者。1922 年，年仅 32 岁的佩顿便成为美国会计学会（AAA）主席，这也是 AAA 历史上最年轻的主席。1926 年，佩顿创办了《会计研究》（*Accounting Review*）杂志，并亲自担任主编，这也是会计学界最早的学术性杂志。1939—1950 年，佩顿作为学术界的代表参加了美国会计程序委员会（CAP）。CAP 共发表了 51 份会计研究公告，其中 33 份上印有佩顿的名字，这在美国会计史上也属空前绝后。

学术论文参考

[1] 王辉. 西方会计名家掠影（3）：威廉·安德鲁·佩顿. 会计之友，2008（1）.

[2] PATON W A. A tentative statement of accounting principles affecting corporate reports. Accounting review，1936（6）.

[3] PATON W A，LITTLETON A C. Accounting principles underlying corporate financial statements. Accounting review，1941（6）.

[4] 张松. 政府补助准则修订后部分会计处理问题探析. 财务与会计，2017（20）.

[5] 郑红. 资产处置收益对利润表信息质量的影响. 会计师，2018（3）.

本章练习题

一、单项选择题

1. 一般说来，单位撤销、合并或改变隶属关系时，要进行（　　）。

A. 全面清查 B. 局部清查
C. 实地盘点 D. 技术推算

2. 下列情况中，适合采用局部清查的方法进行财产清查的是（　　）。
A. 年终决算时 B. 企业合并时
C. 进行清产核资时 D. 现金和银行存款的清查

3. 对于财产清查中所发现的财产物资盘盈、盘亏和毁损，财会部门进行账务处理依据的原始凭证是（　　）。
A. 盘存单 B. 实存账存对比表
C. 入库单 D. 银行存款余额调节表

4. 使"库存现金盘点报告表"生效的签章方是（　　）。
A. 经理和出纳 B. 会计和盘点人员
C. 盘点人员和出纳 D. 会计和出纳

5. 下列项目的清查应采用向有关单位发函询证核对账目的方法的是（　　）。
A. 原材料 B. 应收账款
C. 实收资本 D. 固定资产

6. 在记账无误的情况下，银行对账单与银行存款日记账账面余额不一致的原因是（　　）。
A. 应付账款 B. 应收账款
C. 外埠存款 D. 未达账项

7. 盘亏及毁损财产物资的数额中属于责任者个人赔偿的，应记入（　　）。
A. "其他应收款"账户借方 B. "营业外支出"账户的借方
C. "管理费用"账户的借方 D. "其他应收款"账户的贷方

8. 无法支付的应付账款在按规定的程序批准后，应贷记的账户是（　　）。
A. 待处理财产损溢 B. 管理费用
C. 应收账款 D. 营业外收入

9. 下列财产物资中，可以采用技术推算法进行清查的是（　　）。
A. 库存现金 B. 固定资产
C. 煤炭等大宗物资 D. 应收账款

10. 对于银行已经收款而企业尚未入账的未达账项，企业应作的处理为（　　）。
A. 以"银行对账单"为原始记录将该业务入账
B. 根据"银行存款余额调节表"和"银行对账单"原始凭证入账
C. 在编制"银行存款余额调节表"的同时入账
D. 待有关结算凭证到达后入账

二、多项选择题

1. 财产清查，按清查的时间可分为（　　）。
A. 全面清查 B. 局部清查
C. 定期清查 D. 不定期清查
E. 专项清查

2. 永续盘存制对各项财产物资的记录（　　）。

A. 平时根据会计凭证登记增加数　　B. 平时根据会计凭证登记减少数
C. 能随时结出账面余额　　　　　　D. 不便于进行会计监督
E. 定期仍需要进行财产清查

3. 未达账项通常有（　　）。
   A. 企业已记存款增加而银行尚未记账　　B. 企业已记存款减少而银行尚未记账
   C. 银行已记存款增加而企业尚未记账　　D. 银行已记存款减少而企业尚未记账
   E. 企业已记存款增加但数额有误

4. 在财产清查结果的账务处理中，经批准计入"营业外支出"的有（　　）。
   A. 固定资产盘亏净损失
   B. 自然灾害造成的原材料损失
   C. 坏账损失
   D. 责任事故造成的应由责任人承担的流动资产损失
   E. 无法查明原因的库存现金盘亏

5. 关于"待处理财产损溢"账户，正确的表述是（　　）。
   A. 借方登记盘亏、毁损数额及报经批准转销的盘盈数额
   B. 贷方登记盘盈数额及报经批准转销的盘亏、毁损数额
   C. 借方登记盘盈数额及报经批准转销的盘亏、毁损数额
   D. 贷方登记盘亏、毁损数额及报经批准转销的盘盈数额
   E. 在期末结账前查明盘亏、盘盈的原因，处理完毕后该账户应无余额

三、判断题

1. 造成账实不符的原因，是工作上的差错。　　　　　　　　　　　　　　（　　）
2. 在一般情况下，全面清查既可以是定期清查，也可以是不定期清查。　（　　）
3. 进行财产清查时，如发现账存数小于实存数，即为盘亏。　　　　　　（　　）
4. 企业在银行可实际动用的存款应是银行对账单上列明的余额。　　　　（　　）
5. 对于财产清查结果的账务处理一般分两步进行，即审批前先调整有关账面记录，审批后转入有关账户。（　　）

四、思考题

1. 什么是财产清查？其重要意义如何？
2. 说明造成账实不符的原因。
3. 比较永续盘存制和实地盘存制。
4. 对财产物资、货币资金、债权债务的清查应采取何种方法？
5. 什么是未达账项？未达账项有几种情况？
6. 如何编制"银行存款余额调节表"？
7. 试述"待处理财产损溢"账户的用途和结构。
8. 如何进行库存现金、存货的盘盈的会计处理？
9. 如何进行库存现金、存货、固定资产的盘亏的会计处理？

五、业务题

1. 东方公司 2018 年 9 月 30 日银行存款日记账余额为 329 200 元,银行对账单上的余额为 328 400 元,经逐笔核对后,查明有以下几笔未达账项。

(1) 公司于 9 月 30 日存入银行从其他单位收到的转账支票一张,计 36 000 元,银行尚未入账。

(2) 公司于 9 月 30 日开出的转账支票 6 400 元,持票人尚未到银行办理转账,银行尚未入账。

(3) 公司委托银行代收外埠销货款 31 200 元,银行已收到入账,但公司尚未收到银行的收款通知,没有入账。

(4) 银行代付的电话费 4 000 元,公司尚未收到银行的付款通知,没有入账。

(5) 银行计算的存款利息 1 600 元,已记入公司存款户,但公司尚未入账。

要求:根据上述资料编制"银行存款余额调节表"。

2. 东方公司在财产清查中,发现下列情况。

(1) 库存现金清查时发现短缺 30 元,若经反复核查,属于无法查明的其他原因,批准处理后计入管理费用。

(2) 甲材料账存数为 4 800 千克,单价每千克 50 元,实存数为 4 790 千克,盘亏 10 千克,经查属一般经营损失,批准后转入管理费用。

(3) 盘盈产成品 5 000 元,批准后冲减管理费用。

(4) 乙材料发生毁损,实际成本 17 000 元,经查是由台风袭击仓库所致,保险公司应赔偿 12 000 元,残料已办理入库手续,价值 3 000 元,批准后作为营业外支出处理。

(5) 丁材料账面余额 365 千克,单价 160 元,实存数为 360 千克,盘亏 5 公斤,经查系保管人员失职造成的损失,批准责令其赔款,赔款尚未收到。

(6) 盘亏机器一台,账面原价为 65 000 元,已提折旧为 4 000 元,经批准作为营业外支出处理。

要求:根据以上经济业务,编制会计分录。

3. 东方公司在财产清查中,查明:

(1) 应收黄海工厂货款 1 250 元,因该厂已破产,确实无法收回,经批准冲销坏账;

(2) 欠清风工厂货款 2 000 元,因该厂解散,确实无法偿还,经批准冲销应付账款。

要求:根据以上经济业务,编制会计分录。

第9章 财务会计报告

【学习目标】

对外报送的会计报表是财务会计报告的核心,本章阐述编制会计报表这一重要的信息输出环节。通过本章的学习,要求:(1) 了解编制财务会计报告的意义;(2) 明确会计报表的分类;(3) 熟悉编制会计报表的基本要求;(4) 掌握资产负债表和利润表的格式、内容与编制方法;(5) 清楚现金流量表、所有者权益变动表和会计报表附注的基本内容;(6) 初步了解评价企业的主要财务比率指标。

【案例或故事】

为什么需要现金流量表?

W. T. Grant 公司由 William Thomas Grant 创立于 1906 年,其后凭借适度的利润快速发展成为美国一家知名的全国性零售大卖场。1936 年,其销售额就达到近 1 亿美元;1972 年,该公司在全国拥有约 1 200 个分店。但 1976 年,公司却陷入破产并最终倒闭。当时,许多人对这次破产事件深感意外,因为直至公司宣告破产,公司连年的利润表均显示为盈利。为什么净利润为正数的公司会在一年后宣告破产?日后人们发现,1969 年的美国正处于经济繁荣期,W. T. Grant 公司积极扩张、与竞争对手展开交锋、实施宽松的客户信用政策,使得利润质量被严重扭曲。公司经营活动的净现金流量从 1970 年起就开始出现负数。1973 年,美国开始出现经济停滞与衰退,公司客户的信用状况恶化;1974 年,W. T. Grant 公司经营活动净现金流量高达约 −1.1 亿美元。如果能及时分析现金流量情况,投资者将会对 W. T. Grant 公司做出更理智的判断。

通过本章学习,你将掌握有关财务会计报告的基本知识。

9.1 财务会计报告概述

9.1.1 编制财务会计报告的意义

《企业会计准则——基本准则》规定,财务会计报告是指企业对外提供的反映企业某一特定日期的财务状况和某一会计期间的经营成果、现金流量等会计信息的文件。财务会计报告的目标是向财务会计报告使用者提供与企业财务状况、经营成果和现金流量等有关的会计信息,反映企业管理层受托责任履行情况,有助于财务会计报告使用者作出经济决策。财务会计报告使用者包括投资者、债权人、政府及其有关部门和社会公众等。

会计是提供以财务信息为主,为企业内外部有关各方经济决策服务的经济信息系统,是经济管理的重要组成部分。财务会计报告是会计系统的最终成果,企业通过财务会计报告这一输出环节将财务信息传递给信息使用者。编制财务会计报告是会计工作的重要内容,其意义如下。

1. 满足外部信息使用者的共同需求

企业外部信息需求者众多,其目的各不相同。虽然人们无法确切地知晓各信息使用者的具体信息需求,但对于企业而言,最主要的外部信息需求者使用财务信息的目的是:一方面应提供接受出资人财产委托的企业管理层受托责任履行情况,另一方面应有助于信息使用者作出各种经济决策。他们都需要企业提供能总括反映其财务状况、经营成果和现金流量等方面的信息。会计系统正是通过财务会计报告来满足外部信息使用者共同需求的。

2. 高度综合、系统地反映企业的经济活动

承载会计信息的关键环节是会计凭证、会计账簿、财务会计报告。虽然会计凭证可以将企业日常发生的经济业务如实、正确地记录,但由于会计凭证数量繁多而分散,提供的会计信息庞杂且孤立,如果将凭证信息直接报告给外部信息使用者,既无法全面、系统地反映企业的经济活动全貌,也不利于保护企业的商业秘密,还将导致信息泛滥。会计账簿在凭证的基础上,通过对企业全部经济业务进行序时、分类的核算,将分散在会计凭证中的信息系统化地整理,既能分门别类地提供相关的总括信息,也能反映各项经济活动的详细情况,可以完整地反映企业财务状况、经营成果和现金流量,但对于企业外部信息使用者来说,账簿信息仍然分散在各账页中,而且不够简洁、凝练。财务会计报告是对账簿信息和其他相关资料进行的再加工,在信息质量、信息数量方面,能高度综合、系统地反映企业的经济活动,支持使用者作出决策,更适合于外部信息用户使用。

9.1.2 财务会计报告的组成

财务会计报告包括会计报表及其附注和其他应当在财务会计报告中披露的相关信息和资料。财务会计报告分为年度、半年度、季度和月度财务会计报告。半年度、季度和月度财务会计报告统称为中期财务会计报告。

1. 会计报表

会计报表也称财务报表,是对企业财务状况、经营成果和现金流量的结构性表述。一套完整的、对外报送的会计报表至少应当包括资产负债表、利润表、现金流量表、所有者权益(或股东权益)变动表和附注,报表的各个组成部分具有同等重要程度。

(1)资产负债表是反映企业在某一特定日期的财务状况的会计报表,提供企业在该日期所拥有的资产、需偿还的债务及出资人(股东)拥有的净资产情况。

(2)利润表是反映企业在一定会计期间的经营成果的会计报表,反映企业在一定会计期间的净利润(亏损)情况,表明企业运用资产的获利能力。

(3)现金流量表是反映企业在一定会计期间的现金和现金等价物流入和流出的会计报表,反映企业不同活动对现金和现金等价物变化的影响,表明企业获得现金和现金等价物的能力。

(4)所有者权益变动表是反映构成所有者权益的各组成部分当期的增减变动情况的会计报表,有助于分析引起所有者权益变动的原因并预测未来的变动趋势。

(5)附注是对在资产负债表、利润表、现金流量表和所有者权益变动表等报表中列示项目的文字描述或明细资料,以及对未能在这些报表中列示项目的说明等。附注是会计报表不可或缺的组成部分。

2. 其他应披露的相关信息和资料

除对外报送的会计报表外,企业还需在财务会计报告中披露有助于信息使用者作出经济决策的其他相关信息和资料,包括企业的生产经营情况、盈亏情况及利润的分配情况,资金周转及其增减变动情况,对企业财务状况、经营成果和现金流量有重大影响的其他事项等。通常,与对外报送的会计报表相比,其他相关信息和资料具有更灵活的特点,可以不必源于日常会计核算资料,不必采用数字和文字相结合的方式,不必存在严格的数量钩稽关系,也不必经由会计规范严格约束。

总之,对外报送的会计报表是财务会计报告的核心部分,其他应当在财务会计报告中披露的相关信息和资料是财务会计报告的必要补充。需要说明的是,财务会计报告是为满足企业外部信息使用者的共同需求在会计准则规定下提供的,其包含的会计报表是指企业对外报送的会计报表,会计准则对其规定了统一格式和编制要求。实际上,企业还可自行规定内部管理所需的会计报表(对内的会计报表)。对外报送的会计报表是我们深入研究的重点。

9.1.3 会计报表的分类

会计报表是按照一定格式在整理、汇总日常会计核算资料的基础上定期编制的,用来集中、总括地反映企业在某一特定日期的财务状况及某一特定时期的经营成果和现金流量的报告文件。编制会计报表也是会计核算的专门方法之一。

会计报表主要可以从编报期间、编报主体和反映资金运动形态方面进行划分。

1. 按编报期间分类

会计报表按编报期间,可以分为年报和中报。年报是年终编制的报表;中报则是指短于一个完整的会计年度的报告期间所编报的报表,包括月报、季报和半年报。中报里的会计报表至少应当包括资产负债表、利润表、现金流量表和附注。与年报相比,中报的附注披露可适当简略,但格式和内容应和年报一致。

2. 按编报主体分类

会计报表按编报主体,可以分为个别会计报表和合并会计报表。个别会计报表是由企业在自身会计核算基础上对账簿记录进行加工而编制的会计报表,主要反映企业自身财务状况、经营成果和现金流量情况。合并会计报表是以母公司和子公司组成的企业集团为会计主体,根据母公司和所属子公司各自的会计报表,由母公司编制的综合反映企业集团财务状况、经营成果和现金流量的会计报表。

3. 按反映资金运动形态分类

会计报表按其反映资金运动形态的不同,可以分为静态会计报表和动态会计报表。企业的生产经营活动持续进行,形成了资金运动,资金运动有绝对运动和相对静止两种状态。资产负债表属于静态会计报表,利润表、现金流量表、所有者权益变动表属于动态会计报表。

上述对会计报表所进行的划分如图9-1所示。

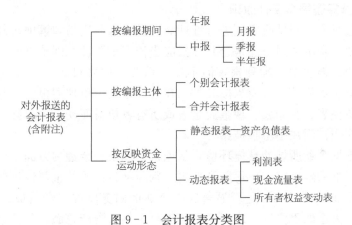

图9-1 会计报表分类图

9.1.4 会计报表的编制要求

为了保证会计信息的质量,使之为使用者进行决策提供服务,编制会计报表必须符合以下要求。

1. 以持续经营为基础,按正确的会计核算基础编制

企业应当以持续经营为基础,根据实际发生的交易和事项,按照《企业会计准则——基本准则》和其他各项会计准则的规定进行确认和计量,在此基础上编制财务报表。企业不应以附注披露代替确认和计量,不恰当的确认和计量也不能通过充分披露相关会计政策而纠正。如果按照各项会计准则规定披露的信息不足以让报表使用者了解特定交易或事项对企业财务状况和经营成果的影响时,企业还应当披露其他的必要信息。

在编制财务报表的过程中,企业管理层应当利用所有可获得信息来评价企业自报告期末起至少12个月的持续经营能力。评价时需要考虑宏观政策风险、市场经营风险、企业目前或长期的盈利能力、偿债能力、财务弹性以及企业管理层改变经营政策的意向等因素。评价结果表明对持续经营能力产生重大怀疑的,企业应当在附注中披露导致对持续经营能力产生重大怀疑的因素以及企业拟采取的改善措施。企业如有近期获利经营的历史且有财务资源支持，则通常表明以持续经营为基础编制财务报表是合理的。企业正式决定或被迫在当期或将在下一个会计期间进行清算或停止营业的，则表明以持续经营为基础编制财务报表不再合理。在这种情况下，企业应当采用其他基础编制财务报表，并在附注中声明财务报表未以持续经营为基础编制的事实、披露未以持续经营为基础编制的原因和财务报表的编制基础。

除现金流量表按照收付实现制原则编制外，企业应当按照权责发生制原则编制财务报表。

2. 报表项目列报的一致性

可比性是重要的会计信息质量要求，会计报表项目的列报应当在各个会计期间保持一致，不得随意变更，但会计准则要求改变会计报表项目的列报，或者企业经营业务的性质发生重大变化或对企业经营影响较大的交易或事项发生后，变更会计报表项目的列报能够提供更可靠、更相关的会计信息的除外。

3. 报表项目选择遵循重要性原则

会计报表通过对大量交易或事项进行处理而生成，这些交易和事项按其性质或功能汇总形成报表项目。项目是单独列报还是合并列报应当依据重要性原则来判断。性质或功能不同的项目，应当在会计报表中单独列报，但不具有重要性的项目除外；性质或功能类似的项目，其所属类别具有重要性的，应当按其类别在会计报表中单独列报；某些项目的重要性程度不足以在资产负债表、利润表、现金流量表或所有者权益变动表中单独列示，但对附注却具有重要性，则应当在附注中单独披露。

重要性应当根据企业所处的具体环境，从项目的性质和金额两方面予以判断，且对各项目重要性的判断标准一经确定，不得随意变更。判断项目性质的重要性，应当考虑该项目在性质上是否属于企业日常活动、是否显著影响企业的财务状况、经营成果和现金流量等因素；判断项目金额大小的重要性，应当考虑该项目金额占资产总额、负债总额、所有者权益总额、营业收入总额、营业成本总额、净利润、综合收益总额等直接相关项目金额的比重或所属报表单列项目金额的比重。在编制报表时必须明确，报表项目虽然主要依据账户记录填列，但两者并不相同。

4. 报表项目按总额列报

会计报表中的项目应按照总额列报，资产项目和负债项目的金额、收入项目和费用项目的金额、直接计入当期利润的利得项目和损失项目的金额不得相互抵消，以保证信息的完整性，除非其他会计准则另有规定。但对于资产项目按扣除减值准备后的净额列示，对于非日常活动产生的利得和损失以同一交易形成的收益扣减相关费用后的净额列示更能反映交易实质的，一组类似交易形成的利得和损失以净额列示（如果这些利得和损失具有重要性，应单独列报），不属于抵消。

5. 提供前期比较数据

当期会计报表的列报，至少应当提供所有列报表项目的上一可比会计期间的比较数据，以及与理解当期报表相关的说明，以便使信息使用者根据对比数据，判断企业的发展趋势，但其他会计准则另有规定的除外。报表项目的列报内容发生变更的，应当至少对可比期间的数据按照当期的列报要求进行调整，并在附注中披露调整的原因和性质，以及调整的各项目金额。对可比数据进行调整不切实可行的，应当在附注中披露不能调整的原因。

6. 报表组成内容完整，说明清楚

会计报表应符合规定的格式和内容，通常由表首、正表和附注三部分组成。在会计报表的表首部分至少披露下列各项：①编报企业的名称；②资产负债表日或报表涵盖的会计期间；③人民币金额单位；④报表是合并会计报表的，应当予以标明。会计报表不得漏报或者任意取舍信息，应使信息使用者全面、完整地了解企业的整体情况，且会计报表附注应对会计报表中需要说明的事项作出真实、完整、清楚的说明。

7. 报表数据真实可靠

企业应当编制和对外提供真实的会计报表，报表所填列的数据必须可靠，能准确地反映企业的财务状况和经营成果、现金流量。不得以估计数字填列报表，更不得弄虚作假、篡改伪造数字。应做到以下两个方面。

（1）在编制会计报表前，①报告期内所有的经济业务必须全部登记入账，应根据核对无误的账簿记录编制报表；②认真核对账簿记录，做到账证相符、账账相符，发现有不符之处，应先查明原因，加以更正，再据以编制报表；③进行财产清查，对各项财产物资、货币资金和往来款项进行盘点、核实，在账实相符的基础上编制报表；④按规定的结账日进行结账，结出有关会计账簿的余额和发生额，并核对各会计账簿之间的余额；⑤检查相关的会计核算是否按照国家统一的会计制度的规定进行；⑥检查是否存在因会计差错、会计政策变更等原因需要调整前期或本期相关项目的情况等。

（2）在编制会计报表时，要按照要素确认和计量的标准进行，核对报表之间的数字，有钩稽关系的数字应认真核对，本期报表与上期报表之间的数字应相对衔接一致，本年度报表与上年度报表之间相关指标数字应衔接一致。

8. 报表编报及时

会计信息的使用价值受到时效性的制约，企业应按照规定的时间编制、报送会计报表。企业至少应当按年编制会计报表。年报涵盖的期间短于一年的，应当披露年报的涵盖期间，以及短于一年的原因和报表数据不具可比性的事实。企业及时报送报表的要求是：月报应于月度终了后6日内，季报应于季度终了后15日内，半年报应于半年终了后的60日内，年报应于年度终了后连续的4个月内提供。

9.2 资产负债表

9.2.1 资产负债表的作用

资产负债表是依据"资产＝负债＋所有者权益"这一基本会计等式编制的，按照一定的分类标准和一定的顺序将相关项目进行适当排列，总括地反映企业在某一特定日期财务状况的会计报表。某一特定日期是指会计期末，如月末、季末、半年末或年末，而财务状况是指企业特定日期的资产、负债和所有者权益情况。资产负债表是静态的会计报表。

资产负债表能够提供企业在某一特定日期所掌握的经济资源、所承担的债务、企业所有者持有的权益等会计信息。它反映的是企业在以往经营活动结果的基础上，经过本期的生产经营，取得新成果后所形成的企业最终财务状况，因此，资产负债表显示的是企业截至该特定日期的全部经济业务对财务状况的累积影响。资产负债表的作用表现在以下四个方面。

（1）资产负债表提供了企业经济资源的总体情况和具体分布，为管理层评价企业资产构成，改善经营管理和提高管理水平提供依据。

（2）资产负债表说明了企业资金来源渠道和构成，为投资者和债权人分析企业财务风险、监督企业合理使用资金提供依据。

（3）通过对资产负债表相关项目的分析，可了解企业财务实力、偿债能力和支付能力，为投资者和债权人作出投资和信贷决策提供依据。

（4）通过对资产负债表前后期的比较数据分析，可了解企业资金结构的变化情况，管理层、投资者和债权人可据此掌握企业财务状况的变化趋势。

9.2.2 资产负债表的格式和内容

1. 资产负债表的格式

资产负债表正表部分的格式主要有账户式和报告式两种。

1）账户式资产负债表

其直接依据"资产＝负债＋所有者权益"等式，采用左右对称排列的结构列示财务信息，资产列于报表左侧（借方），而负债和所有者权益列于报表右侧（贷方），且左（借）右（贷）两方总额相等，这种格式因类似"T"形账户而得名，如表9-1所示。我国规定采用账户式资产负债表格式。

表9-1 账户式资产负债表

资产负债表

编制单位：××公司　　　　　　　　××年×月×日　　　　　　　　单位：元

资产		负债及所有者权益	
各项目	×××	负债	
		各项目	×××
		负债合计	××××
		所有者权益	
		各项目	×××
		所有者权益合计	××××
资产总计	××××	负债及所有者权益总计	××××

这种格式的资产负债表将资产负债表的形式和内容有机地统一起来，揭示了项目之间的内在钩稽关系，让使用者清楚地了解企业所控制的资源和资源的来源渠道，也便于对资产负债表进行结构分析，为世界各国广泛采用。

2）报告式资产负债表

其依据"资产＝负债＋所有者权益"或"资产－负债＝所有者权益"等式，将资产、负债和所有者权益项目按纵向顺序排列,称为垂直报告式资产负债表,如表9-2所示。

表9-2 报告式资产负债表

资产负债表		
编制单位:××公司	××年×月×日	单位:元
资产		
各项目		×××
资产合计		××××
负债		
各项目		×××
负债合计		××××
所有者权益		
各项目		×××
所有者权益合计		××××

此外,还有财务状况式资产负债表。其依据"流动资产－流动负债＝营运资本"和"营运资本＋非流动资产－非流动负债＝所有者权益"等式编制,重视对衡量企业短期偿债能力的营运资本进行揭示,有利于使用者清晰了解企业支付能力情况。

2. 资产负债表的内容

资产负债表的内容就是企业在特定日期的资产、负债和所有者权益状况。因此,资产负债表应按照资产、负债和所有者权益分类列报。为了方便信息使用者的理解和作出相关决策,还应在三大类别的基础上按照一定的详细分类标准对资产、负债和所有者权益进行进一步细分,还需按照一定的顺序将相关项目进行适当排列。具体包括以下内容。

(1) 资产按照流动性分为流动资产和非流动资产列示。主要包括如下项目:货币资金、以公允价值计量且其变动计入当期损益的金融资产、应收款项、预付款项、存货、被划分为持有待售的非流动资产及被划分为持有待售的处置组中的资产、可供出售金融资产、持有至到期投资、长期股权投资、投资性房地产、固定资产、生物资产、无形资产和递延所得税资产。流动性强的资产其列报顺序占先,并应分别列示流动资产、非流动资产的小计项目与资产的总计项目。

(2) 负债按照流动性分为流动负债和非流动负债列示。主要包括如下项目:短期借款、以公允价值计量且其变动计入当期损益的金融负债、应付款项、预收款项、应付职工薪酬、应交税费、被划分为持有待售的处置组中的负债、长期借款、应付债券、长期应付款、预计负债和递延所得税负债。流动性强的负债其列报顺序占先,并应分别列示流动负债、非流动负债的小计项目和负债的合计项目。

(3) 所有者权益不存在流动性和期限的问题,按照净资产的不同来源和特定用途分为实收资本(或股本)、资本公积、其他综合收益、盈余公积和未分配利润等项目,并应列示所有者权益的合计项目,负债与所有者权益之和的总计项目。

资产负债表的格式和内容如表9-3所示。

表 9-3　资产负债表

资产负债表

会企 01 表

编制单位：　　　　　　　　　　　　　年　　月　　日　　　　　　　　　　　　　　　　单位：元

资产	期末余额	年初余额	负债和所有者权益（或股东权益）	期末余额	年初余额
流动资产：			流动负债：		
货币资金			短期借款		
以公允价值计量且其变动计入当期损益的金融资产			以公允价值计量且其变动计入当期损益的金融负债		
衍生金融资产			衍生金融负债		
应收票据及应收账款			应付票据及应付账款		
预付款项			预收款项		
其他应收款			应付职工薪酬		
存货			应交税费		
持有待售资产			其他应付款		
一年内到期的非流动资产			持有待售负债		
其他流动资产			一年内到期的非流动负债		
流动资产合计			其他流动负债		
非流动资产：			流动负债合计		
可供出售金融资产			非流动负债：		
持有至到期投资			长期借款		
长期应收款			应付债券		
长期股权投资			其中：优先股		
投资性房地产			永续债		
固定资产			长期应付款		
在建工程			预计负债		
生产性生物资产			递延收益		
油气资产			递延所得税负债		
无形资产			其他非流动负债		
开发支出			非流动负债合计		
商誉			负债合计		
长期待摊费用			所有者权益（或股东权益）：		
递延所得税资产			实收资本（或股本）		
其他非流动资产			其他权益工具		
非流动资产合计			其中：优先股		
			永续债		
			资本公积		
			减：库存股		
			其他综合收益		
			盈余公积		
			未分配利润		
			所有者权益（或股东权益）合计		
资产总计			负债和所有者权益（或股东权益）总计		

注：根据《关于修订印发 2018 年度一般企业财务报表格式的通知》，此报表格式适用于尚未执行新金融准则和新收入准则的企业。

9.2.3 资产负债表的编制

1. 资产负债表的编制方法

根据会计准则的要求,报表需要提供比较数据,以便使用者掌握企业财务状况的变动情况和发展趋势,因此在资产负债表中,需要设置"年初余额"和"期末余额"两栏分别填列。

1)年初余额

资产负债表中"年初余额"栏各项的金额,应按上年年末资产负债表中"期末余额"栏中的金额填列。如果本年度资产负债表中规定的各项目的名称和内容与上年度不一致,应对上年年末资产负债表各项的名称和数字按照本年度的规定进行调整,再将调整后数字填入表中的"年初余额"栏。

2)期末余额

资产负债表的编表资料主要反映特定日期财务状况的资产、负债和所有者权益等账户的期末余额,但必须明确的是,这并不意味着账簿信息可全部直接填列到报表中来。报表项目和账户记录不是等同的概念,不具有完全一一对应的关系,填列报表项目时需要对账簿记录进行再加工、整理,形成高度浓缩、全面反映企业财务状况的资产负债表,以满足外部信息使用者的需求。因此,"期末余额"栏目的金额填列比较复杂,通常需要通过以下几种方式取得。

(1)报表项目根据总账余额直接填列。资产负债表中的很多项目,都可根据总账的期末余额直接填列。如"短期借款""实收资本""资本公积"等项目。

(2)报表项目根据总账的余额计算填列。资产负债表中的某些项目,需要根据若干个总账账户的期末余额计算填列。如"货币资金"项目,就是根据"库存现金""银行存款""其他货币资金"账户的余额相加得到的。

(3)报表项目根据明细账余额计算填列。如"开发支出"项目是根据"研发支出"科目中所属的"资本化支出"明细科目期末余额填列;"应付职工薪酬"项目是根据"应付职工薪酬"科目的明细科目期末余额计算填列。需要根据明细账余额分析填列时,应特别注意虽然报表项目名称和账户名称完全一致,但并不能按照总账余额直接填报表项目。如某些债权、债务账户,其总账数额只表示债权和债务相抵后的差额,不是单纯的资产或单纯的负债,所以不能按总账余额填列报表项目,而应对各个明细科目具体分析填列。如"应付账款"项目应根据"应付账款"和"预付账款"各有关明细账的期末贷方余额合计填列。

(4)报表项目根据总账和明细账余额分析填列。有些项目需要分析总账和明细账余额后再计算填列。例如,"长期借款"项目是根据"长期借款"总账的期末余额减去"长期借款——一年内到期的长期借款"明细账的余额后填列。

(5)根据相关账户余额减去备抵账户(或加上附加账户)后的数额填列。如"长期股权投资""在建工程"等项目是根据"长期股权投资""在建工程"等账户减去"长期股权投资减值准备""在建工程减值准备"等备抵账户余额后的净额填列。

(6)综合运用上述填列方法分析填列。如资产负债表中的"存货"项目,应根据"材料采购"(或"在途物资")、"原材料""材料成本差异""生产成本""库存商品""周转材料"

"发出商品""委托加工物资""商品进销差价"等账户的期末余额合计减去"存货跌价准备"账户期末余额后的金额填列。"应付票据及应付账款"项目是根据"应付票据"账户的期末余额,以及"应付账款"和"预付账款"所属的相关明细账户的期末贷方余额合计数填列。"其他应收款"项目是根据"应收利息""应收股利""其他应收款"账户的期末余额合计数,减去"坏账准备"中相关坏账准备期末余额后的金额填列。

3)资产负债表各项目的具体填列方法

(1)"货币资金"项目:反映企业库存现金、银行结算户存款、外埠存款、银行汇票存款、银行本票存款、信用卡存款、信用证保证金存款等的合计数。本项目应根据"库存现金""银行存款""其他货币资金"账户的期末余额合计数填列。

(2)"以公允价值计量且其变动计入当期损益的金融资产"项目:反映企业持有的以公允价值计量且其变动计入当期损益的为交易目的所持有的债券投资、股票投资、基金投资、权证投资等金融资产。本项目应根据"交易性金融资产"相关明细账户期末余额分析填列。

(3)"应收票据及应收账款"项目:反映资产负债表日以摊余成本计量的、企业因销售商品、提供服务等经营活动应收取的款项,以及收到的商业汇票,包括银行承兑汇票和商业承兑汇票。本项目应根据"应收账款"和"预收账款"所属各明细账户的期末借方余额合计加上"应收票据"账户的期末余额,减去"坏账准备"科目中相关坏账准备期末余额后的金额填列。

(4)"预付款项"项目:反映企业预付给供应单位的款项。本项目应根据"预付账款"和"应付账款"账户所属各明细账的期末借方余额合计数,减去相关坏账准备期末余额后的净额填列。如"预付账款"所属有关明细账期末有贷方余额的,应在资产负债表"应付票据及应付账款"项目内填列。

(5)"其他应收款"项目:反映企业除去应收票据、应收账款及预付款项之外的其他应收和暂付款项。本项目应根据"应收利息""应收股利""其他应收款"科目的期末余额合计数,减去"坏账准备"科目中相关坏账准备期末余额后的金额填列。

(6)"存货"项目:反映企业期末在库、在途和在加工中的各项存货的可变现净值,包括各种材料、商品、在产品、半成品、包装物、低值易耗品、分期收款发出商品、委托代销商品、受托代销商品等。本项目应根据"材料采购"(或"在途物资")"原材料""材料成本差异""生产成本""库存商品""周转材料""发出商品""委托加工物资""商品进销差价"等账户的期末余额合计减去"存货跌价准备"账户期末余额后的金额填列。

(7)"持有待售资产"项目:反映资产负债表日划分为持有待售类别的非流动资产及划分为持有待售类别的处置组中的流动资产和非流动资产的期末账面价值。本项目应根据"持有待售资产"账户的期末余额,减去"持有待售资产减值准备"科目的期末余额后的金额填列。

(8)"一年内到期的非流动资产"项目:反映企业将于一年内到期的非流动资产。本项目应根据有关账户的期末余额分析计算填列。

(9)"其他流动资产"项目:反映企业除以上流动资产项目外的其他流动资产,本项目应根据有关账户的期末余额填列。

(10)"可供出售金融资产"项目:反映企业持有的划分为可供出售金融资产的证券,其以公允价值计量且其变动计入其他综合收益。本项目应根据有关账户的期末余额分析填列。

(11)"持有至到期投资"项目:反映企业持有的划分为持有至到期投资的证券,其以摊余成本计量。本项目应根据有关账户的期末余额分析填列。

(12)"长期应收款"项目：反映企业融资租赁产生的应收款项和采用递延方式分期收款、实质上具有融资性质的销售商品和提供劳务等经营活动产生应收款项的可收回金额。本项目应根据"长期应收款"账户的期末余额，减去"坏账准备"账户所属相关明细账户期末余额，再减去"未确认融资收益"账户期末余额后的金额分析计算填列。

(13)"长期股权投资"项目：反映投资方对被投资单位实施控制、重大影响的权益性投资，以及对其合营企业的权益性投资的可收回金额。本项目应根据"长期股权投资"账户的期末余额，减去"长期投资减值准备"账户中有关股权投资减值准备期末余额后的金额填列。

(14)"投资性房地产"项目：反映企业为赚取租金或资本增值或两者兼而持有的房地产，主要包括已出租的土地使用权、持有并准备增值后转让的土地使用权和已出租的建筑物。本项目应根据"投资性房地产"账户的期末余额，减去"投资性房地产累计折旧"账户、"投资性房地产减值准备"账户所属有关明细账期末余额后的金额分析计算填列。

(15)"固定资产"项目：反映资产负债表日企业固定资产的期末账面价值和企业尚未清理完毕的固定资产清理净损益。本项目应根据"固定资产"账户的期末余额，减去"累计折旧"和"固定资产减值准备"账户的期末余额后的金额，以及"固定资产清理"账户的期末余额填列。

(16)"在建工程"项目：反映资产负债表日企业尚未达到预定可使用状态的在建工程的期末账面价值和企业为在建工程准备的各种物资的期末账面价值。本项目应根据"在建工程"账户的期末余额，减去"在建工程减值准备"账户的期末余额后的金额，以及"工程物资"账户的期末余额，减去"工程物资减值准备"账户期末余额后的金额填列。

(17)"无形资产"项目：反映企业持有专利权、非专利技术、商标权、著作权、土地使用权等无形资产的期末可收回金额。本项目应根据"无形资产"账户的期末余额，减去"累计摊销"账户、"无形资产减值准备"账户期末余额后的金额填列。

(18)"开发支出"项目：反映企业开发无形资产过程中能够资本化形成无形资产成本的支出部分。本项目应根据"研发支出"账户中所属的"资本化支出"明细账户期末余额填列。

(19)"长期待摊费用"项目：反映企业已经发生但应由本期和以后各期负担的分摊期限在一年以上的各项费用。长期待摊费用在一年内（含一年）摊销的部分，在资产负债表"一年内到期的非流动资产"项目填列。本项目应根据"长期待摊费用"账户的期末余额减去一年内（含一年）摊销的数额后的金额分析填列。

(20)"递延所得税资产"项目：反映企业根据所得税准则确认的可抵扣暂时性差异产生的所得税资产。本项目应根据"递延所得税资产"账户期末余额分析填列。

(21)"其他非流动资产"项目：反映企业除以上资产以外的其他长期资产。本项目应根据有关账户的期末余额填列。

以上是主要的资产项目填列说明。

(22)"短期借款"项目：反映企业借入尚未归还的一年期以下（含一年）的借款。本项目应根据"短期借款"账户的期末余额填列。

(23)"以公允价值计量且其变动计入当期损益的金融负债"项目：反映企业持有的以公允价值计量且其变动计入当期损益的为交易目的所发行的金融负债。本项目应根据"交易性金融负债"相关明细账户期末余额分析填列。

(24)"应付票据及应付账款"项目：反映资产负债表日企业因购买材料、商品和接受服务等经营活动应支付的款项，以及开出、承兑的商业汇票，包括银行承兑汇票和商业承兑汇票。本项目应根据"应付票据"的期末余额，以及"应付账款"和"预付账款"所属的相关明细账户的期末贷方余额合计数填列。

(25) "预收款项"项目：反映企业按照购货合同规定预收供应单位的款项。本项目应根据"应收账款"和"预收账款"所属各明细账户的期末贷方余额合计填列。

(26) "应付职工薪酬"项目：反映企业为获得职工提供的服务或解除劳动关系而给予的各种形式的报酬或补偿。职工薪酬主要包括短期薪酬、离职后福利、辞退福利和其他长期职工福利。本项目应根据"应付职工薪酬"账户所属各明细账户的期末贷方余额填列。

(27) "应交税费"项目，反映企业按照税法规定计算应交纳的各种税费，包括增值税、消费税、城市维护建设税、教育费附加、企业所得税、资源税、土地增值税、房产税、城镇土地使用税、车船税等。本项目应根据"应交税费"账户的期末贷方余额填列；如"应交税费"账户期末为借方余额，以"－"号填列。

(28) "其他应付款"项目：反映企业除应付票据、应付账款、预收款项、应付职工薪酬、应交税费等经营活动以外的其他各项应付、暂收的款项。本项目应根据"应付利息""应付股利""其他应付款"账户的期末余额合计数填列。

(29) "持有待售负债"项目：反映资产负债表日处置组中与划分为持有待售类别的资产直接相关的负债的期末账面价值。本项目应根据"持有待售负债"账户的期末余额填列。

(30) "一年内到期的非流动负债"项目：反映企业承担的将于资产负债表日后一年内到期的非流动负债。本项目应根据有关非流动负债账户的期末余额分析计算填列。

(31) "其他流动负债"项目：反映企业除以上流动负债以外的其他流动负债。本项目应根据有关账户的期末余额填列。

(32) "长期借款"项目：反映企业借入尚未归还的一年期以上（不含一年）的各项借款。本项目应根据"长期借款"账户的期末余额扣除"长期借款"账户所属的明细账户中将在资产负债表日起一年内到期且企业不能自主地将清偿义务展期的长期借款后的金额计算填列。

(33) "应付债券"项目：反映企业为筹集长期资金而发行的债券本息。本项目应根据"应付债券"账户的期末余额填列。

(34) "长期应付款"项目：反映资产负债表日企业除长期借款和应付债券以外的其他各种长期应付款项的期末账面价值。本项目应根据"长期应付款"账户的期末余额，减去相关的"未确认融资费用"账户的期末余额后的金额，以及"专项应付款"账户的期末余额填列。

(35) "预计负债"项目：反映企业根据或有事项等相关准则确认的各项预计负债，包括对外提供担保、未决诉讼、产品质量保证、重组义务等产生的预计负债。本项目应根据"预计负债"账户的期末余额填列。

(36) "递延收益"项目：反映尚待确认的收入或收益，包括企业根据政府补助准则确认的应在以后期间计入当期损益的政府补助金额等其他递延性收入。本项目应根据"递延收益"账户的期末余额填列。

(37) "递延所得税负债"项目：反映企业根据所得税准则确认的应纳税暂时性差异产生的所得税负债。本项目应根据"递延所得税负债"账户期末余额分析填列。

(38) "其他流动负债"项目：反映企业除以上非流动负债项目以外的其他非流动负债。本项目应根据有关账户的期末余额减去一年内（含一年）到期偿还后的余额分析填列。

以上是主要的负债项目填列说明。

(39)"实收资本"(或"股本")项目:反映企业各投资者实际投入的资本总额。本项目应根据"实收资本"(或"股本")账户的期末余额填列。

(40)"其他权益工具"项目:反映企业发行的除普通股以外的归类为权益工具的各种金融工具。本项目应根据"其他权益工具"账户的期末余额填列。

(41)"资本公积"项目:反映企业资本公积的期末余额。本项目应根据"资本公积"账户的期末余额填列。

(42)"其他综合收益"项目:反映企业根据企业会计准则规定未在当期损益中确认的各项利得和损失。本项目应根据"其他综合收益"账户的期末余额填列。

(43)"盈余公积"项目:反映企业盈余公积的期末余额。本项目应根据"盈余公积"账户的期末余额填列。

(44)"未分配利润"项目:反映企业尚未分配的利润。本项目应根据"本年利润"账户和"利润分配"账户的余额计算填列。未弥补的亏损,在本项目内以"-"号填列。

以上是主要的所有者权益项目填列说明。

2. 资产负债表编制举例

【例9-1】 新民企业2018年12月31日全部总账和有关明细账余额资料如表9-4所示。

表9-4 新民企业总账和有关明细账户余额表

2018年12月31日　　　　　　　　　　　　　　　　单位:元

总　账	明细账	借方余额	贷方余额	总　账	明细账	借方余额	贷方余额
库存现金		5 000		应交税费			230 000
银行存款		285 000		坏账准备			40 000
交易性金融资产		100 000		材料采购		300 000	
应收票据		90 000		原材料		595 000	
应收账款		160 000		库存商品		325 000	
	A公司	200 000		生产成本		680 000	
	B公司		40 000	固定资产		3 370 000	
预付账款		75 000		累计折旧			300 000
	C公司	100 000		无形资产		250 000	
	D公司		25 000	累计摊销			50 000
短期借款			125 000	应付股利			50 000
应付账款			500 000	长期借款			1 500 000
	E公司		520 000	实收资本			2 200 000
	F公司	20 000		资本公积			50 000
预收账款			30 000	盈余公积			250 000
	G公司		70 000	利润分配			525 000
	H公司	40 000		未分配利润			
其他应付款			20 000				
应付职工薪酬			365 000				

补充说明：长期借款中有一笔 2017 年 7 月 1 日借入的 2 年期借款，该笔借款为 500 000 元。

现将新民企业 2018 年 12 月 31 日资产负债表各项目的应填列金额计算分析如下：

（1）货币资金项目：将"库存现金""银行存款"账户余额合并列入货币资金项目，即 5 000+285 000=290 000 元。

（2）以公允价值计量且其变动计入当期损益的金融资产项目：按其账面余额直接填列，即 100 000 元。

（3）应收票据及应收账款项目：将"应收账款"账户所属明细账的借方余额合计，再加上"预收账款"账户所属明细账的借方余额合计，并减去坏账准备账户的余额，再加上"应收票据"的账面余额，为 200 000+40 000－40 000+90 000=290 000 元。

（4）预付款项项目：将"预付账款"账户所属明细账的借方余额合计，再加上"应付账款"账户所属明细账的借方余额合计，即 100 000+20 000=120 000 元。

（5）存货项目：将"材料采购""原材料""库存商品""生产成本"账户的余额合计，即 300 000+595 000+325 000+680 000=1 900 000 元。

（6）固定资产项目：将"固定资产"账户余额减去"累计折旧"账户余额，即 3 370 000－300 000=3 070 000 元。

（7）无形资产项目：将"无形资产"账户余额减去"累计摊销"账户余额，即 250 000－50 000=200 000 元。

（8）短期借款项目：直接按"短期借款"账户期末余额填列，即 125 000 元。

（9）应付票据及应付账款项目：将"应付账款"账户所属明细账的贷方余额合计，再加上"预付账款"账户所属明细账的贷方余额合计，即 520 000+25 000=545 000 元。

（10）预收款项项目：将"预收账款"账户所属明细账户贷方余额合计，再加上"应收账款"账户所属明细账户贷方余额合计，为 70 000+40 000=110 000 元。

（11）应付职工薪酬项目："应付职工薪酬"账户所属各明细账户的期末贷方余额填列，即 365 000 元。

（12）应交税费项目：直接按"应交税费"账户的期末贷方余额填列，为 230 000 元。

（13）其他应付款项目：根据"应付利息""应付股利""其他应付款"科目的期末余额合计填列，即 50 000+20 000=70 000 元。

（14）一年内到期的非流动负债项目：将"长期借款"账户中所含的将于一年内到期并需偿付的长期借款记入该项目，即 500 000 元。

（15）长期借款项目：用"长期借款"账户的余额减去记入"一年内到期的非流动负债"中的那一部分长期借款金额，即 1 500 000－500 000=1 000 000 元。

（16）实收资本项目、资本公积项目、盈余公积项目：分别按其相关账户的余额直接填列，即各项目应填列金额分别为 2 200 000 元、50 000 元、250 000 元。

（17）未分配利润项目：可按"利润分配"相关账户的期末余额填列，即 525 000 元。

因此，新民企业的资产负债表编制结果如表 9-5 所示。

表 9-5 资产负债表

资产负债表

编制单位：新民企业　　2018 年 12 月 31 日　　会企 01 表　单位：元

资产	期末余额	年初余额	负债和所有者权益（或股东权益）	期末余额	年初余额
流动资产：			流动负债：		
货币资金	290 000		短期借款	125 000	
以公允价值计量且其变动计入当期损益的金融资产	100 000		以公允价值计量且其变动计入当期损益的金融负债	0	
衍生金融资产	0		衍生金融负债	0	
应收票据及应收账款	290 000		应付票据及应付账款	545 000	
预付款项	120 000		预收款项	110 000	
其他应收款	0		应付职工薪酬	365 000	
存货	1 900 000		应交税费	230 000	
持有待售资产	0		其他应付款	70 000	
一年内到期的非流动资产	0		持有待售负债	0	
其他流动资产	0		一年内到期的非流动负债	500 000	
流动资产合计	2 700 000		其他流动负债	0	
非流动资产：			流动负债合计	1 945 000	
可供出售金融资产	0		非流动负债：		
持有至到期投资	0		长期借款	1 000 000	
长期应收款	0		应付债券	0	
长期股权投资	0		其中：优先股	0	
投资性房地产	0	略	永续债	0	略
固定资产	3 070 000		长期应付款	0	
在建工程	0		预计负债	0	
生产性生物资产	0		递延收益	0	
油气资产	0		递延所得税负债	0	
无形资产	200 000		其他非流动负债	0	
开发支出	0		非流动负债合计	1 000 000	
商誉	0		负债合计	2 945 000	
长期待摊费用	0		所有者权益（或股东权益）：		
递延所得税资产	0		实收资本（或股本）	2 200 000	
其他非流动资产	0		其他权益工具	0	
非流动资产合计	3 270 000		其中：优先股	0	
			永续债	0	
			资本公积	50 000	
			减：库存股	0	
			其他综合收益	0	
			盈余公积	250 000	
			未分配利润	525 000	
			所有者权益（或股东权益）合计	3 025 000	
资产总计	5 970 000		负债和所有者权益（或股东权益）总计	5 970 000	

9.3 利润表

9.3.1 利润表的作用

利润表是总括地反映企业在一定会计期间的经营成果的会计报表。一定会计期间是指年度、半年度、季度或月份,而经营成果是企业在一定时期内盈利(或亏损)的情况。利润表是动态会计报表。

利润表能够提供企业在一定时期内实现的营业利润、利润总额、净利润及其构成等会计信息。它可以反映企业在本期内取得的生产经营最终的成果,利润表显示的是企业在该会计期间发生的全部经济业务所形成的经营成果。利润表的作用表现在以下四个方面。

(1) 利润表反映企业在一定会计期间的收入情况(包括营业收入、投资收益和营业外收入)和在一定时期内发生的全部费用和支出情况(包括营业成本、销售费用、管理费用、财务费用和营业外支出),可帮助信息使用者了解企业经营业绩的来源和构成,帮助管理层分析、考核支出计划执行结果。

(2) 利润表反映企业在一定时期内全部收入与支出相抵后企业一定时期内实现的净利润(或亏损)额,有助于投资者和债权人评价企业和管理层经营业绩好坏,判断资本保值、增值情况,帮助管理层发现经营过程中存在的问题,采取改进措施,不断提高企业的盈利。

(3) 通过对利润表和其他报表相关项目的综合分析,可反映企业资金周转情况和盈利能力,为投资者和债权人作出决策提供依据。

(4) 通过对利润表前后期的比较数据分析,可判断企业未来的变化情况,管理层、投资者和债权人可据此掌握企业在未来期间的利润变化趋势。

9.3.2 利润表的格式和内容

1. 利润表的格式

利润表正表部分的格式主要有单步式和多步式两种。

1) 单步式利润表

其依据"收入-费用=利润"等式(其中收入和费用是广义的),将当期所有的收入列在一起,然后将所有的费用列在一起,两者相减得出当期净损益,如表9-6所示。

单步式利润表的优点是直观简单,易于编制;缺点是不能反映收入和费用之间的配比关系,无法揭示构成要素之间内在的联系,不便于使用者进行分析。

2) 多步式利润表

通过对当期的收入、费用、支出项目按性质加以归类,按利润形成的主要环节列示一些中间性的利润指标,如营业利润、利润总额、净利润,分步计算当期净损益。我国会计准则规定，应采用多步式利润表格式。

表 9-6 单步式利润表

利润表

编制单位：××公司　　　　　　　　　　　　年　　　月　　　　　　　　　　　　单位：元

项　　目	本　期　数	上　期　数
一、收入		
营业收入		
投资收益		
营业外收入		
……		
收入合计		
二、费用		
营业成本		
营业税金及附加		
销售费用		
管理费用		
财务费用		
营业外支出		
所得税费用		
……		
费用支出合计		
三、净利润		

2. 利润表的内容

利润表的内容是企业在一定会计期间形成的利润（或亏损）情况。正表由若干报表项目按照营业利润、利润总额、净利润这些中间性指标顺序排列，便于使用者理解企业经营成果的不同来源。企业在利润表中应当对费用按照功能分类，分为从事经营业务发生的成本、管理费用、销售费用和财务费用等。利润表至少应当单独列示反映下列信息的项目，但其他会计准则另有规定的除外：①营业收入；②营业成本；③税金及附加；④管理费用；⑤销售费用；⑥财务费用；⑦投资收益；⑧公允价值变动损益；⑨资产减值损失；⑩非流动资产处置损益；⑪所得税费用；⑫净利润；⑬其他综合收益各项目分别扣除所得税影响后的净额；⑭综合收益总额。金融企业可以根据其特殊性列示利润表项目。

综合收益，是指企业在某一期间除与所有者以其所有者身份进行的交易之外的其他交易或事项所引起的所有者权益变动。综合收益总额项目反映净利润和其他综合收益扣除所得税影响后的净额相加后的合计金额。

其他综合收益，是指企业根据其他会计准则规定未在当期损益中确认的各项利得和损失。其他综合收益项目应当根据其他相关会计准则的规定分为以后会计期间不能重分类进损益的其他综合收益项目和以后会计期间在满足规定条件时将重分类进损益的其他综合收益项目两类列报。

在合并利润表中，企业应当在净利润项目之下单独列示归属于母公司所有者的损益和归属于少数股东的损益，在综合收益总额项目之下单独列示归属于母公司所有者的综合收益总额和归属于少数股东的综合收益总额。

其计算公式为：

营业利润＝营业收入－营业成本－税金及附加－销售费用－管理费用－财务费用－
　　　　　资产减值损失＋其他收益＋投资收益（－投资损失）＋公允价值变动收益
　　　　　（－公允价值变动损失）＋资产处置收益（－资产处置损失）

利润总额＝营业利润＋营业外收入－营业外支出

净利润＝利润总额－所得税费用

综合收益＝净利润＋其他综合收益

普通股或潜在普通股已公开交易的企业，以及正处于公开发行普通股或潜在普通股过程中的企业，还应当在利润表中列示每股收益信息。

利润表的格式和内容如表9-7所示。

表9-7 利润表

利润表　　　　　　　　　　　　　　　　会企02表

编制单位：　　　　　　　　　　年　月　　　　　　　　　　单位：元

项　目	本期金额	上期金额
一、营业收入		
减：营业成本		
税金及附加		
销售费用		
管理费用		
研发费用		
财务费用		
其中：利息费用		
利息收入		
资产减值损失		
加：其他收益		
投资收益（损失以"－"号填列）		
其中：对联营企业和合营企业的投资收益		
公允价值变动收益（损失以"－"号填列）		
资产处置收益（损失以"－"号填列）		
二、营业利润（亏损以"－"号填列）		
加：营业外收入		
减：营业外支出		
三、利润总额（亏损总额以"－"号填列）		
减：所得税费用		
四、净利润（净亏损以"－"号填列）		
（一）持续经营净利润（净亏损以"－"号填列）		
（二）终止经营净利润（净亏损以"－"号填列）		
五、其他综合收益的税后净额		

续表

项 目	本期金额	上期金额
(一) 不能重分类进损益的其他综合收益		
1. 重新计量设定受益计划变动额		
2. 权益法下不能转损益的其他综合收益		
……		
(二) 将重分类进损益的其他综合收益		
1. 权益法下可转损益的其他综合收益		
2. 可供出售金融资产公允价值变动损益		
3. 持有至到期投资重分类为可供出售金融资产损益		
4. 现金流量套期损益的有效部分		
5. 外币财务报表折算差额		
……		
六、综合收益总额		
七、每股收益		
(一) 基本每股收益		
(二) 稀释每股收益		

注：根据《关于修订印发 2018 年度一般企业财务报表格式的通知》，此报表格式适用于尚未执行新金融准则和新收入准则的企业。

9.3.3 利润表的编制

1. 利润表的编制方法

根据会计准则的要求，报表需要提供比较数据，以便使用者判断企业经营成果的变动情况和发展趋势，因此在利润表中，需要设置"本期金额"和"上期金额"两栏分别填列。

1) 上期金额

利润表中"上期金额"栏各项的数字，应按上年该期利润表中"本期金额"栏中的数字填列。如果本期利润表中规定的各项目的名称和内容与上年该期不一致，应对上年该期利润表各项的名称和数字按照本期的规定进行调整，再将调整后数字填入表中的"上期金额"栏。

2) 本期金额

利润表反映企业在一定会计期间的经营成果，其编表资料主要是反映一定时期经营成果的收入、费用的损益类账户。"本期金额"栏内各项数字，除"每股收益"项目外，应当按照相关账户的发生额分析填列，比资产负债表的填列相对简单。

需要注意的是，在编制中期利润表时，"本期金额"栏应分为"本期金额"和"年初至本期末累计发生额"两栏，分别填列各项目本中期（月、季或半年）各项目实际发生额，以及自年初起至本中期（月、季或半年）末止的累计实际发生额。"上期金额"栏应分为"上年可比本中期金额"和"上年初至可比本中期末累计发生额"两栏，应根据上年可比中期利润表"本期金额"下对应的两栏数字分别填列。

3) 利润表各项目的具体填列方法

(1) "营业收入"项目：反映企业经营活动所取得的收入总额。本项目应根据"主营业务收入""其他业务收入"等账户的发生额分析填列。

（2）"营业成本"项目：反映企业经营活动发生的实际成本。本项目应根据"主营业务成本""其他业务成本"等账户的发生额分析填列。

（3）"税金及附加"项目：反映企业经营业务应负担的消费税、城市维护建设税、教育费附加、资源税、土地增值税及房产税、车船税、城镇土地使用税、印花税等相关税费。本项目应根据"税金及附加"账户的发生额分析填列。

（4）"销售费用"项目：反映企业在销售商品过程中发生的包装费、广告费等费用和为销售本企业商品而专设的销售机构的职工薪酬、业务费等经营费用。本项目应根据"销售费用"账户的发生额分析填列。

（5）"管理费用"项目：反映企业为组织和管理生产经营发生的管理费用。本项目应根据"管理费用"账户的发生额分析填列。

（6）"研发费用"项目：反映企业进行研究与开发过程中发生的费用化支出。本项目应根据"管理费用"账户下"研发费用"明细账户的发生额分析填列。

（7）"财务费用"项目：反映企业为筹集生产经营所需资金等而发生的筹资费用。本项目应根据"财务费用"账户的发生额分析填列。

（8）"利息费用"项目：反映企业为筹集生产经营所需资金等而发生的应予费用化的利息支出。本项目应根据"财务费用"相关明细账户的发生额分析填列。

（9）"利息收入"项目：反映企业确认的利息收入。本项目应根据"财务费用"相关明细账户的发生额分析填列。

（10）"资产减值损失"项目：反映企业确认的资产减值损失。本项目应根据"资产减值损失"账户的发生额分析填列。

（11）"其他收益"项目：反映计入其他收益的政府补助等。本项目应根据"其他收益"账户的发生额分析填列。

（12）"投资收益"项目，反映企业以各种方式对外投资所取得的收益。本项目应根据"投资收益"账户的发生额分析填列；如为投资损失，以"—"号填列。

（13）"公允价值变动损益"项目：反映企业应当计入当期损益的资产或负债公允价值变动收益。本项目应根据"公允价值变动损益"账户的发生额分析填列，如为净损失，以"—"号填列。

（14）"资产处置收益"项目：反映企业出售划分为持有待售的非流动资产（金融工具、长期股权投资和投资性房地产除外）或处置组（子公司和业务除外）时确认的处置利得或损失，以及处置未划分为持有待售的固定资产、在建工程、生产性生物资产及无形资产而产生的处置利得或损失。本项目应根据"资产处置损益"账户的发生额分析填列；如为处置损失，以"—"号填列。

（15）"营业利润"项目：反映企业实现的营业利润。如为亏损总额，以"—"号填列。

（16）"营业外收入"项目：反映企业发生的除营业利润以外的收益，主要包括债务重组利得、与企业日常活动无关的政府补助、盘盈利得、捐赠利得（企业接受股东或股东的子公司直接或间接的捐赠，经济实质属于股东对企业的资本性投入的除外）等。本项目应根据"营业外收入"账户的发生额分析填列。

（17）"营业外支出"项目：反映企业发生的除营业利润以外的支出，主要包括债务重组损失、公益性捐赠支出、非常损失、盘亏损失、非流动资产毁损报废损失等。本项目应根据"营业外支出"账户的发生额分析填列。

(18) "利润总额"项目：反映企业实现的利润总额。如为亏损总额，以"—"号填列。

(19) "所得税费用"项目：反映企业按规定从本期利润总额中扣除的所得税费用。本项目应根据"所得税费用"账户的发生额分析填列。

(20) "净利润"项目：反映企业实现的净利润。如为净亏损，以"—"号填列。

(21) "(一) 持续经营净利润"和"(二) 终止经营净利润"项目：分别反映净利润中与持续经营相关的净利润和与终止经营相关的净利润；如为净亏损，以"—"号填列。此两个项目应按照《企业会计准则第42号——持有待售的非流动资产、处置组和终止经营》的相关规定分别列报。

(22) "其他综合收益的税后净额"项目：反映企业根据企业会计准则规定未在损益中确认的各项利得和损失扣除所得税影响后的净额。

(23) "综合收益总额"项目：反映企业净利润与其他综合收益（税后净额）的合计金额。

(24) "基本每股收益"和"稀释每股收益"项目是反映普通股或潜在普通股已公开交易的企业，以及正处在公开发行普通股或潜在普通股过程中的企业的每股收益信息。

实际上，虽然编制利润表的依据主要是虚账户，编制资产负债表的依据主要是实账户，但利润表和资产负债表之间并不是彼此孤立而是有内在关联的。企业一定期间的经营活动产生的盈亏结果，改变了企业原有的资产负债关系，形成新时点上的财务状况，所以利润表是连接两个静态时点财务状况的动态过程。年终结账时，年度利润表中的"净利润"数字与"本年利润"账户结转到"利润分配——未分配利润"账户的数字应一致（但不是未分配利润的期末余额），通过核对可检查账簿记录和报表编制的正确性。

2. 利润表编制举例

【例9-2】新民企业2018年12月的有关损益类账户的发生额资料如表9-8所示。

表9-8 新民企业2018年12月损益类账户发生额资料　　　　　　单位：元

账　户	借方发生额	贷方发生额
主营业务收入		650 000
其他业务收入		30 000
投资收益		40 000
营业外收入		95 000
主营业务成本	380 000	
税金及附加	32 500	
其他业务成本	17 000	
销售费用	60 000	
管理费用	70 000	
财务费用	5 000	
资产减值损失	3 000	
营业外支出	30 500	
所得税费用	54 250	

该企业 2018 年 11 月的利润表数据如表 9-9 所示。

表 9-9 利润表 1

利润表　　　　　　　　　　　　　　　　会企 02 表
编制单位：新民企业　　　　2018 年 11 月　　　　　　　单位：元

项　目	本期金额		上期金额	
	本月数	本年累计数	上年本月数	上年累计数
一、营业收入		7 200 000		
减：营业成本		4 290 000		
税金及附加		360 000		
销售费用		600 000		
管理费用		730 000		
研发费用		0		
财务费用		60 000		
其中：利息费用		65 000		
利息收入		5 000		
资产减值损失		20 000		
加：其他收益	略	0	略	
投资收益（损失以"-"号填列）		50 000		
其中：对联营企业和合营企业的投资收益		0		
公允价值变动收益（损失以"-"号填列）		0		
资产处置收益（损失以"-"号填列）		0		
二、营业利润（亏损以"-"号填列）		1 190 000		
加：营业外收入		15 000		
减：营业外支出		50 000		
三、利润总额（亏损总额以"-"号填列）		1 155 000		
减：所得税费用		288 750		
四、净利润（净亏损以"-"号填列）		866 250		
（一）持续经营净利润（净亏损以"-"号填列）		866 250		
（二）终止经营净利润（净亏损以"-"号填列）		0		
五、其他综合收益的税后净额				
（一）不能重分类进损益的其他综合收益				
1. 重新计量设定受益计划变动额				
2. 权益法下不能转损益的其他综合收益				
……				
（二）将重分类进损益的其他综合收益		略		
1. 权益法下可转损益的其他综合收益				
2. 可供出售金融资产公允价值变动损益				
3. 持有至到期投资重分类为可供出售金融资产损益				
4. 现金流量套期损益的有效部分				
5. 外币财务报表折算差额				
……				
六、综合收益总额				
七、每股收益				
（一）基本每股收益				
（二）稀释每股收益				

根据上述资料，编制 2018 年 12 月的利润表，如表 9-10 所示。值得说明的是：①"营业收入"项目应根据"主营业务收入""其他业务收入"账户的发生额填列；②"营业成本"项目应根据"主营业务成本""其他业务成本"账户的发生额填列；③在填列 12 月的利润表中"本年累计数"栏目时需要根据全年的资料，利用 11 月利润表中提供的 1—11 月利润数据和 12 月的利润数据，计算累加合计数。

表 9-10　利润表 2

利润表　　　　　　　　　　　　　会企 02 表
编制单位：新民企业　　　　　2018 年 12 月　　　　　　　　单位：元

项　目	本期金额		上期金额	
	本月数	本年累计数	上年本月数	上年累计数
一、营业收入	680 000	7 880 000		
减：营业成本	397 000	4 687 000		
税金及附加	32 500	392 500		
销售费用	60 000	660 000		
管理费用	70 000	800 000		
研发费用	0	0		
财务费用	5 000	65 000		
其中：利息费用	5 200	70 200		
利息收入	200	5 200		
资产减值损失	3 000	23 000		
加：其他收益	0	0		
投资收益（损失以"-"号填列）	40 000	90 000		
其中：对联营企业和合营企业的投资收益	0	0		
公允价值变动收益（损失以"-"号填列）	0	0		
资产处置收益（损失以"-"号填列）	0	0		
二、营业利润（亏损以"-"号填列）	152 500	1 342 500		
加：营业外收入	95 000	110 000	略	略
减：营业外支出	30 500	80 500		
三、利润总额（亏损总额以"-"号填列）	217 000	1 372 000		
减：所得税费用	54 250	343 000		
四、净利润（净亏损以"-"号填列）	162 750	1 029 000		
（一）持续经营净利润（净亏损以"-"号填列）	162 750	1 029 000		
（二）终止经营净利润（净亏损以"-"号填列）	0	0		
五、其他综合收益的税后净额				
（一）不能重分类进损益的其他综合收益				
1. 重新计量设定受益计划变动额				
2. 权益法下不能转损益的其他综合收益	略	略		
……				
（二）将重分类进损益的其他综合收益				
1. 权益法下可转损益的其他综合收益				
2. 可供出售金融资产公允价值变动损益				
3. 持有至到期投资重分类为可供出售金融资产损益				
4. 现金流量套期损益的有效部分				
5. 外币财务报表折算差额				
……				
六、综合收益总额				
七、每股收益				
（一）基本每股收益				
（二）稀释每股收益				

9.4 现金流量表

9.4.1 现金流量表的作用

现金流量表是反映企业在一定会计期间经营活动、投资活动和筹资活动对现金及现金等价物产生影响的动态会计报表。编制现金流量表的主要目的是为报表使用者提供企业一定会计期间内现金流入和流出的有关信息，揭示企业的偿债能力和变现能力。现金流量表的作用表现在以下三个方面。

（1）现金流量表反映企业在过去的一定时期现金流量和其他生产经营情况，可以帮助企业管理层预测企业未来现金流量，实现在编制现金流量计划的基础上，对现金进行科学管理，也为投资者和债权人作出决策提供依据。

（2）通过现金流量表和其他报表相结合的分析，有助于评价企业支付能力、偿债能力和周转能力，以便信息使用者作出适当的经济决策。

（3）通过编制现金流量表，可以获得经营活动产生的现金流量，将其与按权责发生制下计算的净利润相比较，可以有助于使用者分析企业收益的质量。此外，现金流量表中对影响现金净流量因素的揭示，为分析和判断企业财务前景提供了资料。

9.4.2 现金流量表的编制基础

现金流量表是以现金和现金等价物作为编制的基础，按照收付实现制核算基础，将权责发生制下的盈利信息调整为收付实现制下的现金流量信息。

（1）现金。指企业库存现金及可随时用于支付的存款，与资产负债表中的"货币资金"报表项目的核算口径基本一致。但应注意的是，银行存款和其他货币资金中有些不能随时用于支付的存款，如不能随时支取的定期存款等，不应作为现金，而应列作投资；提前通知金融企业便可支取的定期存款，则应包括在现金范围内。

（2）现金等价物。指企业持有的期限短、流动性强、易于转化为已知金额现金、价值变动风险很小的投资。一项投资被确认为现金等价物必须同时具备四个条件：①期限短；②流动性强；③易于转化为已知金额现金；④价值变动风险很小。现金等价物通常包括 3 个月到期的短期债券投资，而权益性投资由于变现的金额通常不确定，因而并不属于现金等价物。现金等价物虽然不是现金，但其支付能力与现金没有很大的差别，可视为现金。

（3）现金及现金等价物范围的确定和变更。不同企业现金及现金等价物的范围可能不同，企业应当根据经营特点等具体情况，确定现金及现金等价物的范围，并且一经确定不得随意变更。如果发生变更，应当按照会计政策变更处理。

9.4.3 现金流量表的格式和内容

现金流量表综合反映企业在一定会计期间的经济活动引起现金流量变化的全貌。现金流量是指企业现金和现金等价物的流入和流出。应该注意的是,现金及现金等价物被视为一个整体,企业现金形式的转换不会产生现金的流入和流出,现金和现金等价物之间的转换也不属于现金流量。

根据企业业务活动的性质和现金流量的来源,可将现金流量分为三类,经营活动现金流量、投资活动现金流量和筹资活动现金流量。现金流量表中在对现金流量顺序分类的基础上,又将这三类活动分项按照"现金净流量=现金收入-现金支出"等式,通过收入项目和支出项目分别列示,以反映各类活动所产生的现金流入量和现金流出量,来揭示各类现金流入和流出的原因。这三类现金流量包括以下内容。

1. 经营活动现金流量

经营活动现金流量是指企业投资活动和筹资活动以外的所有交易和事项所导致的现金收入和支出。对于工商企业而言,经营活动主要包括销售商品、提供劳务、购买商品、接受劳务、支付税费等。其中:①经营活动所产生的现金收入项目,包括出售产品、商品及提供劳务等取得的现金收入、收到的税费返还及收到的其他与经营活动有关的现金;②经营活动所产生的现金支出,包括购买材料、商品及支付职工劳动报酬发生的现金支出,各项制造费用、期间费用支出,税款等支出,支付的其他与经营活动有关的现金。

2. 投资活动现金流量

投资活动现金流量是指企业在投资活动中所导致的现金收入和支出。投资活动主要包括购建长期资产、不包括在现金和现金等价物范围内的投资及其处置。其中:①投资活动所产生的现金收入,包括收回投资、出售固定资产等长期资产现金净收入,收到的其他与投资活动有关的现金;②投资活动所产生的现金支出,包括对外投资、购建固定资产等长期资产支付的现金,支付的其他与投资活动有关的现金。

3. 筹资活动现金流量

筹资活动现金流量是指企业在筹资活动中所导致的现金收入和支出。筹资活动,是指导致企业资本及债务规模和构成发生变化的活动,主要包括吸收投资、发行股票、分配利润、发行债券、偿还债务等。其中:①筹资活动所产生的现金收入,包括发行债券、取得借款、增加股本(增发股票)等所收到的现金,收到的其他与筹资活动有关的现金;②筹资活动中所产生的现金支出,包括偿还借款、清偿债务、支付现金股利等支付的现金,支付的其他与筹资活动有关的现金。偿付应付账款、应付票据等商业应付款等属于经营活动,不属于筹资活动。

值得说明的是,自然灾害损失、保险索赔等特殊项目,应当根据其性质,分别归并到经营活动、投资活动和筹资活动现金流量类别中单独列报。

此外,现金流量表中另外两个项目是,汇率变动对现金及现金等价物的影响和现金及现金等价物净增加额。

现金流量表的格式和内容如表9-11所示。

表 9-11 现金流量表

现金流量表

会企 03 表

编制单位：　　　　　　　　　　　　　　____年____月　　　　　　　　　　　　　　单位：元

项目	本期金额	上期金额
一、经营活动产生的现金流量：		
销售商品、提供劳务收到的现金		
收到的税费返还		
收到其他与经营活动有关的现金		
经营活动现金流入小计		
购买商品、接受劳务支付的现金		
支付给职工以及为职工支付的现金		
支付的各项税费		
支付其他与经营活动有关的现金		
经营活动现金流出小计		
经营活动产生的现金流量净额		
二、投资活动产生的现金流量：		
收回投资收到的现金		
取得投资收益收到的现金		
处置固定资产、无形资产和其他长期资产收回的现金净额		
处置子公司及其他营业单位收到的现金净额		
收到其他与投资活动有关的现金		
投资活动现金流入小计		
购建固定资产、无形资产和其他长期资产支付的现金		
投资支付的现金		
取得子公司及其他营业单位支付的现金净额		
支付其他与投资活动有关的现金		
投资活动现金流出小计		
三、筹资活动产生的现金流量：		
吸收投资收到的现金		
取得借款收到的现金		
收到其他与筹资活动有关的现金		
筹资活动现金流入小计		
偿还债务支付的现金		

续表

项　目	本期金额	上期金额
分配股利、利润或偿付利息支付的现金		
支付其他与筹资活动有关的现金		
筹资活动现金流出小计		
筹资活动产生的现金流量净额		
四、汇率变动对现金及现金等价物的影响		
五、现金及现金等价物净增加额		
加：期初现金及现金等价物余额		
六、期末现金及现金等价物余额		

9.4.4 现金流量表的编制

1. 现金流量表的编制方法

企业编制现金流量表时,应当分别按照现金流入和现金流出总额列报现金流量,从而全面揭示企业现金流量的方向、规模和结构。但下列各项可以按照净额列报：①代客户收取或支付的现金；②周转快、金额大、期限短项目的现金流入和现金流出；③金融企业的有关项目,包括短期贷款发放与收回的贷款本金、活期存款的吸收与支付、同业存款和存放同业款项的存取、向其他金融企业拆借资金,以及证券的买入与卖出等。

按照经营活动现金流量列示的不同,有两种编报形式：一种是直接法；另一种是间接法。企业会计准则规定,应采用直接法报告经营活动的现金流量,同时要求在现金流量表附注里的补充资料中用间接法来计算经营活动现金流量。

(1) 直接法。通过现金流入和流出的主要类别来直接反映企业经营活动的现金流量的编报方法。在具体编制各项目应填列金额的过程中,对于各报表项目金额的计算确定,一般是以利润表中的营业收入为起点,通过编制调整分录,调整与经营活动有关项目的增减活动,达到计算出经营活动各项现金流量的目的。

(2) 间接法。不直接列示具体的现金流入与流出,而是以本期净利润为起点,通过调整不涉及现金的收入、费用、营业外收支及有关项目的增减变动,达到计算出经营活动现金流量的编报方法。间接法编制经营活动现金流量的原理如图9-2所示。

这两种编制现金流量表的方法,其区别在于对经营活动现金流量的编制方法不同。采用直接法编报的现金流量表,便于分析企业经营活动产生的现金流量来源和用途,预测企业现金流量的未来前景；采用间接法编报的现金流量表,可将净利润与经营活动产生的现金流量进行比较,了解净利润与经营活动产生的现金流量间出现差异的原因,分析收益质量。

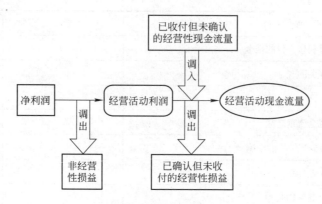

图 9-2 间接法编制经营活动现金流量原理

2. 直接法下现金流量表各项目的具体填列方式

1) 经营活动产生的现金流量

（1）"销售商品、提供劳务收到的现金"。一般包括：当期销售商品或提供劳务所收到的现金收入（包括增值税销项税额）；当期收到前期销售商品、提供劳务的应收款项；当期预收的销货款；同时，当期因销货退回而支付的现金或收回前期核销的坏账损失也列入该项目，做相应调整。

（2）"收到的税费返回"。包括收到的增值税、消费税、营业税、所得税、关税和教育费附加的返还等。

（3）"收到的其他与经营活动有关的现金"。反映企业除了上述各项以外收到的其他与经营活动有关的现金流入。

（4）"购买商品、接受劳务支付的现金"。一般包括：当期购买商品、接受劳务支付的现金；当期支付前期的购货应付账款或应付票据（均包括增值税进项税额）；当期预付的账款，以及购货退回所收到的现金。

（5）"支付给职工以及为职工支付的现金"。包括本期实际支付给职工的工资、奖金、各种津贴和补贴等，以及经营人员的养老金、保险金和其他各项支出。

（6）"支付的各种税费"。反映企业按规定支付的各项税费，包括本期发生并支付的税费，以及本期支付以前各期发生的税费和预交的税金。

（7）"支付的其他与经营活动有关的现金"。反映企业除了上述各项以外的其他与经营活动有关的现金流出。

2) 投资活动产生的现金流量

（1）"收回投资所收到的现金"。反映企业出售转让或到期收回除现金等价物以外的短期投资、长期股权投资而收到的现金，以及收回长期债权投资本金而收到的现金，按实际收回的投资额填列。

（2）"取得投资收益所收到的现金"。反映企业因股权性投资和债权性投资而取得的现金股利、利息，以及从子公司、联营企业或合营企业分回利润而收到的现金。到期收回的本金应在"收回投资所收到的现金"项目中反映。

（3）"处置固定资产、无形资产和其他长期资产而收到的现金净额"，反映企业处置这些资产所得的现金，扣除为处置这些资产而支付的有关费用后的净额。

（4）"处置子公司及其他营业单位收到的现金净额"，反映企业处置子公司及其他营业单位所得的现金，扣除为处置子公司及其他营业单位而支付的有关费用后的净额。

（5）"收到的其他与投资活动有关的现金"。反映企业除了上述各项以外收到的其他与投资活动有关的现金流入。

（6）"购建固定资产、无形资产和其他长期资产所支付的现金"。包括企业购买、建造固定资产，取得无形资产和其他长期资产所支付的现金，不包括为购建固定资产而发生的借款资本化的部分及融资租赁租入固定资产所支付的租金和利息。

（7）"投资所支付的现金"。反映企业进行权益性投资和债权性投资支付的现金。包括短期股票、短期债券投资、长期股权投资、长期债权投资所支付的现金及佣金、手续费等附加费用。

（8）"取得子公司及其他营业单位支付的现金净额"。反映企业为取得子公司及其他营业单位而支付的现金净额。

（9）"支付的其他与投资活动有关的现金"。反映企业除上述各项以外支付的其他与投资活动有关的现金流出。

3）筹资活动产生的现金流量

（1）"吸收投资所收到的现金"。反映企业收到的投资者投入的资金。包括发行股票、债券所实际收到的款项净额（发行收入减去支付的佣金等发行费用后的净额）。

（2）"借款收到的现金"。反映企业举借各种短期、长期借款所收到的现金，根据收入时的实际借款金额计算。企业因借款而发生的利息列入"分配股利、利润或偿付利息所支付的现金"。

（3）"收到的其他与筹资活动有关的现金"。反映企业除上述各项目外，收到的其他与筹资活动有关的现金流入，如接受现金捐赠。

（4）"偿还债务所支付的现金"。包括归还企业借款本金和偿付企业到期的债券等，按当期实际支付的偿债金额填列。

（5）"分配股利、利润或偿付利息所支付的现金"。反映企业实际支付的现金股利和付给其他投资单位的利润及支付的债券利息、借款利息等。

（6）"支付其他与筹资活动有关的现金"。反映企业除上述各项外，支付的其他与筹资活动有关的现金流出。

4）汇率变动对现金的影响

反映企业的外币现金流量及境外子公司的现金流量折算为人民币时，所采用的现金流量发生日的汇率或平均汇率折算的人民币金额与"现金及现金等价物净增加额"中外币现金净增加额按期末汇率折算的人民币金额之间的差额。

5）现金及现金等价物净增加额

反映经营活动产生的现金流量净额、投资活动产生的现金流量净额、筹资活动产生的现金流量净额三项之和。

3. 间接法下对现金流量的披露

企业应当在现金流量表附注里采用间接法披露将净利润调整为经营活动现金流量的信息。

总之,作为反映企业一定期间内现金流量信息的会计报表,现金流量表深刻揭示了该会计期间内现金状况变动的原因,表中"现金及现金等价物净增加额"项目应与资产负债表中的现金及现金等价物本期期末数与上期期末数的差额一致,这说明现金流量表和资产负债表关系紧密。另外,间接法下编制的现金流量表以利润表中的本期净利润为起点,通过调整不涉及现金的有关项目的增减变动,计算出经营活动现金流量,体现了现金流量表与利润表数字间有内在的统一性。因此,现金流量表起着利润表和资产负债表之间纽带和桥梁的作用。有关现金流量表的具体内容,将在中级财务会计课程中详细阐述。

9.5 所有者权益变动表

9.5.1 所有者权益变动表概述

所有者权益变动表是反映企业一定时期构成所有者权益的各组成部分当期的增减变动情况的动态会计报表。通过所有者权益变动表,既可以为财务报表使用者提供所有者权益总量增减变动的信息,也能为其提供所有者权益增减变动的结构性信息,特别是能够让财务报表使用者理解所有者权益增减变动的根源。

9.5.2 所有者权益变动表的格式和内容

所有者权益变动表应当以矩阵的形式列示,一方面按照所有者权益变动的来源对一定时期所有者权益变动情况进行全面反映,另一方面按照所有者权益各组成部分及其总额列示交易及事项对所有者权益的影响。

所有者权益变动表至少应当单独列示反映下列信息的项目:①综合收益总额,在合并所有者权益变动表中还应单独列示归属于母公司所有者的综合收益总额和归属于少数股东的综合收益总额;②会计政策变更和前期差错更正的累积影响金额;③所有者投入资本和向所有者分配利润等;④按照规定提取的盈余公积;⑤所有者权益各组成部分的期初和期末余额及其调节情况。所有者权益变动表的格式如表9-12所示。

通过所有者权益变动表的项目我们能清楚地看到,资产负债表中各所有者权益项目的年末余额和利润表中"净利润"的本年金额借助所有者权益变动表紧密地联系起来,报表间存在严密的数字钩稽关系。所有者权益变动表是资产负债表和利润表的桥梁。

表 9-12 所有者权益（股东权益）变动表

编制单位：　　　　　　　　　　　年度　　　　　　　　　　　　　　　　　　　　　　　　　　　会企 04 表
单位：元

项目	本年金额									上年金额								
	实收资本（或股本）	其他权益工具			资本公积	减：库存股	其他综合收益	盈余公积	未分配利润	所有者权益合计	实收资本（或股本）	其他权益工具			资本公积	减：库存股	其他综合收益	盈余公积	未分配利润	所有者权益合计
		优先股	永续债	其他								优先股	永续债	其他						
一、上年末余额																			
加：会计政策变更																			
前期差错更正																			
其他																			
二、本年初余额																			
三、本年增减变动金额（减少以"-"号填列）																			
（一）综合收益总额																			
（二）所有者投入和减少资本																			
1. 所有者投入的普通股																			
2. 其他权益工具持有者投入资本																			
3. 股份支付计入所有者权益的金额																			
4. 其他																			
（三）利润分配																			
1. 提取盈余公积																			
2. 对所有者（或股东）的分配																			
3. 其他																			
（四）所有者权益内部结转																			
1. 资本公积转增资本（或股本）																			
2. 盈余公积转增资本（或股本）																			
3. 盈余公积弥补亏损																			
4. 设定受益计划变动额结转留存收益																			
5. 其他综合收益结转留存收益																			
6. 其他																			
四、本年末余额																			

9.6 会计报表附注

9.6.1 会计报表附注概述

附注是对在资产负债表、利润表、现金流量表和所有者权益变动表等报表中列示项目的文字描述或明细资料，以及对未能在这些报表中列示项目的说明等。附注是会计报表不可或缺的组成部分，缺乏附注的披露，会计报表就不能充分发挥效用。因此，附注和会计报表具有同等的重要性，报表使用者了解企业的财务状况、经营成果和现金流量，应当全面阅读附注。

附注披露的基本要求如下。

(1) 附注披露的信息应做到定量和定性的有机结合，从而能从量和质两个角度对企业经济事项完整地进行反映，满足信息使用者的决策需求。

(2) 附注应当按照一定的结构进行系统合理的排列和分类，遵循逻辑顺序排列、条理清晰，便于使用者理解和掌握，实现会计信息质量的可比性。

(3) 附注相关信息应当与资产负债表、利润表、现金流量表和所有者权益变动表等报表中列示的项目相互参照，有助于使用者联系相关联的信息，从整体上理解会计报表。

9.6.2 会计报表附注披露的内容

附注一般应当按照下列顺序至少披露：

(1) 企业的基本情况：①企业注册地、组织形式和总部地址；②企业的业务性质和主要经营活动；③母公司以及集团最终母公司的名称；④财务报告的批准报出者和财务报告批准报出日，或者以签字人及其签字日期为准；⑤营业期限有限的企业，还应当披露有关其营业期限的信息。

(2) 财务报表的编制基础。

(3) 遵循企业会计准则的声明。

企业应当声明编制的财务报表符合企业会计准则的要求，真实、完整地反映了企业的财务状况、经营成果和现金流量等有关信息。

(4) 重要会计政策和会计估计。

重要会计政策的说明，包括财务报表项目的计量基础和在运用会计政策过程中所做的重要判断等。重要会计估计的说明，包括可能导致下一个会计期间内资产、负债账面价值重大调整的会计估计的确定依据等。

企业应当披露采用的重要会计政策和会计估计，并结合企业的具体实际披露其重要会计政策的确定依据和财务报表项目的计量基础及其会计估计所采用的关键假设和不确定因素。

（5）会计政策和会计估计变更以及差错更正的说明。

企业应当按照《企业会计准则第28号——会计政策、会计估计变更和差错更正》的规定，披露会计政策和会计估计变更以及差错更正的情况。

（6）报表重要项目的说明。

企业应当按照资产负债表、利润表、现金流量表、所有者权益变动表及其项目列示的顺序，对报表重要项目的说明采用文字和数字描述相结合的方式进行披露。报表重要项目的明细金额合计，应当与报表项目金额相衔接。

企业应当在附注中披露费用按照性质分类的利润表补充资料，可将费用分为耗用的原材料、职工薪酬费用、折旧费用、摊销费用等。

（7）或有和承诺事项、资产负债表日后非调整事项、关联方关系及其交易等需要说明的事项。

（8）有助于财务报表使用者评价企业管理资本的目标、政策及程序的信息。

企业应当在附注中披露下列关于其他综合收益各项目的信息：①其他综合收益各项目及其所得税影响；②其他综合收益各项目原计入其他综合收益、当期转出计入当期损益的金额；③其他综合收益各项目的期初和期末余额及其调节情况。

企业应当在附注中披露终止经营的收入、费用、利润总额、所得税费用和净利润，以及归属于母公司所有者的终止经营利润。终止经营，是指满足下列条件之一的已被企业处置或被企业划归为持有待售的、在经营和编制财务报表时能够单独区分的组成部分：①该组成部分代表一项独立的主要业务或一个主要经营地区；②该组成部分是拟对一项独立的主要业务或一个主要经营地区进行处置计划的一部分；③该组成部分是仅仅为了再出售而取得的子公司。同时满足下列条件的企业组成部分（或非流动资产，下同）应当确认为持有待售：该组成部分必须在其当前状况下仅根据出售此类组成部分的惯常条款即可立即出售；企业已经就处置该组成部分作出决议，如按规定需得到股东批准的，应当已经取得股东大会或相应权力机构的批准；企业已经与受让方签订了不可撤销的转让协议；该项转让将在一年内完成。

企业应当在附注中披露在资产负债表日后、财务报告批准报出日前提议或宣布发放的股利总额和每股股利金额（或向投资者分配的利润总额）。

9.7　财务报表分析简介

作为财务会计报告核心内容的财务报表，其所提供的会计信息对于使用者具有的决策有用性已广受认可。实证会计研究结果表明，财务报表分析的结果对于确定企业偿债能力、评价企业经营成果、帮助投资者进行投资决策等方面均有重要意义。财务报表分析，是利用财务报表及其相关资料，通过一定的方法和手段，揭示财务报表间的数据关联，并预测将来时期的数据变化趋势，向信息使用者提供有助于决策的财务信息。

常用的财务报表分析方法包括财务比率分析法、比较分析法、趋势分析法、时间序列分析法及对有关数据的检验。由于信息使用者的需求和分析面临的情况不尽相同，很难说某一种分析方法就是最佳方法,通过对所获数据之间的相互关系进行检验更有可能得到可靠的结论。财务比率分析法是财务报表分析中使用最为广泛的方法,它将报表中相关项目以比率的形式揭示存在于关联的项目之间的逻辑关系,以此来评价企业的财务状况、经营成果和现金流量情况等。以下将讨论财务比率分析法,其他分析方法可以在后续课程中深入学习。

在财务分析理论和实务中经常使用的财务比率指标超过 30 种,涉及企业经营管理的不同方面,主要可以分为偿债能力比率、获利能力比率和经营效率比率三类。

9.7.1 偿债能力比率

偿债能力比率主要包括流动比率、速动比率、现金比率、资产负债率和利息保障倍数等。

1. 流动比率

$$流动比率 = \frac{流动资产}{流动负债}$$

流动比率可以衡量企业短期的偿债能力,传统的观点认为流动比率为 2 比较适当,但还需关注企业的业务、经营周期及流动资产的构成项目等。

2. 速动比率

$$速动比率 = \frac{速动资产}{流动负债}$$

速动资产是可以随时变现的资产,通常为流动资产中扣除变现能力差的存货及不能变现的预付费用,速动资产主要包括货币资金、交易性金融资产、应收账款和应收票据。速动比率是对企业短期偿债能力更为严格的测试,经验上认为速动比率为 1 比较合适。

3. 现金比率

$$现金比率 = \frac{现金及现金等价物 + 交易性金融资产}{流动负债}$$

当企业处于财务困境之中,应收账款也可能难以变现,企业资产中能用于偿还流动负债的项目主要是现金、现金等价物和交易性金融资产。因此,现金比率是衡量企业短期偿债能力中最为保守的比率。

4. 资产负债率

$$资产负债率 = \frac{负债总额}{资产总额}$$

资产负债率可以反映企业长期偿债能力。通常资产负债率越高表明企业财务风险越大,企业面临的不确定性增加。

5. 利息保障倍数

$$利息保障倍数 = \frac{息税前利润}{利息费用}$$

息税前利润代表企业运用债权人和投资人资本进行经营而取得的全部收益。利息保障倍数可以表示企业支付利息费用的能力,不过权责发生制使该指标的应用受到一定限制。

9.7.2 获利能力比率

获利能力比率常被认为是对管理效率的有效检验,主要包括销售利润率、资产利润率、净资产利润率、每股收益、市盈率等。

1. 销售利润率

$$销售利润率 = \frac{净利润}{销售净额}$$

销售利润率表达企业销售收入的最终获利水平。

2. 资产利润率

$$资产利润率 = \frac{息税前利润}{年平均总资产}$$

资产利润率可考察企业全部资产获利能力。

3. 净资产利润率

$$净资产利润率 = \frac{净利润}{年平均所有者权益}$$

净资产利润率可以反映所有者权益的剩余报酬能力。

4. 每股收益

$$每股收益 = \frac{净利润 - 优先股股利}{普通股加权平均股数}$$

每股收益是非常重要的反映企业满足所有者获利目标的指标,使用时需考虑股份变动的情况。

5. 市盈率

$$市盈率 = \frac{普通股每股市价}{普通股每股收益}$$

市盈率反映股东取得1元收益所需付出的代价,可以帮助投资人判断股票价格是否具有吸引力。

9.7.3 经营效率比率

经营效率比率可考核企业利用资源的有效性,主要包括应收账款周转率、存货周转比率和总资产周转率等。

1. 应收账款周转率

$$应收账款周转率 = \frac{销售净额}{年平均应收账款}$$

$$应收账款周转天数 = \frac{365}{应收账款周转率}$$

通常,企业应收账款周转率越高、应收账款周转天数越少,表明企业在应收账款上的占用资金越少。

2. 存货周转比率

$$存货周转率 = \frac{销货成本}{年平均存货}$$

$$存货周转天数 = \frac{365}{存货周转率}$$

存货周转率越高、存货周转天数越少,说明企业存货占用的资金越少,企业存货管理水平较高;同时,也可能增加企业的缺货成本。

3. 总资产周转率

$$总资产周转率 = \frac{销售净额}{年平均总资产}$$

总资产周转率可以反映全部资产的运用效率。

使用财务比率分析法对企业业绩进行评价时,必须考虑这种方法的不足之处。财务比率分析法的局限性主要表现在:财务报表主要提供历史成本计量属性的信息,没有考虑物价变动的因素;不同企业使用替代会计方法会给比率项目计算带来影响;有大量的重要信息并未包括在财务报表中等。

本 章 小 结

财务会计报告是会计系统的最终成果,企业通过财务会计报告将财务信息传递给信息使用者,其包括会计报表及其附注(核心部分)和其他应当在财务会计报告中披露的相关信息和资料(必要的补充)。会计报表是按照一定格式在整理、汇总日常会计核算资料的基础上定期编制的,用来集中、总括地反映企业在某一特定日期的财务状况及某一特定时期的经营成果和现金流量的报告文件。一套完整的、对外报送的会计报表包括资产负债表、利润表、现金流量表、所有者权益变动表和附注。会计报表可以按编报期间、编报主体和反映资金运动形态进行分类。编制会计报表必须符合一定的要求,以确保会计信息的质量。为支持使用者作出决策,提供高度综合、系统地反映企业经济活动的信息,会计报表应对账簿信息进行再加工,因此,在编制资产负债表、利润表、现金流量表、所有者权益变动表和附注时,需要采用特定的编制技术和方法。报表之间存在严密的数字钩稽关系,共同组成了完整的会计报表体系。财务比率分析法是使用最为广泛的财务报表分析方法,主要分为偿债能力比率、获利能力比率和经营效率比率等类别财务比率指标。

英文专业词汇

财务会计报告:financial report　　会计报表:financial statement
资产负债表:balance sheet　　附注:footnotes
利润表:income statement　　现金等价物:cash equivalent
现金流量表:cash flows statement
经营活动产生的现金流量:cash flow from operating activities

投资活动产生的现金流量：cash flow from investing activities
筹资活动产生的现金流量：cash flow from financing activities

本章相关法规

1. 中华人民共和国会计法（根据 2017 年 11 月 4 日第十二届全国人民代表大会常务委员会第三十次会议第二次修正）
2. 企业财务会计报告条例（2000 年 6 月 21 日中华人民共和国国务院令 第 287 号，自 2001 年 1 月 1 日起施行）
3. 企业会计准则——基本准则（2006 年 2 月 15 日财政部部务会议修订通过，中华人民共和国财政部令第 33 号，自 2007 年 1 月 1 日起施行；2014 年 7 月 23 日财政部部务会议审议通过，中华人民共和国财政部令第 76 号，修改第四十二条第五项，自 2014 年 7 月 23 日施行）
4. 企业会计准则第 30 号——财务报表列报（2006 年 2 月 15 日财政部发布，自 2007 年 1 月 1 日起在上市公司范围内施行；2014 年 1 月 26 日财政部修订，自 2014 年 7 月 1 日起在所有执行企业会计准则的企业范围内施行，鼓励在境外上市的企业提前执行）
5. 会计基础工作规范（1996 年 6 月 17 日财政部发布并实施）
6. 企业会计准则第 31 号——现金流量表（2006 年 2 月 15 日财政部发布，自 2007 年 1 月 1 日起在上市公司范围内施行）
7. 企业会计准则第 32 号——中期财务报告（2006 年 2 月 15 日财政部发布，自 2007 年 1 月 1 日起在上市公司范围内施行）
8. 企业会计准则——具体准则的应用指南（2006 年 10 月 30 日财政部发布，自 2007 年 1 月 1 日起施行，2014 年至 2018 年修订了部分具体准则的应用指南）
9. 关于修订印发 2018 年度一般企业财务报表格式的通知（2018 年 6 月 15 日财政部印发）
10. 增值税会计处理规定（2016 年 12 月 3 日财政部发布）
11. 企业会计准则第 9 号——职工薪酬（2006 年 2 月 15 日财政部发布，自 2007 年 1 月 1 日起施行；2014 年 1 月 27 日财政部修订，自 2014 年 7 月 1 日起施行）
12. 企业会计准则第 16 号——政府补助（2006 年 2 月 15 日财政部发布，自 2007 年 1 月 1 日起施行；2017 年 5 月 10 日财政部修订，自 2017 年 6 月 12 日起施行）
13. 企业会计准则第 40 号——合营安排（2014 年 2 月 17 日财政部发布，自 2014 年 7 月 1 日起施行）
14. 企业会计准则第 41 号——在其他主体中权益的披露（2014 年 3 月 14 日财政部发布，自 2014 年 7 月 1 日起施行）
15. 企业会计准则第 42 号——持有待售的非流动资产、处置组和终止经营（2017 年 4 月 28 日财政部发布，自 2017 年 5 月 28 日起施行）
16. 企业会计准则第 21 号——租赁（2006 年 2 月 15 日财政部发布，自 2007 年 1 月 1 日起施行；2018 年 12 月 7 日财政部修订，在境内外同时上市的企业以及在境外上市并采用国际财务报告准则或企业会计准则编制财务报表的企业，自 2019 年 1 月 1 日起施行，其他执行企业会计准则的企业自 2021 年 1 月 1 日起施行）

阅读材料

美国著名的会计学家——A. C. 利特尔顿

　　A. C. 利特尔顿是世界上最著名的会计学家之一，1886 年出生于美国的伊利诺伊州，中学毕业后做过芝加哥奥尔顿铁路公司的电报操作员，1905 年开始就读于伊利诺伊大学学习铁路管理专业。在大学时代，利特尔顿就立志成为一名注册会计师；毕业后曾在德勤、普伦德、格里菲斯等会计师事务所任职。1915 年，他返回母校任教长达 37 年。利特尔顿分别于 20 世纪 20 年代初期与 30 年代中期在美国伊利诺伊大学开创了会计专业硕士学位教育及博士学位教育，对会计学研究生教育的发展做出了奠基性的贡献。他在专业学术领域里非常活跃，曾先后出任美国会计学会会长及《会计评论》主编等重要学术职务，还担任过美国注册会计师协会专业委员会委员。利特尔顿极富洞察力且博学多才，《1900 年以前的会计发展》（1933）、与佩顿合著的《公司会计准则绪论》（1940），以及在会计理论研究方面极具影响力的《会计理论结构》（1953），均被认为是重要的会计文献，在世界各国会计学界广为流传，并产生了重大影响。他与佩顿一起，被认为是会计学界优秀学者的代表。

学术论文参考

[1] 訾磊. 阿纳尼亚斯·查尔斯·利特尔顿. 会计之友，2009（3）.

[2] 蔡传里，许家林. A.C. 利特尔顿的《会计理论结构》. 财会月刊，2005（11）.

[3] 冉明东，蔡传里，许家林. A.C. 利特尔顿的《1900 年以前的会计发展》. 财会月刊，2006（4）.

[4] 何建国，涂兵方，姜思云. 其他资本公积与其他综合收益关系研究. 财会通讯，2015（19）.

[5] 谢获宝，石佳. 其他综合收益的内涵和列报问题探究. 财务与会计，2015（11）.

本章练习题

一、单项选择题

1. 通常会计报表编制的主要依据是登记完整、核对无误的（　　）。

　　A. 账簿记录　　　　　　　　　　　B. 原始凭证

  C. 记账凭证   D. 会计凭证

2. 下列属于静态报表的是（   ）。
  A. 资产负债表   B. 利润表
  C. 现金流量表   D. 所有者权益变动表

3. 编制资产负债表时，下列项目可根据总分类账户的期末余额直接填列的是（   ）。
  A. 短期借款   B. 存货
  C. 应收账款   D. 固定资产

4. 反映某一特定期间经营成果的报表是（   ）。
  A. 资产负债表   B. 利润表
  C. 现金流量表   D. 所有者权益变动表

5. 利润总额的计算公式为（   ）。
  A. 利润总额＝主营业务利润＋投资收益＋营业外收支净额
  B. 利润总额＝其他业务利润＋投资收益＋营业外收支净额
  C. 利润总额＝营业利润＋营业外收入－营业外支出
  D. 利润总额＝营业净利润＋投资收益＋补贴收入＋营业外收入－营业外支出

6. 资产负债表中资产和负债项目的排列顺序是（   ）。
  A. 流动性   B. 重复性
  C. 重要性   D. 随意性

7. 下列不属于所有者权益变动表的项目是（   ）。
  A. 综合权益总额   B. 所有者投入资本
  C. 按照规定提取的盈余公积   D. 全部利得和损失

8. 企业2月的"应收账款"总账余额40 000元，明细账中甲公司借方余额50 000元，乙公司贷方余额10 000元，"预收账款"总账余额15 000元，明细账中丙公司借方余额8 000元，丁公司贷方余额23 000元，则资产负债表中的"预收款项"项目应填列（   ）。
  A. 15 000元   B. 23 000元
  C. 33 000元   D. 55 000元

9. 企业2018年12月31日编制的资产负债表，可反映企业财务状况的时间是（   ）。
  A. 2018年度   B. 2018年12月份
  C. 2018年下半年   D. 2018年12月31日

10. 下列不属于现金流量表中揭示的业务活动是（   ）。
  A. 经营活动   B. 结算活动
  C. 投资活动   D. 筹资活动

二、多项选择题

1. 中报包括（   ）。
  A. 年度报表   B. 半年度报表
  C. 季度报表   D. 月份报表
  E. 旬报报表

2. 企业年度财务会计报告应包括的内容有（   ）。
  A. 对外报送的会计报表   B. 会计报表附注

C. 会计报表说明书 D. 其他应披露的相关信息和资料
E. 企业内部管理报表

3. 下列属于会计报表编制要求的是（   ）。
   A. 以持续经营为基础 B. 报表数据真实可靠
   C. 提供前期比较数据 D. 报表编报及时
   E. 报表组成内容完整，说明清楚

4. 填列资产负债表中"存货"项目需使用的账户数额包括（   ）。
   A. "原材料"账户 B. "固定资产"账户
   C. "材料采购"账户 D. "主营业务成本"账户
   E. "生产成本"账户

5. 利润表中各项目据以填列的数据包括（   ）。
   A. 本期借方余额 B. 本期贷方余额
   C. 本期借方实际发生额 D. 本期贷方实际发生额
   E. 累计发生额

三、判断题

1. 我国利润表的格式通常采用单步式形式。（   ）
2. 资产负债表中的"应付票据及应付账款"项目是根据"应付票据"账户的期末余额，以及"应付账款"和"预付账款"账户所属各明细账户的期末贷方余额合计数填列。（   ）
3. 编制会计报表的过程，实质上就是对日常会计核算资料，按照一定的指标体系和方法，进行综合加工整理并系统化的过程。（   ）
4. 现金流量表所指的现金一般包括现金及现金等价物。（   ）
5. 附注和会计报表具有同等的重要性，使用者为了解企业状况应当全面阅读附注。
（   ）

四、思考题

1. 说明财务会计报告的组成和编制意义。
2. 会计报表的含义和种类如何？
3. 编制会计报表应符合哪些基本要求？
4. 说明资产负债表的格式和内容。
5. 如何编制资产负债表？
6. 说明利润表的格式和内容。
7. 如何编制利润表？
8. 谈谈编制现金流量表的意义。
9. 所有者权益变动表的主要项目有哪些？
10. 试阐述一套完整的对外报送会计报表体系各组成部分间的内在联系。

五、业务题

1. 东方公司 2018 年 6 月底各账户期末余额如表 9-13 所示。

表9-13　东方公司2018年6月30日各账户余额　　　　　　　　　　　单位：元

账户名称	借方余额	账户名称	贷方余额
库存现金	500	短期借款	41 150
银行存款	76 700	应付账款	4 050
应收账款	7 000	其他应付款	8 700
其他应收款	750	应付职工薪酬	7 000
原材料	349 800	应付票据	4 100
生产成本	36 000	应交税费	39 670
库存商品	50 400	累计折旧	230 500
长期股权投资	7 500	本年利润	158 765
固定资产	628 500	实收资本	721 000
利润分配	95 785	盈余公积	38 000
合　计	125 428	合　计	125 428

有关明细资料如下。各损益账户本月发生额为："主营业务收入"1 144 950元，"主营业务成本"944 330元，"税金及附加"64 320元，"销售费用"146 00元，"其他业务收入"35 000元，"其他业务成本"24 500元，"营业外收入"800元，"营业外支出"5 000元，"管理费用"20 800元，"财务费用"6 200元，"所得税费用"25 000元。

要求：

（1）根据资料编制2018年6月30日资产负债表的期末余额；

（2）根据资料编制2018年6月利润表的本期金额。

2. 东方公司2018年12月31日部分账户的期末余额如表9-14所示。

表9-14　东方公司2018年12月31日部分账户的期末余额　　　　　　　单位：元

总分类账户	明细分类账户	借 或 贷	余　额
原材料		借	20 000
生产成本		借	40 000
应付账款		贷	50 000
	——A公司	贷	75 000
	——B公司	借	25 000
库存商品		借	60 000
固定资产		借	800 000
应收账款		借	80 000
	——C公司	借	90 000
	——D公司	贷	10 000
累计折旧		贷	50 000
预付账款		借	10 000
	——E公司	借	15 000
	——F公司	贷	5 000
预收账款		贷	10 000
	——G公司	贷	10 000

要求：请根据以上资料补填该企业12月31日资产负债表中带括号的数字（见表9-15）。

表 9-15 东方公司资产负债表

资产负债表

编制单位：东方公司　　　　　　　2018 年 12 月 31 日　　　　　　　会企 01 表　单位：元

资产	期末余额	年初余额	负债和所有者权益（或股东权益）	期末余额	年初余额
流动资产：			流动负债：		
货币资金	30 000		短期借款	100 000	
以公允价值计量且其变动计入当期损益的金融资产	10 000		以公允价值计量且其变动计入当期损益的金融负债	0	
衍生金融资产	0		衍生金融负债	0	
应收票据及应收账款	（　）		应付票据及应付账款	（　）	
预付款项	（　）		预收款项	（　）	
其他应收款	0		应付职工薪酬	57 000	
存货	（　）		应交税费	43 000	
持有待售资产	0		其他应付款	0	
一年内到期的非流动资产	0		持有待售负债	0	
其他流动资产	0		一年内到期的非流动负债	0	
流动资产合计	（　）	略	其他流动负债	0	略
非流动资产：			流动负债合计	（　）	
可供出售金融资产	0		非流动负债：		
持有至到期投资	0		长期借款	450 000	
长期应收款	0		应付债券	0	
长期股权投资	450 000		其中：优先股	0	
投资性房地产	0		永续债	0	
固定资产	（　）		长期应付款	0	
在建工程	0		预计负债	0	
生产性生物资产	0		递延收益	0	
油气资产	0		递延所得税负债	0	
无形资产	10 000		其他非流动负债	0	
开发支出	0		非流动负债合计	450 000	
商誉	0		负债合计	（　）	
长期待摊费用	0		所有者权益（或股东权益）：		
递延所得税资产	0		实收资本（或股本）	600 000	
其他非流动资产	0		其他权益工具	0	
非流动资产合计	（　）		其中：优先股	0	
			永续债	0	
			资本公积	0	
			减：库存股	0	
			其他综合收益	0	
			盈余公积	100 000	
			未分配利润	50 000	
			所有者权益（或股东权益）合计	750 000	
资产总计	（　）		负债和所有者权益（或股东权益）总计	（　）	

3. 资料：东方公司 2018 年度有关账户的累计发生额如表 9-16 所示。

表 9-16　东方公司 2018 年度有关账户的累计发生额　　　　　　　　单位：元

账　　户	1—12月累计发生额	账　　户	1—12月累计发生额
主营业务收入	635 000	管理费用	29 400
主营业务成本	393 000	财务费用	1 050
销售费用	42 000	投资收益	63 000
税金及附加	39 900	营业外收入	7 560
其他业务收入	23 100	营业外支出	15 750
其他业务成本	19 950	所得税费用	65 710
制造费用	89 250		

要求：

(1) 根据上述资料分别计算该公司的营业利润、利润总额和净利润（写出计算过程）。

(2) 根据上述资料及其有关计算结果回答下列问题。

① 期间费用的金额合计是（　　）。

　　A. 72 450 元　　　　　　　　　　B. 138 160 元
　　C. 161 700 元　　　　　　　　　 D. 227 410 元

② 根据本题的数据资料形成的会计报表可以是（　　）。

　　A. 2018 年度资产负债表　　　　　B. 2018 年 12 月资产负债表
　　C. 2018 年度利润表　　　　　　　D. 2018 年 12 月 31 日利润表

③ 根据上述计算结果，该公司"本年利润"账户年终结转后应（　　）。

　　A. 有贷方余额　　　　　　　　　B. 有借方余额
　　C. 无余额　　　　　　　　　　　D. 余额方向不确定

六、互联网搜索练习

请根据自己选定的上市公司财务报告资料，计算该公司主要的财务比率指标。

第10章 会计核算组织程序

【学习目标】

本章在研究会计凭证、账簿和报表的基础上，阐述三者相结合的方式。通过本章的学习，要求：(1) 了解合理设置会计核算组织程序的意义和要求；(2) 掌握主要会计核算组织程序的特点、优缺点和适用范围；(3) 熟练应用记账凭证、科目汇总表和汇总记账凭证会计核算组织程序。

【案例或故事】

应该设计怎样的会计核算组织程序？

汇通有限责任公司成立初期只是一家以汽车装饰业务为主的小公司。公司会计工作的内容是在手工核算下每月根据各种记账凭证逐笔登记总账。由于企业规模不大，业务简单，会计核算工作量也较少。随着公司规模和经营范围的不断扩大，公司建成了两个装饰产品车间，目前已发展为集汽车装饰、汽车改装、产品生产及装饰材料批发、零售为一体的综合性公司。公司业务量的增加，使得会计人员每月登记总账的工作量日趋繁重。会计主管人员认为原有的会计核算组织程序已无法满足企业所需，想重新设计会计核算程序。你能为他（或他）提出怎样的建议呢？

通过本章学习，你将了解有关会计核算组织程序的基本知识。

10.1 会计核算组织程序的意义和种类

10.1.1 会计核算组织程序的意义

会计核算组织程序，也称账务处理程序或会计核算形式，是指会计凭证、会计账簿、会计报表相结合的方式，包括会计凭证、会计账簿和会计报表的种类、格式与记账程序有机结合的方法和步骤。

企业使用会计核算方法对发生的经济业务和事项进行确认、计量、记录、报告，并反映自身的财务状况、经营成果和现金流量。会计核算方法由设置账户、复式记账、填制和审核会计凭证、设置和登记会计账簿、成本计算、财产清查、编制会计报表这七种相互联系的专门方法组成。在这些相互关联的会计核算方法中，会计凭证、会计账簿、会计报表作为关键的环节承载着各种会计信息，它们之间彼此并不孤立，而是通过规定设置会计凭证、账簿及会计报表的种类和格式，规定各种凭证之间、各种账簿之间、各种报表之间的相互关系，规定从各种凭证到账簿及报表之间的记账程序等一系列的方法和步骤构成完整的会计核算组织程序体系。科学合理地选择适用于自身经营特点和管理要求的会计核算组织程序，对于企业有效地组织会计核算具有重要意义，主要表现在以下三个方面。

（1）有利于规范会计工作程序。会计核算工作需要企业会计部门和会计人员的密切配合，设定会计核算组织程序，可以使会计部门和会计人员在工作中有序可循，根据各自明确的权责分工，正确填制凭证、登记账簿和编制报表。

（2）有利于提高会计信息的质量。会计核算组织程序规定了凭证、账簿、报表之间的结合方式，利用这种相互关联的关系可以起到核对、牵制的作用，从而保证会计记录的完整性和正确性，提高会计核算工作质量。

（3）有利于降低会计核算成本，提高会计工作效率。井然有序的会计核算组织程序，可以减少不必要的会计核算环节，降低会计核算成本，并保证会计信息处理能够及时完成，提高会计工作效率。

10.1.2 设置会计核算组织程序的要求

设置会计核算组织程序是做好会计工作的重要前提。在实际工作中，由于各企业的业务性质不同，组织规模大小各异，经济业务有繁简之别，所以设置的凭证、账簿及报表的种类和格式会有所不同，记账程序也有差异，因此，采用的会计核算组织程序不尽相同，但合理、适用的会计核算组织程序，一般符合以下基本要求：①应适合本企业经济活动的性质、规模大小和业务繁简程度，并充分考虑会计工作的组织分工与协作和内部控制；②应能够正确、及时、完整地提供会计信息，全面反映企业的经济活动情况，满足内、外部信息使用者的信息需求；③应在保证会计信息质量的前提下，降低会计核算成本，提高会计工作效率。

10.1.3 会计核算组织程序的种类

在我国，常用的核算组织程序主要有记账凭证核算组织程序、汇总记账凭证核算组织程序、科目汇总表核算组织程序、多栏式日记账核算组织程序和日记总账核算组织程序等。各种核算组织程序之间的主要区别在于登记总分类账的依据和方法不同，它们各有优点和缺点，企业应根据自身的实际情况选择适用的会计核算组织程序。其中，记账凭证核算组织程序是会计核算组织程序中最基本的程序，其他核算组织程序都是在其基础上发展演变形成的。

10.2 记账凭证核算组织程序

10.2.1 记账凭证核算组织程序的特点

记账凭证核算组织程序是直接根据记账凭证逐笔登记总分类账，依据账簿记录定期编制会计报表的一种核算组织程序。该核算组织程序的特点是，直接依据记账凭证逐笔登记总分类账。

10.2.2 记账凭证核算组织程序下设置的会计凭证、账簿

记账凭证核算组织程序下：①根据经济业务的发生和完成，取得或填制相应的原始凭证，可将原始凭证进行汇总，编制汇总原始凭证；②记账凭证通常设置收款凭证、付款凭证和转账凭证（如果企业经济业务不多，也可使用通用记账凭证）；③总分类账和库存现金、银行存款日记账采用三栏式订本账，明细分类账应根据核算需要采用三栏式、多栏式、数量金额式的活页账或卡片账。

根据国家颁布的企业会计准则规定，会计报表的种类和格式有统一的要求，无论采用何种会计核算组织程序，对会计报表的种类和格式都没有实质的影响。因此，有关会计报表的种类和格式问题将不在会计核算组织程序中进行讨论。

10.2.3 记账凭证核算组织程序的步骤

记账凭证核算组织程序的步骤如下。
①根据原始凭证编制汇总原始凭证。
②根据原始凭证或汇总原始凭证，编制记账凭证。
③根据收款凭证、付款凭证逐笔登记库存现金日记账和银行存款日记账。
④根据原始凭证、汇总原始凭证和记账凭证，登记各种明细分类账。
⑤根据记账凭证逐笔登记总分类账。

⑥期末,库存现金日记账、银行存款日记账和明细分类账的余额同有关总分类账的余额核对相符。

⑦期末,根据总分类账和明细分类账的记录,编制会计报表。

其程序如图10-1所示。

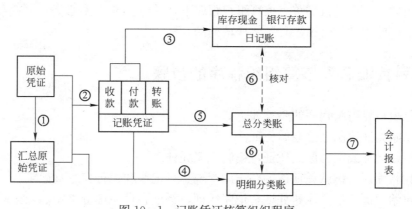

图10-1 记账凭证核算组织程序

10.2.4 记账凭证核算组织程序的优缺点和适用范围

记账凭证核算组织程序的优点是:简单明了,易于理解,在登记账簿时通过查看记账凭证可以清晰地掌握经济业务的来龙去脉,总分类账采用逐笔登记的方式可较详细地反映经济业务的发生情况,便于分析和检查。其缺点是:登记总分类账的工作量较大,在订本式总账中登记不利于会计核算工作的分工。记账凭证核算组织程序适用于规模较小、经济业务量较少、凭证数量不多的企业。

10.3 科目汇总表核算组织程序

10.3.1 科目汇总表核算组织程序的特点

科目汇总表核算组织程序又称记账凭证汇总表核算组织程序,它是根据记账凭证定期编制科目汇总表,再根据科目汇总表登记总分类账,依据账簿记录定期编制会计报表的一种核算组织程序。该核算组织程序的特点是,定期根据记账凭证汇总编制科目汇总表,然后根据科目汇总表登记总分类账。

10.3.2 科目汇总表核算组织程序下设置的会计凭证、账簿

科目汇总表核算组织程序下,需要在记账凭证中加设科目汇总表,而其他会计凭证、账

簿的格式和种类与在记账凭证核算组织程序下基本相同。

科目汇总表又称记账凭证汇总表,是根据记账凭证按照相同的账户归类、定期汇总编制(可通过"T"形账户),列示有关总分类账户的本期借方和贷方发生额合计数,据以登记总分类账的一种全部汇总记账凭证(见表6-12)。

需要说明的是,在科目汇总表核算组织程序下,总分类账中不必登记"摘要"栏,"凭证编号"栏是按照"科汇字第×号"字样填列的。

10.3.3 科目汇总表核算组织程序的步骤

科目汇总表核算组织程序的步骤如下。
①根据原始凭证编制汇总原始凭证。
②根据原始凭证或汇总原始凭证,编制记账凭证。
③根据收款凭证、付款凭证逐笔登记库存现金日记账和银行存款日记账。
④根据原始凭证、汇总原始凭证和记账凭证,登记各种明细分类账。
⑤根据各种记账凭证编制科目汇总表。
⑥根据科目汇总表登记总分类账。
⑦期末,库存现金日记账、银行存款日记账和明细分类账的余额同有关总分类账的余额核对相符。
⑧期末,根据总分类账和明细分类账的记录,编制会计报表。
其程序如图10-2所示。

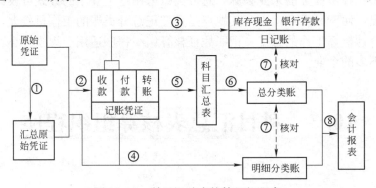

图10-2 科目汇总表核算组织程序

10.3.4 科目汇总表核算组织程序的优缺点和适用范围

科目汇总表核算组织程序的优点是:根据科目汇总表来登记总分类账,与记账凭证核算组织程序相比大大减轻了登记总分类账的工作量;利用科目汇总表可做到试算平衡,并及时发现差错;该账务处理程序简明易懂,方便易学。其缺点是:科目汇总表只提供全部账户本期的借方和贷方发生额合计数,不能反映账户对应关系,在登记总账时不能了解经济业务的来龙去脉,不便于查对账目,而且编制科目汇总表的工作量较大。科目汇总表核算组织程序适用于规模较大、经济业务量较多、凭证数量较多的企业。

10.4 汇总记账凭证核算组织程序

10.4.1 汇总记账凭证核算组织程序的特点

汇总记账凭证核算组织程序是定期根据记账凭证分类编制汇总记账凭证,再根据汇总记账凭证登记总分类账,依据账簿记录定期编制会计报表的一种核算组织程序。该核算组织程序的特点是,定期根据记账凭证编制汇总记账凭证,然后根据汇总记账凭证登记总分类账。

10.4.2 汇总记账凭证核算组织程序下设置的会计凭证、账簿

汇总记账凭证核算组织程序下,需要在记账凭证中加设汇总记账凭证,而其他会计凭证、账簿的格式和种类与在记账凭证核算组织程序下基本相同。

汇总记账凭证,是定期将记账凭证按科目对应关系汇总编制成汇总记账凭证,据以登记总分类账的一种分类汇总记账凭证。汇总记账凭证包括汇总收款凭证、汇总付款凭证和汇总转账凭证三种(见表6-9~表6-11)。

值得注意的是,在汇总记账凭证核算组织程序下,编制汇总付款凭证和汇总转账凭证时,为了便于按账户的贷方设置,并按对应科目的借方账户归类,要求付款凭证和转账凭证中应编制简单或多借一贷的会计分录,而不宜编制一借多贷或多借多贷的会计分录;编制汇总收款凭证时,为了便于按账户的借方设置,并按对应科目的贷方账户归类,要求收款凭证中应编制简单或一借多贷的会计分录,而不宜编制多借一贷或多借多贷的会计分录。总分类账中的"凭证编号"栏是按照"汇收(或付、转)字第×号"填列的。

10.4.3 汇总记账凭证核算组织程序的步骤

汇总记账凭证核算组织程序的步骤如下。
①根据原始凭证编制汇总原始凭证。
②根据原始凭证或汇总原始凭证,编制记账凭证。
③根据收款凭证、付款凭证逐笔登记库存现金日记账和银行存款日记账。
④根据原始凭证、汇总原始凭证和记账凭证,登记各种明细分类账。
⑤根据各种记账凭证定期编制有关汇总记账凭证。
⑥根据各种汇总记账凭证登记总分类账。
⑦期末,库存现金日记账、银行存款日记账和明细分类账的余额同有关总分类账的余额核对相符。
⑧期末,根据总分类账和明细分类账的记录,编制会计报表。
其程序如图10-3所示。

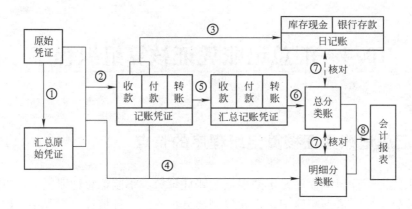

图 10-3 汇总记账凭证核算组织程序

10.4.4 汇总记账凭证核算组织程序的优缺点和适用范围

汇总记账凭证核算组织程序的优点是：根据汇总记账凭证来登记总分类账，与记账凭证核算组织程序相比，减轻了登记总分类账的工作量，而且由于汇总记账凭证反映账户之间的对应关系清楚，可以在登记总账时了解经济业务的来龙去脉，便于查对账目，汇总记账凭证核算组织程序集中了记账凭证核算组织程序和科目汇总表核算组织程序两者的优点。但它仍然有自身的欠缺：编制汇总转账凭证时是按每一贷方科目而不是按照经济业务的性质归类汇总的，不利于会计核算的日常分工；定期编制汇总记账凭证的工作量较大。汇总记账凭证核算组织程序适用于规模较大、经济业务较多的企业。

10.5 多栏式日记账核算组织程序

10.5.1 多栏式日记账核算组织程序的特点

多栏式日记账核算组织程序是根据收款凭证和付款凭证登记多栏式库存现金日记账和多栏式银行存款日记账，根据转账凭证填制转账凭证科目汇总表，再根据多栏式库存现金日记账、多栏式银行存款日记账和转账凭证科目汇总表登记总分类账，依据账簿记录定期编制会计报表的一种核算组织程序。该核算组织程序的特点是，设置转账凭证科目汇总表，根据多栏式特种日记账和转账凭证科目汇总表登记总分类账。

10.5.2 多栏式日记账核算组织程序下设置的会计凭证、账簿

多栏式日记账核算组织程序下，需要在记账凭证中加设转账凭证科目汇总表，在账簿中设置多栏式库存现金日记账、多栏式银行存款日记账，而其他会计凭证、账簿的格式和种类

与在记账凭证核算组织程序下基本相同。

转账凭证科目汇总表和科目汇总表基本相同,只是科目汇总表是对所有记账凭证进行的全部汇总,而转账凭证科目汇总表是对转账凭证进行的分类汇总。

多栏式日记账核算组织程序下使用的库存现金日记账和银行存款日记账的账页必须采用多栏式格式(见表7-5和表7-9)。多栏式库存现金日记账和多栏式银行存款日记账中按对应账户设置专栏,具备了库存现金和银行存款科目汇总表的作用,月末,可根据日记账的本月收入、支出发生额和对应账户的发生额登记总账。登记时,根据多栏式日记账借方合计栏的本月发生额,记入总分类账"库存现金"和"银行存款"账户的借方,并根据收入栏对应贷方科目的本月发生额,记入总分类账各有关账户的贷方;根据多栏式日记账贷方合计栏的本月发生额,记入总分类账"库存现金"和"银行存款"账户的贷方,并根据支出栏对应借方科目的本月发生额,记入总分类账各有关账户的借方。对于转账业务,可根据转账凭证编制转账凭证科目汇总表,再据以登记总分类账。

需要说明的是,在多栏式日记账核算组织程序下,总分类账中的"凭证编号"栏是按照"转科汇字第×号"和"现日账""银日账"字样填列的;如果转账业务不多时,也可以根据转账凭证逐笔登记总分类账;和其他的核算组织程序不同,库存现金、银行存款日记账和总分类账是登记的关系,不是核对的关系。

10.5.3　多栏式日记账核算组织程序的步骤

多栏式日记账核算组织程序的步骤如下。

①根据原始凭证编制汇总原始凭证。

②根据原始凭证或汇总原始凭证,编制记账凭证。

③根据收款凭证、付款凭证逐笔登记多栏式库存现金日记账和多栏式银行存款日记账。

④根据转账凭证定期汇总编制转账凭证科目汇总表。

⑤根据原始凭证、汇总原始凭证和记账凭证,登记各种明细分类账。

⑥期末,根据多栏式库存现金日记账、多栏式银行存款日记账和转账凭证科目汇总表登记总分类账。

⑦期末,明细分类账的余额同有关总分类账的余额核对相符。

⑧期末,根据总分类账和明细分类账的记录,编制会计报表。

其程序如图10-4所示。

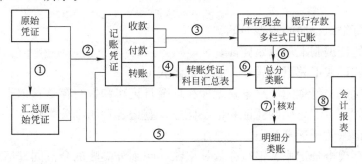

图10-4　多栏式日记账核算组织程序

10.5.4　多栏式日记账核算组织程序的优缺点和适用范围

多栏式日记账核算组织程序的优点是：利用多栏式日记账和转账凭证科目汇总表登记总分类账，一方面具有科目汇总表核算组织程序的特点，可减轻登记总分类账的工作量；另一方面由于设置了多栏式日记账，因而可反映收付款业务的账户对应关系。其缺点是：多栏式账页格式在业务繁杂的企业中由于使用的会计科目较多，账页宽幅就会过长，不便于记账；编制转账凭证科目汇总表的工作量较大。适用于规模不大、经济业务比较简单但收付款业务比较多的企业。

10.6　日记总账核算组织程序

10.6.1　日记总账核算组织程序的特点

日记总账核算组织程序是根据记账凭证逐笔登记日记总账，依据账簿记录定期编制会计报表的一种核算组织程序。该核算组织程序的特点是：设置日记总账，然后直接根据记账凭证登记日记总账。

10.6.2　日记总账核算组织程序下设置的会计凭证、账簿

日记总账核算组织程序下，需要设置日记总账（即多栏式总分类账），而其他会计凭证、账簿的格式和种类与在记账凭证核算组织程序下基本相同。

日记总账，是兼有序时账簿和分类账簿两种功能的联合账簿。日记总账的账页采用多栏式格式（见表7-13）。日记总账中设专栏将全部账户列在一张账页内，每一账户设借方和贷方，期末在发生额栏的合计数应与全部科目的借方发生额合计数、贷方发生额合计数核对相符。

10.6.3　日记总账核算组织程序的步骤

日记总账核算组织程序的步骤如下。
①根据原始凭证编制汇总原始凭证。
②根据原始凭证或汇总原始凭证，编制记账凭证。
③根据收款凭证、付款凭证逐笔登记库存现金日记账和银行存款日记账。
④根据原始凭证、汇总原始凭证和记账凭证，登记各种明细分类账。
⑤根据各种记账凭证逐笔登记日记总账。
⑥期末，库存现金日记账、银行存款日记账和明细分类账的余额同日记总账的余额核对相符。

⑦期末，根据日记总账和明细分类账的记录，编制会计报表。

其程序如图10-5所示。

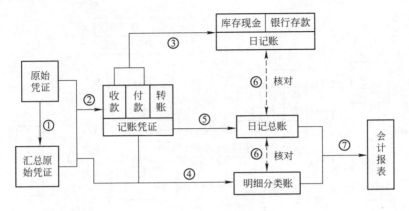

图10-5　日记总账核算组织程序

10.6.4　日记总账核算组织程序的优缺点和适用范围

日记总账核算组织程序的优点是：将序时核算与总分类核算相结合，和设置三栏式总账的记账凭证核算组织程序相比，核算程序简便易行；且将所有的账户集中在一张账页中，使得账户对应关系清楚，能反映全部经济业务的来龙去脉，便于分析和检查。其缺点是：登记日记总账的工作量较大，如果企业的会计科目较多，日记总账账页宽幅就会过长，不便于记账和分工，这与多栏式日记账格式的缺点是一样的。日记总账核算组织程序适用于规模较小、经济业务比较简单、会计科目使用不多的企业。

除上述说明的主要会计核算组织程序外，会计电算化程度较高的企业还可以采用通用日记账核算组织程序。通用日记账核算组织程序是将所有的经济业务不填制记账凭证，以分录的形式记入通用日记账（见表7-3），再根据通用日记账登记总分类账的核算组织程序。通用日记账核算组织程序下，一般不设库存现金和银行存款日记账，通过一本普通日记账顺序反映一定期间的全部经济业务的发生和完成，便于使用计算机操作。

本章小结

会计核算组织程序是指会计凭证、会计账簿、会计报表相结合的方式，包括会计凭证、会计账簿和会计报表的种类、格式与记账程序有机结合的方法和步骤。企业应当科学合理地选择适用于自身经营特点和管理要求的会计核算组织程序。常用的核算组织程序包括：记账凭证核算组织程序、汇总记账凭证核算组织程序、科目汇总表核算组织程序、多栏式日记账核算组织和日记总账核算组织程序等。各种核算组织程序之间的主要区别在于登记总分类账的依据和方法不同，它们各有优缺点和不同的适用范围。其中，记账凭证核算组织程序是会计核算组织程序中最基本的程序,其他核算组织程序都是在其基础上发展演变形成的。各种主要的核算组织程序的共同点如图10-6所示。

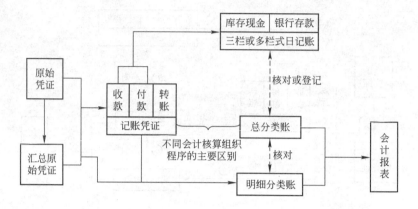

图10-6 各种主要的核算组织程序的共同点

英文专业词汇

会计核算组织程序:bookkeeping system　　　多栏式日记账:columnar journal
记账凭证核算组织程序:bookkeeping system using vouchers

本章相关法规

1. 中华人民共和国会计法(根据2017年11月4日第十二届全国人民代表大会常务委员会第三十次会议第二次修正)
2. 会计档案管理办法(2015年12月11日财政部和国家档案局令第79号,自2016年1月1日起施行)
3. 会计基础工作规范(1996年6月17日财政部发布并实施)

阅读材料

井尻雄士与《三式记账法的结构和原理》

井尻雄士是著名的美籍日裔会计学家和教育家,曾担任美国会计学会会长,并入选美国

"会计名人堂",是唯一四次获得美国注册会计师协会、美国会计学会联合颁发的会计教育突出贡献奖的会计教育家。1935年,井尻雄士出生于日本神户一个平民家庭,年少时他就对数学感兴趣,21岁时成为日本有史以来最年轻的注册会计师。大学毕业后,他曾到普华永道国际会计公司就职,但由于感到自身知识缺乏,于是毅然辞职到美国攻读博士学位,后在斯坦福大学、卡内基-梅隆大学任教。井尻雄士在会计教育方面成绩斐然。作为一名会计教师,他工作兢兢业业、诲人不倦,培养出众多杰出的会计人才,为会计知识的传播和发展做出了不可磨灭的贡献。在学术方面,井尻雄士以研究会计理论见长,关于会计计量理论与三式簿记理论的成果不仅是规范会计理论学派的重要代表作之一,更是奠定了他在会计理论界的学术地位。他历经25年积极研究三式记账法,著有《三式簿记和收益动量》(1982)、《三式簿记结构》(1986)、《动量会计的三大假设》(1987),向风行了500多年的复式记账法公然宣战,为会计记账法的发展提供了一种新模式,我国著名会计学家娄而行在20世纪80年代将这三篇论文以《三式记账法的结构和原理》为名介绍给中国的读者。

学术论文参考

[1] 井尻雄士,娄尔行. 三式簿记结构. 上海会计,1987 (8).

[2] 佩顿,娄尔行. 伊尻书评读后记. 上海会计,1982 (1).

[3] ZEFF S. Leaders of the accounting profession:14 who made a difference. Journal of accountancy,1987 (5).

[4] JOOS P, LANG M. The effects of accounting diversity evidence from the European Union. Journal of accounting research,1994.

[5] DHALIWAL D S, RADHAKRISHMAN S, TSANG A, et al. Nonfinancial disclosure and analyst forecast accuracy:international evidence on corporate social responsibility disclosure. The accounting review,2012.

本章练习题

一、单项选择题

1. 企业的会计凭证、会计账簿、会计报表相结合的方式称为(   )。
   A. 账簿组织   B. 会计核算组织程序
   C. 记账工作步骤   D. 会计工作组织
2. 各种核算组织程序的主要区别是(   )。
   A. 登记明细分类账的依据和方法不同   B. 登记总分类账的依据和方法不同
   C. 总账的格式不同   D. 编制会计报表的依据不同

3. 直接根据记账凭证逐笔登记总分类账，这种核算组织程序是（　　）。
   A. 记账凭证核算组织程序
   B. 科目汇总表核算组织程序
   C. 汇总记账凭证核算组织程序
   D. 日记总账核算组织程序

4. 记账凭证核算组织程序的主要特点是（　　）。
   A. 根据各种记账凭证编制汇总记账凭证
   B. 根据各种记账凭证逐笔登记总分类账
   C. 根据各种记账凭证编制科目汇总表
   D. 根据各种汇总记账凭证登记总分类账

5. 会计凭证方面，科目汇总表核算组织程序比记账凭证核算组织程序增设了（　　）。
   A. 原始凭证汇总表
   B. 汇总原始凭证
   C. 科目汇总表
   D. 汇总记账凭证

6. 既能汇总登记总分类账，减轻总账登记工作，又能明确反映账户对应关系，便于查账、对账的核算组织程序是（　　）。
   A. 记账凭证核算组织程序
   B. 科目汇总表核算组织程序
   C. 汇总记账凭证核算组织程序
   D. 通用日记账核算组织程序

7. 科目汇总表核算组织程序的缺点是（　　）。
   A. 登记总分类账的工作量大
   B. 程序复杂，不易掌握
   C. 不能对发生额进行试算平衡
   D. 不便于查账、对账

8. 记账凭证核算组织程序的缺点是（　　）。
   A. 不能明确反映账户对应关系
   B. 程序复杂、不易掌握
   C. 不便于查账、对账
   D. 登记总分类账的工作量大

9. 记账凭证核算组织程序的适用范围是（　　）。
   A. 规模较大、经济业务量较多的单位
   B. 采用单式记账的企业
   C. 规模较小、经济业务量较少的单位
   D. 采用会计电算化的企业

10. 下列各项中，属于最基本的会计核算组织程序的是（　　）。
    A. 记账凭证核算组织程序
    B. 科目汇总表核算组织程序
    C. 汇总记账凭证核算组织程序
    D. 日记总账核算组织程序

二、多项选择题

1. 在不同会计核算组织程序下，下列可以作为登记总分类账依据的有（　　）。
   A. 记账凭证
   B. 科目汇总表
   C. 汇总记账凭证
   D. 多栏式日记账
   E. 转账凭证科目汇总表

2. 汇总记账凭证核算组织程序下登记总分类账的依据是（　　）。
   A. 汇总原始凭证
   B. 汇总收款凭证
   C. 汇总付款凭证
   D. 汇总转账凭证
   E. 转账凭证科目汇总表

3. 在汇总记账凭证核算组织程序下，为了便于编制汇总转账凭证，所有转账凭证不能填制（   ）。
  A. 一借一贷的转账凭证　　　　　　B. 一借多贷的转账凭证
  C. 多借一贷的转账凭证　　　　　　D. 多借多贷的转账凭证
  E. 借贷不平衡的转账凭证

4. 可以反映全部经济业务的来龙去脉，便于查对账目的会计核算组织程序包括（   ）。
  A. 记账凭证核算组织程序　　　　　B. 科目汇总表核算组织程序
  C. 汇总记账凭证核算组织程序　　　D. 多栏式日记账核算组织程序
  E. 日记总账核算组织程序

5. 科目汇总表核算组织程序和汇总记账凭证核算组织程序的共同点是（   ）。
  A. 减少登记总账的工作量　　　　　B. 登记总账的依据相同
  C. 登记明细账的依据相同　　　　　D. 都能反映经济业务的来龙去脉
  E. 记账凭证都需要汇总

三、判断题

1. 编制会计报表是企业会计核算组织程序的组成部分。　　　　　　　　（   ）
2. 汇总记账凭证与科目汇总表的汇总方法基本相同。　　　　　　　　　（   ）
3. 不同会计核算组织程序之间的主要区别在于登记日记账的依据和方法不同。（   ）
4. 采用科目汇总表核算组织程序，总分类账、明细账和日记账均应根据科目汇总表登记。
  　　　　　　　　　　　　　　　　　　　　　　　　　　　　　　（   ）
5. 多栏式日记账核算组织程序的特点是直接根据多栏式日记账和转账凭证科目汇总表登记总分类账。　　　　　　　　　　　　　　　　　　　　　　　　　　　（   ）

四、思考题

1. 说明选用合理的会计核算组织程序有何意义和要求。
2. 会计核算组织程序包括哪些基本的种类？它们的异同之处如何？
3. 在记账凭证核算组织程序下，应设置怎样的记账凭证与账簿的种类及格式？
4. 用流程图来表达记账凭证核算组织程序下的账务处理步骤。
5. 简述记账凭证核算组织程序的特点、优缺点和适用范围。
6. 如何编制科目汇总表？
7. 在记账凭证核算组织程序流程图的基础上，说明科目汇总表核算组织程序下的账务处理步骤。
8. 简述科目汇总表核算组织程序的特点、优缺点和适用范围。
9. 如何编制汇总收款凭证、汇总付款凭证和汇总转账凭证？
10. 在记账凭证核算组织程序流程图的基础上，说明汇总记账凭证核算组织程序下的账务处理步骤。
11. 简述汇总记账凭证核算组织程序的特点、优缺点和适用范围。

五、填表题

填列表 10-1 中的有关项目，比较各种会计核算组织程序。

表 10-1 各种会计核算组织程序比较

会计核算组织程序	特 点	优 点	缺 点	适用范围
记账凭证核算组织程序				
汇总记账凭证核算组织程序				
科目汇总表核算组织程序				
多栏式日记账核算组织程序				
日记总账核算组织程序				
通用日记账核算组织程序				

六、业务题

1. 练习记账凭证核算组织程序

资料： 东方公司 2019 年 4 月 1 日各账户的余额如表 10-2 所示。

表 10-2 东方公司 2019 年 4 月 1 日各账户余额   单位：元

账　户	借方余额	账　户	贷方余额
库存现金	2 750	短期借款	200 000
银行存款	192 250	应付账款	80 000
应收账款	70 000	应交税费	1 000
其他应收款	350	应付职工薪酬	55 000
原材料	480 000	累计折旧	1 200 000
生产成本	74 000	实收资本	1 583 350
库存商品	400 000	盈余公积	100 000
固定资产	2 000 000		
合　计	3 219 350	合　计	3 219 350

该月发生下列经济业务。

(1) 1 日，销售产品 200 000 元，增值税 26 000 元，款项已收存银行。

(2) 1 日，购入材料一批，价款 10 000 元，可抵扣的增值税 1 300 元，款项已通过银行支付，材料已验收入库。

(3) 2 日，用银行存款交纳应交的城市维护建设税 1 000 元。

(4) 3 日，生产产品领用材料 150 000 元。

(5) 4 日，采购员预借差旅费 500 元，用现金支付。

(6) 5 日，用银行存款支付水电费 1 200 元，其中，生产车间水电费 900 元，管理部门水电费 300 元。

(7) 6 日，用现金支付销售产品运费 800 元。

(8) 10 日，出租固定资产取得现金支票 3 000 元，款项已收妥。

(9) 11 日，车间领用一般性消耗材料 90 元。

(10) 12 日，向银行提取现金 55 000 元备发工资。

(11) 16 日，用现金发放工资 55 000 元。
(12) 18 日，偿还某公司货款 50 000 元，用银行存款支付。
(13) 19 日，收回某单位前欠货款 35 000 元，已存入银行。
(14) 20 日，采购员报销差旅费 470 元，余款退回现金 30 元。
(15) 21 日，以银行存款购入不需安装设备一台，价款 50 000 元，可抵扣的增值税 6 500 元，全部款项用银行存款支付。
(16) 23 日，购入材料一批，价款 20 000 元，可抵扣的增值税 2 600 元，款项尚未支付，材料已验收入库。
(17) 27 日，销售产品一批，价款 90 000 元，应收取的增值税 11 700 元，款项尚未收到。
(18) 28 日，用银行存款 2 400 元支付应交纳的罚金。
(19) 30 日，计提本月固定资产折旧 38 000 元，其中，生产车间固定资产折旧 26 200 元，出租固定资产折旧 1 800 元，企业管理部门固定资产折旧 10 000 元。
(20) 30 日，计算本月工资和福利费，其中生产工人工资 45 000 元，车间管理人员工资 5 000 元，企业管理人员工资 9 000 元；生产工人福利费 4 500 元，车间管理人员福利费 500 元，企业管理人员福利费 900 元。
(21) 30 日，结转本月制造费用；用银行存款支付本月借款利息 1 500 元。
(22) 30 日，结转本月完工产品成本（假定无期初、期末在产品）。
(23) 30 日，结转本月产品销售成本 160 000 元。
(24) 30 日，经过计算，销售产品应交的消费税 9 500 元，企业所得税费用 30 000 元。
(25) 30 日，将各收入、费用类账户的余额转入"本年利润"账户。
要求：
(1) 根据资料，设置三栏式总分类账，登记期初余额；
(2) 将本月发生的经济业务，按时间顺序编制收款凭证、付款凭证和转账凭证；
(3) 根据记账凭证登记总分类账户，并结出本期发生额和期末余额；
(4) 根据总分类账户资料，编制总分类账户发生额及余额试算表；
(5) 编制利润表和资产负债表。
2. 练习科目汇总表核算组织程序
资料：同业务题 1。
要求：
(1) 根据所编制的记账凭证月终编制科目汇总表；
(2) 根据科目汇总表登记总分类账；
(3) 月终结计各总分类账户的本期发生额和期末余额，与业务题 1 的结果核对。
3. 练习汇总记账凭证核算组织程序
资料：同业务题 1。
要求：
(1) 根据所编制的记账凭证，10 天汇总一次，编制汇总记账凭证；
(2) 根据汇总记账凭证登记总分类账；
(3) 月终结计各总分类账户的本期发生额和期末余额，与业务题 1 的结果核对。

第11章 会计基础工作

【学习目标】

在掌握了会计的基本理论和基本核算方法的基础上，本章介绍会计的基础工作。通过本章的学习，要求：(1) 熟悉会计法规体系的构成；(2) 明确组织会计工作的意义和组织会计工作的要求；(3) 理解会计机构的设置；(4) 熟悉会计人员的职责与权限；(5) 熟悉会计档案的保管与交接；(6) 掌握会计职业道德的内容；(7) 了解会计电算化的基本要求。

【案例或故事】

宁失业不做假的诚实会计刘士泉

刘士泉是哈尔滨商业大学（原黑龙江商学院）会计系本科毕业生。毕业4年里，他坚持对做假账说"不"，并多次因企业缺乏诚信而主动辞职。尤其令他不解的是，一些上市公司的财务账也不清不白。社会在呼唤诚信，已供职过4家企业的刘士泉有些困惑：难道自己做错了？由此，新华社2002年4月1日刊发了文章《做假与失业，该选择哪一个——一名财会系毕业生的求职困惑》，在社会上引起了强烈反响。随后，有多家山东的企业高度评价了刘士泉的职业操守，表示愿意接纳像刘士泉这样的诚实会计。面对记者提出"反假斗士"的称号，刘士泉说："我绝对担当不起这个称号！会计职业本身要求不能做假的。我没有胆子扛起反假的大旗，我不过是从要诚实这个本能出发，拒绝做我自己认为是错误的事情。"如果在职业生涯中遇到类似的状况，你会怎么做呢？

通过本章学习，你将了解有关会计基础工作和会计职业道德的基本知识。

11.1 会计法规体系

11.1.1 会计法规体系的意义

会计法规是一种标准，是长期以来人们在会计实践活动中形成的，用来调整会计关系、规范会计活动的一系列明文规定的标准、范式。会计法规随着社会经济环境和会计的发展变化不断产生、完善，并形成了一个具有不同层次结构的相互关联、共同发挥作用的会计法规体系。其重要作用体现在以下三个方面。

(1) 实现会计信息生产的标准化。会计的目标是向信息使用者提供有助于经济决策的信息，但由于会计信息使用者众多，不同的信息使用者其信息需求各不相同，而且外部的信息使用者和提供会计信息的企业存在着信息不对称。如果不能对会计信息的生产加以约束，势必损害在信息占有中处于劣势一方的利益，甚至可能会误导信息使用者而成为社会的危害。

(2) 为评价会计行为确定客观标准。会计信息对使用者而言具有重大经济后果，各方会计信息使用者必然十分关注会计工作的质量，合理判断特定会计行为及其结果的对错、好坏，就需要在全社会中建议一个基本一致的标准，对会计工作质量做出评价。

(3) 有利于维护社会经济秩序。全社会统一的会计法规体系是市场经济运行规则的一个重要组成部分，是社会各方从事与企业有关的经济活动和从事相应经济决策的重要基础。会计法规体系对于国家维护和保证财政利益、进行宏观经济调控、管理国有资产具有十分重要的意义。

11.1.2 我国会计法规体系的内容

历经新中国成立以来几十年的努力，特别是随着经济体制持续深入变革，我国的会计法规建设取得了历史性的发展，形成了以《会计法》为中心、国家统一的会计制度为基础的相对完整的会计法规体系，主要包括《会计法》、《注册会计师法》、《总会计师条例》、《企业财务报告条例》、《企业会计准则》及其应用指南和解释、《会计基础工作规范》、《会计档案管理办法》、《企业内部控制基本规范》、《管理会计基本指引》及《代理记账管理办法》等。

1. 会计法

《会计法》是会计法规体系中层次最高的、最具权威性、最具法律效力的规范，是制定其他层次会计规范的依据，是会计工作的基本大法，是指导会计工作的最高准则。我国的《会计法》经历了多次修订。1985年1月21日第六届全国人民代表大会常务委员会第九次会议通过了最早的《会计法》，于1985年5月1日实施。此后，根据1993年12月29日第八届全国人民代表大会常务委员会第五次会议《关于修改〈中华人民共和国会计法〉的决定》进行了修正，1999年10月31日第九届全国人民代表大会常务委员会第十二次会议进行了修订，2017年11月4日第十二届全国人民代表大会常务委员会第三十次会议进行了《关于修改〈中华人民共和国会计法〉等十一部法律的决定》的修正。

《会计法》共七章五十二条，主要包括总则，会计核算，公司、企业会计核算的特别规定，会计监督，会计机构和人员，法律责任和附则。总则中主要规定了《会计法》的基本问题；会计核算中具体阐述了会计核算的基本要求和内容、会计年度和记账本位币、会计资料以及会计记录的文字和会计档案的管理等方面的规定；公司、企业会计核算的特别规定中规定了只适用于公司、企业所进行的会计核算；会计监督中规定了会计监督体系和要求；会计机构和人员中详细规定了会计机构和会计人员的设置、会计机构的制度建设以及会计人员任职要求等；法律责任中规定了违反《会计法》应承担的法律责任；附则中解释了"单位负责人"和"国家统一的会计制度"用语，规定了对个体工商户的会计管理和《会计法》的施行日期。

2. 会计准则

会计准则是会计核算工作的基本规范，就会计核算的原则和会计处理方法及程序做出规定，为会计制度的制定提供依据。我国的会计准则体系包括企业会计准则和非企业会计准则两个方面。

（1）企业会计准则。截至2018年12月，已发布的企业会计准则主要包括1项基本准则、42项具体准则及相关准则应用指南和准则解释、会计处理规定等，如表11-1所示。其中，基本准则作为概念框架，明确会计确认、计量和报告的基本要求，指导具体准则的制定；具体准则主要规范企业发生的各类交易事项会计确认、计量和报告的具体要求；准则应用指南和解释及会计处理规定主要对具体准则涉及的有关重点难点问题提供释例和操作性指引。

2006年2月15日，财政部发布了1项基本准则、38项具体准则、若干准则应用指南和解释及会计处理规定为核心的企业会计准则体系（自2007年1月1日起施行），创造了既坚持中国特色又与国际准则趋同的会计准则制定模式，奠定了我国统一的会计核算平台。

2014年，财政部大规模地修订并增补了会计准则，以提高企业财务报表列报质量和会计信息透明度。1月至6月，修订了《企业会计准则第2号——长期股权投资》《企业会计准则第9号——职工薪酬》《企业会计准则第30号——财务报表列报》《企业会计准则第33号——合并财务报表》《企业会计准则第37号——金融工具列报》，新增了《企业会计准则第39号——公允价值计量》《企业会计准则第40号——合营安排》《企业会计准则第41号——在其他主体中权益的披露》，要求自2014年7月1日起在所有执行企业会计准则的企业范围内施行，执行企业会计准则的企业应当在2014年度及以后期间的财务报告中按照金融工具列报准则要求对金融工具进行列报。7月23日，以财政部部长令做出关于修改《企业会计准则——基本准则》的决定，并施行。

2016至2018年，财政部对企业会计准则进行了第二次大规模地修订和增补，修订了《企业会计准则第22号——金融工具的确认和计量》《企业会计准则第23号——金融资产转移》《企业会计准则第24号——套期会计》《企业会计准则第37号——金融工具列报》《企业会计准则第16号——政府补助》《企业会计准则第14号——收入》《企业会计准则第21号——租赁》，新增了《企业会计准则第42号——持有待售的非流动资产、处置组和终止经营》。

为了规范小企业会计确认、计量和报告行为，促进小企业可持续发展，发挥小企业在国民经济和社会发展中的重要作用。2011年10月，财政部发布了《小企业会计准则》，包括总则、资产、负债、所有者权益、收入、费用、利润及利润分配、外币业务、财务报表、附则共10章90条。要求符合适用条件的小企业自2013年1月1日起执行。《小企业会计准则》在制定方式上借鉴了《企业会计准则》，在核算方法上兼具小企业自身的特色，在税收规范方面，采取了和税法更为趋同的计量规则，简化了会计准则与税法的协调。

（2）非企业会计准则。是企业之外的其他单位适用的会计准则，主要包括自2019年1月1日起在全国各级各类行政事业单位全面施行的《政府会计准则——基本准则》及其相应政府会计具体准则、应用指南和《政府会计制度——行政事业单位会计科目和报表》等政府会计准则制度。2015年10月23日，财政部令第78号公布了《政府会计准则——基本准则》，包括总则、政府会计信息质量要求、政府预算会计要素、政府财务会计要素、政府决算报告和财务报告、附则共6章62条，自2017年1月1日起施行。

根据2013年党的十八届三中全会通过的决定、2014年修正的《预算法》，2014年2月国务院批转了财政部的《权责发生制政府综合财务报告制度改革方案》，正式确立了我国权责发生制政府综合财务报告制度改革的指导思想、总体目标、基本原则、主要任务、具体内容、配套措施、实施步骤和组织保障。通过权责发生制政府综合财务报告制度改革，构建规范科学的政府会计准则体系，建立健全政府财务报告编制方法，适度分离政府财务会计与预算会计、政府财务报告与决算报告功能，全面清晰反映政府财务信息和预算执行信息，为开展政府信用评级、加强资产负债管理、改进政府绩效监督考核、防范财政风险等提供支持，促进政府财务管理水平提高和财政经济可持续发展。

表11-1 中国企业会计准则与国际财务报告准则具体项目比较表

中国企业会计准则	国际财务报告准则
CAS 1 存货	IAS 2 存货
CAS 2 长期股权投资	IAS 27 单独财务报表 IAS 28 在联营和合营企业中的投资
CAS 3 投资性房地产	IAS 40 投资性房地产
CAS 4 固定资产	IAS 16 不动产、厂房及设备
CAS 5 生物资产	IAS 41 农业
CAS 6 无形资产	IAS 38 无形资产
CAS 7 非货币性资产交换	IAS 16 不动产、厂房及设备 IAS 38 无形资产 IAS 40 投资性房地产
CAS 8 资产减值	IAS 36 资产减值
CAS 9 职工薪酬	IAS 19 雇员福利
CAS 10 企业年金	IAS 26 退休福利计划的会计和报告
CAS 11 股份支付	IFRS 2 以股份为基础的支付
CAS 12 债务重组	IAS 39 金融工具：确认和计量
CAS 13 或有事项	IAS 37 准备、或有负债和或有资产

续表

中国企业会计准则	国际财务报告准则
CAS 14 收入	IAS 18 收入
CAS 15 建造合同	IAS 11 建造合同
CAS 16 政府补助	IAS 20 政府补助的会计和政府援助的披露
CAS 17 借款费用	IAS 23 借款费用
CAS 18 所得税	IAS 12 所得税
CAS 19 外币折算	IAS 21 汇率变动的影响 IAS 29 恶性通货膨胀经济中的财务报告
CAS 20 企业合并	IFRS 3 企业合并
CAS 21 租赁	IRS 17 租赁
CAS 22 金融工具确认和计量 CAS 23 金融资产转移 CAS 24 套期保值	IAS 39 金融工具：确认和计量
CAS 25 原保险合同 CAS 26 再保险合同	IFRS 4 保险合同
CAS 27 石油天然气开采	IFRS 6 矿产资源的勘探和评价
CAS 28 会计政策、会计估计变更和差错更正	IAS 8 会计政策、会计估计变更和差错
CAS 29 资产负债表日后事项	IAS 10 资产负债表日后事项
CAS 30 财务报表列报	IAS 1 财务报表的列报
CAS 31 现金流量表	IAS 7 现金流量表
CAS 32 中期财务报告	IAS 34 中期财务报告
CAS 33 合并财务报表	IFRS 10 合并财务报表
CAS 34 每股收益	IAS 33 每股收益
CAS 35 分部报告	IFRS 8 分部报告
CAS 36 关联方披露	IAS 24 关联方披露
CAS 37 金融工具列报	IFRS 7 金融工具：披露 IAS 32 金融工具：列报
CAS 38 首次执行企业会计准则	IFRS 1 首次采用国际财务报告准则
CAS 39 公允价值计量	IFRS 13 公允价值计量
CAS 40 合营安排	IFRS 11 合营安排
CAS 41 在其他主体中权益的披露	IFRS 12 在其他主体中权益的披露
CAS 42 持有待售的非流动资产、处置组和终止经营	IFRS 5 持有待售的非流动资产和终止经营

11.2 会计工作组织

11.2.1 会计工作组织概述

1. 组织会计工作的意义

会计工作的组织是根据会计工作的特点,对会计机构的设置、人员的配备、会计制度的制定与执行、会计档案的保管和交接等项工作的统筹安排。会计是一项复杂、细致的综合性经济管理活动,科学、系统地组织会计工作具有十分重要的意义,主要表现以下四个方面。

1) 有利于保证会计工作的质量,提高会计工作的效率

会计反映的是再生产过程中各个阶段以货币表现的经济活动,具体又可表现为循环往复的资金运动。会计工作要把这些经济活动及时进行信息处理,完成从凭证到账簿再到报表,连续地进行收集、记录、分类、汇总和分析等过程。这不但涉及复杂的计算,且包括一系列的程序和手续,各个程序之间、各种手续之间的密切联系,如果在任何一个环节出现问题都会造成整个核算结果的错误。如果没有一套工作制度和程序,就不能科学地组织会计工作,也不能提高会计工作效率,无法实现会计目标。

2) 可以保证会计工作与其他经济管理工作协调一致

会计工作不但与宏观经济如国家财政、税收、金融等密切相关,而且与各单位内部的计划、统计等工作密切相关。会计工作一方面能够促进其他经济管理工作,另一方面也需要其他管理工作的配合。只有科学地组织好会计工作,才能处理好会计同其他经济管理工作的关系,做到相互促进、密切配合、口径一致。

3) 可以加强企业内部的经济责任制

经济责任制是企业实行内部控制和管理的重要手段,会计是经济管理的重要组成部分,必须要在贯彻经济责任制方面发挥重要作用,实行内部经济责任制离不开会计。科学地组织会计工作可以促进企业有效利用资金,提高管理水平从而提高经济效益,使企业创造更多利润。

4) 有利于维护好财经法纪,贯彻经济工作的方针政策

会计工作是一项错综复杂的系统工作,政策性强,必须通过核算如实地反映企业的经济活动,通过监督来贯彻执行国家的有关方针、政策。科学地组织好会计工作,可以促使企业维护好财经法纪,为建立良好的经济秩序打下基础。

2. 组织会计工作的要求

要组织好会计工作、提高会计工作的质量和效率,就必须遵循管理工作中的一般规律,主要包括以下内容。

(1) 符合国家对会计工作的统一要求,并适应各单位生产经营的特点。组织会计工作,一方面必须按照会计法规和制度对会计工作的统一要求,贯彻执行国家的相关规定。只有按照统一要求组织会计工作,才能发挥会计工作在维护社会主义市场经济秩序、加强经济管

理、提高经济效益中的作用。另一方面，还必须结合企业自身的特点来制定具体办法和补充规定，做好各项会计工作，适应企业自身发展的需要。

（2）在保证核算工作质量的基础上，讲求效益以提高工作效率。会计工作十分复杂，如果组织不好，就会重复劳动，造成资源浪费。因此，对会计管理程序的规定，所有会计凭证、账簿、报告的设计、会计机构的设置及会计人员的配置等，都应避免烦琐，力求精简。

（3）贯彻企业的内部控制和责任制要求。科学地组织会计工作，应遵循内部控制的原则，在保证贯彻企业经济责任制的同时，建立和完善会计工作本身的责任制度，合理分工，建立会计岗位，实现会计处理手续和会计工作程序的规范化。

11.2.2 会计机构与会计人员

1. 会计机构

国务院财政部门主管全国的会计工作，县级以上地方各级人民政府财政部门管理本行政区域内的会计工作。财政部设会计司，具体负责管理全国的会计工作。单位负责人对本单位的会计工作和会计资料的真实性、完整性负责。单位负责人是指单位法定代表人或者法律、行政法规规定代表单位行使职权的主要负责人。单位负责人应当保证会计机构、会计人员依法履行职责，不得授意、指使、强令会计机构、会计人员违法办理会计事项。

企业应当根据会计业务的需要，设置会计机构，或者在有关机构中设置会计人员并指定会计主管人员；不具备设置条件的，应当委托经批准设立从事会计代理记账业务的中介机构代理记账。企业设置的会计机构应能够做到：有效地进行会计核算；进行合理的会计监督；制定本企业的会计制度；参与本企业的各项计划制订，并考核计划的执行情况等。还应该在会计机构内部进行适当的分工，按照会计核算的流程设置责任岗位，配置人员。同时，会计机构内部的岗位分工上，应符合内部控制制度的要求。企业可根据实际情况在会计机构内部组织形式设定时，选择集中核算或非集中核算。

2. 会计人员

为了加强对会计工作和会计人员的管理，促进企业配备合格的会计人员，提高会计队伍素质和会计工作水平，充分发挥会计工作在社会主义市场经济建设中的作用，会计法规明确规定，从事会计工作的人员，应当具备从事会计工作所需要的专业能力。担任单位会计机构负责人（会计主管人员）的，应当具备会计师以上专业技术职务资格或者从事会计工作三年以上经历。会计人员应当具备必要的专业知识和专业技能，熟悉国家有关法律、法规、规章和国家统一会计制度，遵守职业道德。会计人员应当按照国家有关规定参加相关教育和培训。国有的和国有资产占控股地位或者主导地位的大、中型企业必须设置总会计师。总会计师的任职资格、任免程序、职责权限由国务院规定。

会计人员的权限主要包括：①有权要求本企业有关部门和相关人员认真执行国家、上级主管部门等批准的计划和预算；②有权履行其管理职能；③有权监督、检查本企业内部各部门的财务收支、资金使用和财产保管、收发、计量、检验等情况，各部门应大力支持和协助会计人员工作。

会计人员的职责主要包括：①进行会计核算；②实行会计监督；③拟订本单位办理会计事务的具体办法；④参与拟订经济计划、业务计划，考核、分析预算、财务计划的执行情况；⑤办理其他会计事务。

我国目前的会计专业职务分为高级会计师、会计师、助理会计师和会计员。其中，高级会计师为高级职务，会计师为中级职务，助理会计师和会计员为初级职务；会计专业技术资格分为初级资格、中级资格和高级资格三个级别，初级、中级会计资格实行全国统一考试制度，高级会计师资格实行考试与评审相结合的制度。

3. 会计工作交接

会计工作交接，是指会计人员工作调动或因故离职时与接管人员办理交接手续的一种工作程序。办理好会计工作交接，有利于分清移交人员和接管人员的责任，可以使会计工作前后衔接，保证会计工作顺利进行。

会计人员工作调动、离职或者因病暂时不能工作，应与接管人员办清交接手续。一般会计人员办理交接手续，由会计机构负责人（会计主管人员）监交；会计机构负责人（会计主管人员）办理交接手续，由单位领导人负责监交，必要时可由主管部门派人会同监交。

移交人员在办理移交时，要按移交清册逐项移交；接替人员要逐项核对点收。交接完毕后，交接双方和监交人员要在移交注册上签名或者盖章。并应在移交注册上注明：单位名称，交接日期，交接双方和监交人员的职务、姓名，移交清册页数以及需要说明的问题和意见等。移交清册一般应当填制一式三份，交接双方各执一份，存档一份。

接替人员应当继续使用移交的会计账簿，不得自行另立新账，以保持会计记录的连续性。移交人员对所移交的会计凭证、会计账簿、会计报表和其他有关资料的合法性、真实性承担法律责任。

11.2.3 会计档案管理

会计档案是记录和反映经济业务事项的重要史料和证据。《会计法》和《会计基础工作规范》对会计档案管理做出了原则性规定；财政部、国家档案局于1984年6月1日发布《会计档案管理办法》，1998年8月21日第一次修订，2015年12月11日第二次修订，自2016年1月1日起施行，具体规定了会计档案管理的相关事项。单位应当加强会计档案管理工作，建立和完善会计档案的收集、整理、保管、利用和鉴定销毁等管理制度，采取可靠的安全防护技术和措施，保证会计档案的真实、完整、可用、安全。

1. 会计档案的概念

会计档案是指单位在进行会计核算等过程中接收或形成的，记录和反映单位经济业务事项的，具有保存价值的文字、图表等各种形式的会计资料，包括通过计算机等电子设备形成、传输和存储的电子会计档案。各单位的预算、计划、制度等文件材料属于文书档案，不属于会计档案。

2. 会计档案的归档

会计档案的归档范围，主要包括：①会计凭证，包括原始凭证、记账凭证；②会计账簿类，包括总账、明细账、日记账、固定资产卡片及其他辅助性账簿；③财务会计报告类，包括月度、季度、半年度、年度财务会计报告；④其他会计资料，包括银行存款余额调节表、银行对账单、纳税申报表、会计档案移交清册、会计档案保管清册、会计档案销毁清册、会计档案鉴定意见书及其他具有保存价值的会计资料。

会计档案的归档要求包括：(1) 满足下列条件的，单位内部形成的属于归档范围的电子会计资料可仅以电子形式保存，形成电子会计档案。①形成的电子会计资料来源真实有效，由计算机等电子设备形成和传输；②使用的会计核算系统能够准确、完整、有效接收和读取电子会计资料，能够输出符合国家标准归档格式的会计凭证、会计账簿、财务会计报表等会计资料，设定了经办、审核、审批等必要的审签程序；③使用的电子档案管理系统能够有效接收、管理、利用电子会计档案，符合电子档案的长期保管要求，并建立了电子会计档案与相关联的其他纸质会计档案的检索关系；④采取有效措施，防止电子会计档案被篡改；⑤建立电子会计档案备份制度，能够有效防范自然灾害、意外事故和人为破坏的影响；⑥形成的电子会计资料不属于具有永久保存价值或者其他重要保存价值的会计档案。满足上述条件的，单位从外部接收的电子会计资料附有符合《电子签名法》规定的电子签名的，可仅以电子形式归档保存，形成电子会计档案。(2) 单位的会计机构或会计人员所属机构（统称单位会计管理机构）按照归档范围和归档要求，负责定期将应当归档的会计资料整理立卷，编制会计档案保管清册。(3) 当年形成的会计档案，在会计年度终了后，可由单位会计管理机构临时保管一年，再移交单位档案管理机构保管。因工作需要确需推迟移交的，应当经单位档案管理机构同意。单位会计管理机构临时保管会计档案最长不超过3年。临时保管期间，会计档案的保管应当符合国家档案管理的有关规定，且出纳人员不得兼管会计档案。

3. 会计档案的移交和利用

单位会计管理机构在办理会计档案移交时，应当编制会计档案移交清册，并按照国家档案管理的有关规定办理移交手续。纸质会计档案移交时应当保持原卷的封装。电子会计档案移交时应当将电子会计档案及其元数据一并移交，且文件格式应当符合国家档案管理的有关规定。特殊格式的电子会计档案应当与其读取平台一并移交。单位档案管理机构接收电子会计档案时，应当对电子会计档案的准确性、完整性、可用性、安全性进行检测，符合要求的才能接收。

单位应当严格按照相关制度利用会计档案，在进行会计档案查阅、复制、借出时履行登记手续，严禁篡改和损坏。单位保存的会计档案一般不得对外借出。确因工作需要且根据国家有关规定必须借出的，应当严格按照规定办理相关手续。会计档案借用单位应当妥善保管和利用借入的会计档案，确保借入会计档案的安全完整，并在规定时间内归还。

4. 会计档案的保管期限

会计档案保管期限分为永久、定期两类。会计档案的保管期限是从会计年度终了后的第一天算起。定期保管期限一般分为10年和30年。《会计档案管理办法》规定的会计档案保管期限为最低保管期限。企业和其他组织会计档案保管期限如表11-2所示。

表11-2 企业和其他组织会计档案保管期限表

序号	档案名称	保管期限	备注
一	会计凭证		
1	原始凭证	30年	
2	记账凭证	30年	
二	会计账簿		
3	总账	30年	

续表

序号	档案名称	保管期限	备注
4	明细账	30年	
5	日记账	30年	
6	固定资产卡片		固定资产报废清理后保管5年
7	其他辅助性账簿	30年	
三	财务会计报告		
8	月度、季度、半年度财务会计报告	10年	
9	年度财务会计报告	永久	
四	其他会计资料		
10	银行存款余额调节表	10年	
11	银行对账单	10年	
12	纳税申报表	10年	
13	会计档案移交清册	30年	
14	会计档案保管清册	永久	
15	会计档案销毁清册	永久	
16	会计档案鉴定意见书	永久	

5. 会计档案的鉴定和销毁

单位应当定期对已到保管期限的会计档案进行鉴定，并形成会计档案鉴定意见书。经鉴定，仍需继续保存的会计档案，应当重新划定保管期限；对保管期满，确无保存价值的会计档案，可以销毁。会计档案鉴定工作应当由单位档案管理机构牵头，组织单位会计、审计、纪检监察等机构或人员共同进行。

经鉴定可以销毁的会计档案，应当按照规定程序和要求销毁。

①单位档案管理机构编制会计档案销毁清册，列明拟销毁会计档案的名称、卷号、册数、起止年度、档案编号、应保管期限、已保管期限和销毁时间等内容。②单位负责人、档案管理机构负责人、会计管理机构负责人、档案管理机构经办人、会计管理机构经办人在会计档案销毁清册上签署意见。③单位档案管理机构负责组织会计档案销毁工作，并与会计管理机构共同派员监销。监销人在会计档案销毁前，应当按照会计档案销毁清册所列内容进行清点核对；在会计档案销毁后，应当在会计档案销毁清册上签名或盖章。电子会计档案的销毁还应当符合国家有关电子档案的规定，并由单位档案管理机构、会计管理机构和信息系统管理机构共同派员监销。

保管期满但未结清的债权债务原始凭证和涉及其他未了事项的会计凭证不得销毁，纸质会计档案应当单独抽出立卷，电子会计档案单独转存，保管到未了事项完结时为止。

单位分立、单位合并时有关会计档案处置及建设单位项目建设会计档案的交接、单位之间交接会计档案的手续等特殊情况下，会计档案管理需要遵循相关规定。

11.3 会计人员的职业道德

11.3.1 职业道德与会计职业道德

职业道德的概念有广义和狭义之分。广义的职业道德是指从业人员在职业活动中应该遵循的行为准则,涵盖了从业人员与服务对象、职业与职工、职业与职业之间的关系;狭义的职业道德是指在一定职业活动中应遵循的、体现一定职业特征的、调整一定职业关系的职业行为准则和规范。职业道德的主要内容包括:爱岗敬业、诚实守信、办事公道、服务群众、奉献社会。

会计职业道德是指在会计职业活动中应当遵循的、体现会计职业特征的、调整会计职业关系的职业行为准则和规范。会计职业道德规范的主要内容如下。

(1) 爱岗敬业。要求会计人员热爱会计工作,安心本职岗位,忠于职守,尽心尽力,尽职尽责。

(2) 诚实守信。要求会计人员做老实人,说老实话,办老实事,执业谨慎,信誉至上,不为利益所诱惑,不弄虚作假,不泄露秘密。

(3) 廉洁自律。要求会计人员公私分明,不贪不占,遵纪守法,清正廉洁。

(4) 客观公正。要求会计人员端正态度,依法办事,实事求是,不偏不倚,保持应有的独立性。

(5) 坚持准则。要求会计人员熟悉国家法律、法规和国家统一的会计制度,始终坚持按法律、法规和国家统一的会计制度的要求进行会计核算,实施会计监督。

(6) 提高技能。要求会计人员增强提高专业技能的自觉性和紧迫感,勤学苦练,刻苦钻研,不断进取,提高业务水平。

(7) 参与管理。要求会计人员在做好本职工作的同时,努力钻研相关业务,全面熟悉本单位经营活动和业务流程,主动提出合理化建议,协助领导决策,积极参与管理。

(8) 强化服务。要求会计人员树立服务意识,提高服务质量,努力维护和提升会计职业的良好社会形象。

11.3.2 会计职业道德与会计法律制度的关系

会计职业道德是会计法律制度正常运行的社会和思想基础,会计法律制度是促进会计职业道德规范形成和遵守的制度保障。两者有着共同的目标、相同的调整对象,承担着同样的职责,在作用上相互补充,在内容上相互渗透、相互重叠,在地位上相互转化、相互吸收,在实施上相互作用、相互促进。

会计职业道德与会计法律制度的区别表现为以下四个方面。

(1) 性质不同。会计法律制度通过国家机器强制执行,具有很强的他律性;会计职业道德主要依靠会计从业人员的自觉性,具有很强的自律性。

（2）作用范围不同。会计法律制度侧重于调整会计人员的外在行为和结果的合法化；会计职业道德则不仅要求调整会计人员的外在行为，还要调整会计人员内在的精神世界。

（3）实现形式不同。会计法律制度是通过一定的程序由国家立法机关或行政管理机关制定的，其表现形式是具体的、明确的、正式形成文字的成文规定；会计职业道德出自于会计人员的职业生活和职业实践，其表现形式既有明确的成文规定，也有不成文的规范，存在于人们的意识和信念之中。

（4）实施保障机制不同。会计法律制度由国家强制力保障实施；会计职业道德既有国家法律的相应要求，又需要会计人员的自觉遵守。

11.3.3 会计职业道德教育的管理

会计职业道德教育形式包括两方面内容。①接受教育。通过学校或培训单位对会计人员进行以职业责任、职业义务为核心内容的正面灌输，以规范其职业行为，维护国家和社会公众利益的教育。②自我教育。会计人员自我学习、自身道德修养的行为活动。

会计职业道德教育内容主要有四方面内容。①会计职业道德观念教育。通过学习会计职业道德知识，树立会计职业道德观念，了解会计职业道德对社会经济秩序、会计信息质量的影响，以及违反会计职业道德将受到的惩戒和处罚。②会计职业道德规范教育。以爱岗敬业、诚实守信、廉洁自律、客观公正、坚持准则、提高技能、参与管理和强化服务为主要内容的会计职业道德规范是会计职业道德教育的核心内容，并贯穿于会计职业道德教育的始终。③会计职业道德警示教育。通过对违反会计职业道德行为和违法会计行为典型案例进行讨论和剖析，从中得到警示，提高法律意识、会计职业道德观念和辨别是非的能力。④其他与会计职业道德相关的教育。

会计职业道德教育途径有三个方面。①通过会计学历教育进行会计职业道德教育。在学习会计理论和技能的同时，学习会计职业道德规范内容，了解会计职业面临的道德风险，树立会计职业道德情感和观念，提高运用道德标准判断是非的能力。②通过会计继续教育进行会计职业道德教育。在不断更新、补充、拓展会计专业理论、业务能力的同时，通过会计职业道德信念教育、会计职业义务教育、会计职业荣誉教育，形成良好的会计职业道德品行。③通过会计人员的自我教育与修养进行会计职业道德教育。通过自我教育、自我锻炼、自我修养，将会计职业道德规范转化为会计人员的内在品质，规范和约束自身会计行为。

财政部门对会计职业道德进行监督检查。检查的途径主要有：将会计法执法检查与会计职业道德检查相结合；将会计从业资格证书注册登记管理与会计职业道德检查相结合；将会计专业技术资格考评、聘用与会计职业道德检查相结合。会计行业组织对会计职业道德进行自律管理与约束。依据会计法等法律法规，建立激励机制，对会计人员遵守职业道德情况进行考核和奖惩。会计人员违反职业道德，情节严重的，由财政部门吊销其会计从业资格证书。

财政部门组织和推动会计职业道德建设，依法行政，探索会计职业道德建设的有效途径和实现形式。会计职业组织建立行业自律机制和会计职业道德惩戒制度。企事业单位任用合格会计人员，开展会计人员职业道德教育，建立和完善内部控制制度，形成内部约束机制，防范舞弊和经营风险，支持并督促会计人员遵循会计职业道德，依法开展会计工作。社会各界各尽其责，相互配合，齐抓共管；社会舆论监督，形成良好的社会氛围。

11.4　会计电算化

11.4.1　会计电算化的相关概念

1. 会计电算化

会计电算化有狭义和广义之分。狭义的会计电算化是指以电子计算机为主体的电子信息技术在会计工作中的应用；广义的会计电算化是指与实现电算化有关的所有工作，包括会计软件的开发应用及其软件市场的培育、会计电算化人才的培训、会计电算化的宏观规划和管理、会计电算化制度建设等。

2. 会计信息化

会计信息化是指企业利用计算机、网络通信等现代信息技术手段开展会计核算，以及利用上述技术手段将会计核算与其他经营管理活动有机结合的过程。相对于会计电算化而言，会计信息化是一次质的飞跃。现代信息技术手段能够实时便捷地获取、加工、传递、存储和应用会计信息，为企业经营管理、控制决策和经济运行提供充足、实时、全方位的信息。

在我国，财政部主管全国企业会计信息化工作，负责拟订企业会计信息化发展政策、起草和制定企业会计信息化技术标准、指导和监督企业开展会计信息化工作、规范会计软件功能。县级以上地方人民政府财政部门管理本地区企业会计信息化工作，指导和监督本地区企业开展会计信息化工作。

3. 会计软件

会计软件是指专门用于会计核算、财务管理的计算机软件、软件系统或者其功能模块，包括一组指挥计算机进行会计核算与管理工作的程序、存储数据以及有关资料。会计软件具有以下功能：①为会计核算、财务管理直接提供数据输入；②生成凭证、账簿、报表等会计资料；③对会计资料进行转换、输出、分析、利用。

4. 会计信息系统

会计信息系统（accounting information system，AIS），是指利用信息技术对会计数据进行采集、存储和处理，完成会计核算任务，并提供会计管理、分析与决策相关会计信息的系统，其实质是将会计数据转化为会计信息的系统，是企业管理信息系统的一个重要子系统。会计信息系统根据信息技术的影响程度可划分为手工会计信息系统、传统自动化会计信息系统和现代会计信息系统；根据其功能和管理层次的高低，可以分为会计核算系统、会计管理系统和会计决策支持系统。

5. ERP 和 ERP 系统

ERP（enterprise resource planning，企业资源计划），是指利用信息技术，一方面将企业内部所有资源整合在一起，对开发设计、采购、生产、成本、库存、分销、运输、财务、人力资源、品质管理进行科学规划；另一方面将企业与其外部的供应商、客户等市场要素有机结合，实现对企业的物资资源（物流）、人力资源（人流）、财务资源（财流）和信息资源（信息流）等资源进行一体化管理（即"四流一体化"或"四流合一"），其核心思想是供应链管理，强调对整个供应链的有效管理，提高企业配置和使用资源的效率。在功能层次上，ERP 除了最核心的财务、分销和生产管理等管理功能以外，还集成了人力资源、质量管理、决策支持等企业其他管理功能。会计信息系统已经成为 ERP 系统的一个子系统。

6. XBRL

XBRL（extensible business reporting language，可扩展商业报告语言），是一种基于可扩展标记语言（extensible markup language）的开放性业务报告技术标准。XBRL 的主要作用在于将财务和商业数据电子化，促进了财务和商业信息的显示、分析和传递。XBRL 通过定义统一的数据格式标准，规定了企业报告信息的表达方法。企业应用 XBRL 的优势主要有：（1）提供更为精确的财务报告与更具可信度和相关性的信息；（2）降低数据采集成本，提高数据流转及交换效率；（3）帮助数据使用者更快捷方便地调用、读取和分析数据；（4）使财务数据具有更广泛的可比性；（5）增加资料在未来的可读性与可维护性；（6）适应变化的会计准则制度的要求。

我国的 XBRL 发展始于证券领域。2003 年 11 月上海证券交易所在全国率先实施基于 XBRL 的上市公司信息披露标准；2005 年 1 月，深圳证券交易所颁布了 1.0 版本的 XBRL 报送系统；2005 年 4 月和 2006 年 3 月，上海证券交易所和深圳证券交易所先后分别加入了 XBRL 国际组织；2008 年 11 月，XBRL 中国地区组织成立；2009 年 4 月，财政部在《关于全面推进我国会计信息化工作的指导意见》中将 XBRL 纳入会计信息化的标准；2010 年 10 月 19 日，国家标准化管理委员会和财政部颁布了可扩展商业报告语言（XBRL）技术规范系列国家标准和企业会计准则通用分类标准。

11.4.2　会计电算化的特征

1. 人机结合

在会计电算化方式下，会计人员填制电子会计凭证并审核后，执行"记账"功能，计算机将根据程序和指令在极短的时间内自动完成会计数据的分类、汇总、计算、传递及报告等工作。

2. 会计核算自动化、集中化

在会计电算化方式下，试算平衡、登记账簿等以往依靠人工完成的工作，都由计算机自动完成，大大减轻了会计人员的工作负担，提高了工作效率。计算机网络在会计电算化中的广泛应用，使得企业能将分散的数据统一汇总到会计软件中进行集中处理，既提高了数据汇总的速度，又增强了企业集中管控的能力。

3. 数据处理及时准确

利用计算机处理会计数据，可以在较短的时间内完成会计数据的分类、汇总、计算、传递和报告等工作，使会计处理流程更为简便，核算结果更为精确。此外，在会计电算化方式下，会计软件运用适当的处理程序和逻辑控制，能够避免在手工会计处理方式下出现的一些错误。

4. 内部控制多样化

在会计电算化方式下，与会计工作相关的内部控制制度也将发生明显的变化，内部控制由过去的纯粹人工控制发展成为人工与计算机相结合的控制形式。内部控制的内容更加丰富，范围更加广泛，要求更加严格，实施更加有效。

11.4.3 会计软件的配备方式及其功能模块

企业配备会计软件的方式主要有购买通用会计软件、定制开发、购买与开发相结合等方式。其中，定制开发包括企业自行开发、委托外部单位开发、企业与外部单位联合开发三种具体开发方式。不同的方式各有优缺点，企业在配备会计软件时需根据自身情况确定合适的方式。

会计软件应当保障企业按照国家统一会计准则制度开展会计核算，不得有违背国家统一会计准则制度的功能设计。会计软件应当提供符合国家统一会计准则制度的会计科目分类和编码功能，符合国家统一会计准则制度的会计凭证、账簿和报表的显示和打印功能，符合国家统一标准的数据接口，满足外部会计监督需要。并鼓励软件供应商在会计软件中集成XBRL功能，便于企业生成符合国家统一标准的XBRL财务报告。

完整的会计软件的功能模块包括：账务处理模块、固定资产管理模块、工资管理模块、应收管理模块、应付管理模块、成本管理模块、报表管理模块、存货核算模块、财务分析模块、预算管理模块、项目管理模块、其他管理模块。会计软件是由各功能模块共同组成的有机整体，为实现相应功能，相关模块之间相互依赖，互通数据。

11.4.4 企业会计信息化的工作规范

1. 会计信息化建设

企业应当充分重视会计信息化工作，加强组织领导和人才培养，不断推进会计信息化在本企业的应用。企业应当指定专门机构或者岗位负责会计信息化工作。未设置会计机构和配备会计人员的企业，由其委托的代理记账机构开展会计信息化工作。企业开展会计信息化工作，应当根据发展目标和实际需要，合理确定建设内容，避免投资浪费。企业开展会计信息化工作，应当注重信息系统与经营环境的契合。大型企业、企业集团开展会计信息化工作，应当注重整体规划，统一技术标准、编码规则和系统参数，实现各系统的有机整合，消除信息孤岛。企业配备会计软件，应当根据自身技术力量以及业务需求，考虑软件功能、安全性、稳定性、响应速度、可扩展性等要求，合理选择购买、定制开发、购买与开发相结合等会计软件配备方式。企业通过委托外部单位开发、购买等方式配备会计软件，应当在有关合同中约定操作培训、软件升级、故障解决等服务事项，以及软件供应商对企业信息安全的责任。

企业应当促进会计信息系统与业务信息系统的一体化，通过业务的处理直接驱动会计记账，减少人工操作，提高业务数据与会计数据的一致性，实现企业内部信息资源共享。企业应当根据实际情况，开展本企业信息系统与银行、供应商、客户等外部单位信息系统的互联，实现外部交易信息的集中自动处理。企业进行会计信息系统前端系统的建设和改造，应当安排负责会计信息化工作的专门机构或者岗位参与，充分考虑会计信息系统的数据需求。企业应当遵循企业内部控制规范体系要求，加强对会计信息系统规划、设计、开发、运行、维护全过程的控制。处于会计核算信息化阶段的企业，应当结合自身情况，逐步实现资金管理、资产管理、预算控制、成本管理等财务管理信息化；处于财务管理信息化阶段的企业，应当结合自身情况，逐步实现财务分析、全面预算管理、风险控制、绩效考核等决策支持信息化。

2. 信息化条件下的会计资料管理

对于信息系统自动生成、且具有明晰审核规则的会计凭证，可以将审核规则嵌入会计软件，由计算机自动审核。未经自动审核的会计凭证，应当先经人工审核再进行后续处理。分公司、子公司数量多、分布广的大型企业、企业集团应当探索利用信息技术促进会计工作的集中，逐步建立财务共享服务中心。外商投资企业使用的境外投资者指定的会计软件或者跨国企业集团统一部署的会计软件，应当符合会计软件和服务的规范的要求。

企业会计信息系统数据服务器的部署应当符合国家有关规定。企业会计资料中对经济业务事项的描述应当使用中文，可以同时使用外国或者少数民族文字对照。企业应当建立电子会计资料备份管理制度，确保会计资料的安全、完整和会计信息系统的持续、稳定运行。企业不得在非涉密信息系统中存储、处理和传输涉及国家秘密、关系国家经济信息安全的电子会计资料；未经有关主管部门批准，不得将其携带、寄运或者传输至境外。

企业内部生成的会计凭证、账簿和辅助性会计资料，如果同时满足所记载的事项属于本企业重复发生的日常业务、由企业信息系统自动生成且可查询和输出、企业对相关数据建立了电子备份制度及完善的索引体系等这些条件，可以不输出纸面资料。企业获得的需要外部单位或者个人证明的原始凭证和其他会计资料，如果同时满足会计资料附有可靠的电子签名且电子签名经符合《中华人民共和国电子签名法》的第三方认证、所记载的事项属于本企业重复发生的日常业务、可及时在企业信息系统中查询和输出、企业对相关数据建立了电子备份制度及完善的索引体系等这些条件，可以不输出纸面资料。企业会计资料的归档管理，遵循国家有关会计档案管理的规定。实施企业会计准则通用分类标准的企业，应当按照有关要求向财政部报送 XBRL 财务报告。

3. 会计信息化的监督管理

企业使用会计软件不符合《企业会计信息化工作规范》（以下简称《规范》）要求的，由财政部门责令限期改正。限期不改的，财政部门应当予以公示，并将有关情况通报同级相关部门或其派出机构。财政部采取组织同行评议，向用户企业征求意见等方式对软件供应商提供的会计软件遵循《规范》的情况进行检查。省、自治区、直辖市人民政府财政部门发现会计软件不符合《规范》的，应当将有关情况报财政部。软件供应商提供的会计软件不符合《规范》的，财政部可以约谈该供应商主要负责人，责令限期改正。限期内未改正的，由财政部予以公示，并将有关情况通报相关部门。

本章小结

本章说明了会计的基础工作内容。我国已经基本形成了以《会计法》为中心、国家统一的会计制度为基础的相对完整的会计法规体系，主要包括会计法律、行政法规和部门规章三个层次。《会计法》是会计法规体系中层次最高、最具权威性、最具法律效力的规范，是制定其他层次会计规范的依据，是会计工作的基本大法，是指导会计工作的最高准则。由于会计是一项复杂、细致的综合性经济管理活动，科学、系统地组织会计工作具有十分重要的意义。企业应合理设置会计机构和人员，做好会计档案保管和交接工作。会计职业道德是会计法律制度正常运行的社会和思想基础，会计法律制度是促进会计职业道德规范形成和遵守的制度保障，两者既有关联又有区别。会计职业道德规范的主要内容包括：爱岗敬业、诚实守信、廉洁自律、客观公正、坚持准则、提高技能、参与管理、强化服务。相对于会计电算化，会计信息化是一次质的飞跃。企业需遵循会计信息化工作规范。

英文专业词汇

会计准则：accounting standard   职业道德：professional ethics
会计法：accounting law   电算化会计：computerized accounting

本章相关法规

1. 中华人民共和国会计法（1985年1月21日第六届全国人民代表大会常务委员会第九次会议通过，根据1993年12月29日第八届全国人民代表大会常务委员会第五次会议《关于修改〈中华人民共和国会计法〉的决定》第一次修正，1999年10月31日第九届全国人民代表大会常务委员会第十二次会议修订，根据2017年11月4日第十二届全国人民代表大会常务委员会第三十次会议《关于修改〈中华人民共和国会计法〉等十一部法律的决定》第二次修正）

2. 中国注册会计师法（1993年10月31日第八届全国人民代表大会常务委员会第四次会议通过，中华人民共和国主席令第13号，1994年1月1日起施行；2014年8月31日，中华人民共和国第十二届全国人民代表大会常务委员会第十次会议修订通过，中华人民共和国主席令第14号主席令，自2014年8月31日施行）

3. 企业财务会计报告条例（2000年6月21日中华人民共和国国务院令第287号，自2001年1月1日起施行）

4. 总会计师条例（1990年12月14日国务院第七十四次常务会议通过，1990年12月31日中华人民共和国国务院令第72号，自1990年12月31日起施行；2011年根据中华人民共和国国务院令第588号《国务院关于废止和修改部分行政法规的决定》修订，自2011年1月8日起施行）

5. 企业会计准则——基本准则（2006年2月15日财政部部务会议修订通过，中华人民共和国财政部令第33号，自2007年1月1日起施行；2014年7月23日财政部部务会议审议通过，中华人民共和国财政部令第76号，修改第四十二条第五项，自2014年7月23日施行）

6. 企业会计准则——42项具体准则（2006年2月15日财政部发布38项具体准则，自2007年1月1日起在上市公司范围内施行，鼓励其他企业执行；2014年财政部修订5项具体准则，新增3项具体准则；2017年财政部修订6项具体准则，新增1项具体准则；2018年财政部修订1项具体准则）

7. 企业会计准则——具体准则的应用指南（2006年10月30日财政部发布，自2007年1月1日起施行，2014年至2018年修订了部分具体准则的应用指南）

8. 企业会计准则——12项会计准则解释和相关通知、复函及会计处理规定等（2007年至今财政部持续发布）

9. 小企业会计准则（2011年10月18日财政部发布，自2013年1月1日起在小企业范围内施行，鼓励小企业提前执行）

10. 政府会计准则——基本准则（2015年10月23日财政部部务会议修订通过，中华人民共和国财政部令第78号，自2017年1月1日起施行）

11. 政府会计准则——8项具体准则及应用指南（2016年7月6日财政部陆续发布）

12. 政府会计制度——行政事业单位会计科目和报表（2017年10月24日财政部发布，自2019年1月1日起施行，鼓励行政事业单位提前执行）

13. 事业单位会计准则（2012年12月5日财政部部务会议修订通过，中华人民共和国财政部令第72号，自2013年1月1日起施行）

14. 会计基础工作规范（1996年6月17日财政部发布并实施）

15. 会计档案管理办法（2015年12月11日财政部和国家档案局令第79号，自2016年1月1日起施行）

16. 企业会计信息化工作规范（2013年12月6日财政部发布，自2014年1月6日起施行）

17. 企业内部控制基本规范（2008年5月22日财政部、证监会、审计署、银监会、保监会发布，自2009年7月1日起在上市公司范围内施行，鼓励非上市的大中型企业执行）

18. 企业内部控制配套指引及相关问题解释（2010年4月15日财政部、证监会、审计署、银监会、保监会发布，自2011年1月1日起在境内外同时上市的公司施行，自2012年1月1日起在上海证券交易所、深圳证券交易所主板上市公司施行，择机在中小板和创业板上市公司施行，鼓励非上市大中型企业提前执行）

19. 小企业内部控制规范（试行）（2017年6月29日财政部发布，自2018年1月1日起施行）

20. 管理会计基本指引及应用指引（2016年6月22日财政部发布，自印发之日起在企业

和行政事业单位开展管理会计工作中参照执行）

21. 代理记账管理办法（2016年2月16日财政部部务会议修订通过，中华人民共和国财政部令第80号，自2016年5月1日起施行）

阅读材料

会计研究方法的简单回顾

一般认为，20世纪60年代末期以前，会计理论研究是规范会计研究占统治地位的时期。规范会计研究主要以定性的文字描述为主，十分注意会计理论之间的内在逻辑，这一扫19世纪末期以前会计理论研究混乱、无目的的状况，在其大力推动下，会计理论体系于19世纪末20世纪初方告初步形成。规范会计学派的倡导者是澳大利亚著名会计学家钱伯斯、演绎法的典型代表佩顿和极为推崇归纳法的井尻雄士和利特尔顿等。但从60年代开始，西方经济学主要流派的研究方法已不再满足于定性的演绎或者归纳推理，而是逐步转向实证分析。受其影响，更确切地说，是在财务学研究方法的影响下，一大批年轻的会计学者逐步竖起实证会计研究这面大旗，重视对既有的会计理论研究成果的检验，并形成了别具特色的实证会计研究方法，给会计理论研究带来了巨大的影响和震撼：①1968年，鲍尔和布朗的《会计收益数据的经验性评价》一文标志着实证会计研究初露端倪；②70年代中期"罗切斯特学派"代表人物简森的《关于会计研究现状及会计管制的评论》一文可视为是向规范会计研究挑战的宣言；③瓦茨和齐默尔曼1978年《决定会计准则的实证理论导论》、1979年《实证会计研究的供需：一个借口市场》两篇论文的发表及1986年《实证会计理论》一书的出版，标志着实证会计研究已逐渐与规范会计研究分庭抗礼。经过30多年的迅速发展，实证会计理论已经逐渐成为西方会计界的主流学派，以至于当今美国多数顶尖学术刊物非实证研究论文不予发表。在实证会计理论的发展过程中，瓦茨和齐默尔曼做出了不朽贡献。

学术论文参考

[1] 葛家澍. 西方财务会计理论问题探索：西方规范财务会计理论的发展及实证会计理论的基本框架（上）、（中）、（下）. 财会通讯，2005（1）～（3）.

[2] WATTS R L, ZIMMERMAN J L. Towards a positive accounting theory of the determination of accounting standards. The accounting review, 1978（1）.

[3] BALL R, BROWN P An empirical evaluation of accounting income numbers. Journal of accounting research, 1968（8）.

[4] 黄虹，潘飞，刘红梅. 管理会计在中国企业的实践. 会计研究，2017（3）.

[5] 荆新. 中国政府会计改革发展四十年：回顾与展望. 财会月刊，2018 (19).

本章练习题

一、单项选择题

1. 现行的《中华人民共和国会计法》实施的日期是（　　）。
   A. 2000 年 7 月 1 日　　　　　　　　B. 1985 年 5 月 1 日
   C. 1993 年 12 月 29 日　　　　　　　D. 2017 年 11 月 5 日
2. 《中华人民共和国会计法》修订及修正的次数是（　　）。
   A. 2　　　　　　　　　　　　　　　B. 3
   C. 4　　　　　　　　　　　　　　　D. 5
3. 会计准则大致可以分为（　　）。
   A. 资产、负债、所有者权益　　　　　B. 会计主体
   C. 会计要素准则　　　　　　　　　　D. 基本准则和具体准则
4. 《会计法》在会计法规体系中居于的地位是（　　）。
   A. 最高　　　　　　　　　　　　　　B. 较高
   C. 中等　　　　　　　　　　　　　　D. 一般
5. 在我国，主管全国会计工作的是（　　）。
   A. 国务院　　　　　　　　　　　　　B. 会计学会
   C. 国家计委　　　　　　　　　　　　D. 国务院财政部门
6. 不属于会计专业技术职务的是（　　）。
   A. 会计师　　　　　　　　　　　　　B. 总会计师
   C. 助理会计师　　　　　　　　　　　D. 高级会计师
7. 下列内容不属于企业会计档案的是（　　）。
   A. 辅助账簿　　　　　　　　　　　　B. 银行对账单
   C. 购销合同　　　　　　　　　　　　D. 购货发票
8. 计算会计档案保管期限的开始时间是（　　）。
   A. 每一月份的第一天　　　　　　　　B. 每一季度的第一天
   C. 每一半年度的第一天　　　　　　　D. 每一会计年度终了后的第一天
9. 企业年度财务会计报告的保管期限是（　　）。
   A. 永久　　　　　　　　　　　　　　B. 25 年
   C. 5 年　　　　　　　　　　　　　　D. 3 年
10. 通常企业的各种会计凭证的保管期限是（　　）。
    A. 30 年　　　　　　　　　　　　　B. 15 年
    C. 5 年　　　　　　　　　　　　　 D. 3 年

二、多项选择题

1. 对于企业利用计算机、网络通信等现代信息技术手段开展会计核算,以及利用上述技术手段将会计核算与其他经营管理活动有机结合过程的表述,不恰当的是(   )。
   A. ERP系统　　　　　　　　　　B. 会计信息化
   C. XBRL　　　　　　　　　　　D. 会计软件
   E. 会计电算化

2. 会计工作组织形式主要有(   )。
   A. 独立核算　　　　　　　　　　B. 非独立核算
   C. 集中核算　　　　　　　　　　D. 非集中核算
   E. 总核算

3. 会计人员的主要职责是(   )。
   A. 进行会计核算　　　　　　　　B. 实行会计监督
   C. 制订经济计划、业务计划　　　D. 拟订本单位办理会计事务的具体办法
   E. 编制预算和财务计划

4. 会计人员的职业道德包括(   )。
   A. 爱岗敬业、诚实守信　　　　　B. 廉洁自律、客观公正
   C. 坚持准则、提高技能　　　　　D. 参与管理
   E. 强化服务

5. 会计电算化的特征主要包括(   )。
   A. 内部控制多样化　　　　　　　B. 数据处理及时准确
   C. 人机结合　　　　　　　　　　D. 会计核算自动化
   E. 会计核算集中化

三、判断题

1. 各单位每年形成的会计档案,应当由会计管理机构负责整理立卷,装订成册,并编制会计档案保管清册。(   )
2. 会计档案一般不得对外借出,确因工作需要且根据国家有关规定必须借出的,应当严格按照规定办理相关手续。(   )
3. 会计准则和会计制度是以《会计法》作为制定依据。(   )
4. 企业进行会计信息化系统前端系统的建设和改造不需要负责会计信息化工作的专门机构或者岗位参与。(   )
5. 按规定,每个单位都必须单独设置会计机构。(   )

四、思考题

1. 简述我国会计法规体系。
2. 《会计法》规定的基本内容有哪些?
3. 会计工作组织包括哪些内容?合理组织会计工作的意义是什么?
4. 设置会计机构应有哪些要求?

5. 会计人员的职责和权限有哪些？
6. 说明会计职业道德规范的内容。
7. 了解企业会计电算化的相关概念和特征。
8. 明确企业会计信息化工作规范的要求。

附录 A
中华人民共和国会计法

中华人民共和国会计法

（1985 年 1 月 21 日第六届全国人民代表大会常务委员会第九次会议通过，根据 1993 年 12 月 29 日第八届全国人民代表大会常务委员会第五次会议《关于修改〈中华人民共和国会计法〉的决定》第一次修正，1999 年 10 月 31 日第九届全国人民代表大会常务委员会第十二次会议修订，根据 2017 年 11 月 4 日第十二届全国人民代表大会常务委员会第三十次会议《关于修改〈中华人民共和国会计法〉等十一部法律的决定》第二次修正）

第一章 总 则

第一条 为了规范会计行为，保证会计资料真实、完整，加强经济管理和财务管理，提高经济效益，维护社会主义市场经济秩序，制定本法。

第二条 国家机关、社会团体、公司、企业、事业单位和其他组织（以下统称单位）必须依照本法办理会计事务。

第三条 各单位必须依法设置会计账簿，并保证其真实、完整。

第四条 单位负责人对本单位的会计工作和会计资料的真实性、完整性负责。

第五条 会计机构、会计人员依照本法规定进行会计核算，实行会计监督。

任何单位或者个人不得以任何方式授意、指使、强令会计机构、会计人员伪造、变造会计凭证、会计账簿和其他会计资料，提供虚假财务会计报告。

任何单位或者个人不得对依法履行职责、抵制违反本法规定行为的会计人员实行打击报复。

第六条 对认真执行本法，忠于职守，坚持原则，做出显著成绩的会计人员，给予精神的或者物质的奖励。

第七条 国务院财政部门主管全国的会计工作。

县级以上地方各级人民政府财政部门管理本行政区域内的会计工作。

第八条 国家实行统一的会计制度。国家统一的会计制度由国务院财政部门根据本法制定并公布。

国务院有关部门可以依照本法和国家统一的会计制度制定对会计核算和会计监督有特殊要求的行业实施国家统一的会计制度的具体办法或者补充规定，报国务院财政部门审核批准。

中国人民解放军总后勤部可以依照本法和国家统一的会计制度制定军队实施国家统一的

会计制度的具体办法，报国务院财政部门备案。

第二章 会 计 核 算

第九条 各单位必须根据实际发生的经济业务事项进行会计核算，填制会计凭证，登记会计账簿，编制财务会计报告。

任何单位不得以虚假的经济业务事项或者资料进行会计核算。

第十条 下列经济业务事项，应当办理会计手续，进行会计核算：

（一）款项和有价证券的收付；

（二）财物的收发、增减和使用；

（三）债权债务的发生和结算；

（四）资本、基金的增减；

（五）收入、支出、费用、成本的计算；

（六）财务成果的计算和处理；

（七）需要办理会计手续、进行会计核算的其他事项。

第十一条 会计年度自公历1月1日起至12月31日止。

第十二条 会计核算以人民币为记账本位币。

业务收支以人民币以外的货币为主的单位，可以选定其中一种货币作为记账本位币，但是编报的财务会计报告应当折算为人民币。

第十三条 会计凭证、会计账簿、财务会计报告和其他会计资料，必须符合国家统一的会计制度的规定。

使用电子计算机进行会计核算的，其软件及其生成的会计凭证、会计账簿、财务会计报告和其他会计资料，也必须符合国家统一的会计制度的规定。

任何单位和个人不得伪造、变造会计凭证、会计账簿及其他会计资料，不得提供虚假的财务会计报告。

第十四条 会计凭证包括原始凭证和记账凭证。

办理本法第十条所列的经济业务事项，必须填制或者取得原始凭证并及时送交会计机构。

会计机构、会计人员必须按照国家统一的会计制度的规定对原始凭证进行审核，对不真实、不合法的原始凭证有权不予接受，并向单位负责人报告；对记载不准确、不完整的原始凭证予以退回，并要求按照国家统一的会计制度的规定更正、补充。

原始凭证记载的各项内容均不得涂改；原始凭证有错误的，应当由出具单位重开或者更正，更正处应当加盖出具单位印章。原始凭证金额有错误的，应当由出具单位重开，不得在原始凭证上更正。

记账凭证应当根据经过审核的原始凭证及有关资料编制。

第十五条 会计账簿登记，必须以经过审核的会计凭证为依据，并符合有关法律、行政法规和国家统一的会计制度的规定。会计账簿包括总账、明细账、日记账和其他辅助性账簿。

会计账簿应当按照连续编号的页码顺序登记。会计账簿记录发生错误或者隔页、缺号、跳行的，应当按照国家统一的会计制度规定的方法更正，并由会计人员和会计机构负责人

（会计主管人员）在更正处盖章。

使用电子计算机进行会计核算的，其会计账簿的登记、更正，应当符合国家统一的会计制度的规定。

第十六条 各单位发生的各项经济业务事项应当在依法设置的会计账簿上统一登记、核算，不得违反本法和国家统一的会计制度的规定私设会计账簿登记、核算。

第十七条 各单位应当定期将会计账簿记录与实物、款项及有关资料相互核对，保证会计账簿记录与实物及款项的实有数额相符、会计账簿记录与会计凭证的有关内容相符、会计账簿之间相对应的记录相符、会计账簿记录与会计报表的有关内容相符。

第十八条 各单位采用的会计处理方法，前后各期应当一致，不得随意变更；确有必要变更的，应当按照国家统一的会计制度的规定变更，并将变更的原因、情况及影响在财务会计报告中说明。

第十九条 单位提供的担保、未决诉讼等或有事项，应当按照国家统一的会计制度的规定，在财务会计报告中予以说明。

第二十条 财务会计报告应当根据经过审核的会计账簿记录和有关资料编制，并符合本法和国家统一的会计制度关于财务会计报告的编制要求、提供对象和提供期限的规定；其他法律、行政法规另有规定的，从其规定。

财务会计报告由会计报表、会计报表附注和财务情况说明书组成。向不同的会计资料使用者提供的财务会计报告，其编制依据应当一致。有关法律、行政法规规定会计报表、会计报表附注和财务情况说明书须经注册会计师审计的，注册会计师及其所在的会计师事务所出具的审计报告应当随同财务会计报告一并提供。

第二十一条 财务会计报告应当由单位负责人和主管会计工作的负责人、会计机构负责人（会计主管人员）签名并盖章；设置总会计师的单位，还须由总会计师签名并盖章。

单位负责人应当保证财务会计报告真实、完整。

第二十二条 会计记录的文字应当使用中文。在民族自治地方，会计记录可以同时使用当地通用的一种民族文字。在中华人民共和国境内的外商投资企业、外国企业和其他外国组织的会计记录可以同时使用一种外国文字。

第二十三条 各单位对会计凭证、会计账簿、财务会计报告和其他会计资料应当建立档案，妥善保管。会计档案的保管期限和销毁办法，由国务院财政部门会同有关部门制定。

第三章 公司、企业会计核算的特别规定

第二十四条 公司、企业进行会计核算，除应当遵守本法第二章的规定外，还应当遵守本章规定。

第二十五条 公司、企业必须根据实际发生的经济业务事项，按照国家统一的会计制度的规定确认、计量和记录资产、负债、所有者权益、收入、费用、成本和利润。

第二十六条 公司、企业进行会计核算不得有下列行为：

（一）随意改变资产、负债、所有者权益的确认标准或者计量方法，虚列、多列、不列或者少列资产、负债、所有者权益；

（二）虚列或者隐瞒收入，推迟或者提前确认收入；

（三）随意改变费用、成本的确认标准或者计量方法，虚列、多列、不列或者少列费用、

成本;

（四）随意调整利润的计算、分配方法，编造虚假利润或者隐瞒利润;

（五）违反国家统一的会计制度规定的其他行为。

第四章 会 计 监 督

第二十七条 各单位应当建立、健全本单位内部会计监督制度。单位内部会计监督制度应当符合下列要求：

（一）记账人员与经济业务事项和会计事项的审批人员、经办人员、财物保管人员的职责权限应当明确，并相互分离、相互制约;

（二）重大对外投资、资产处置、资金调度和其他重要经济业务事项的决策和执行的相互监督、相互制约程序应当明确;

（三）财产清查的范围、期限和组织程序应当明确;

（四）对会计资料定期进行内部审计的办法和程序应当明确。

第二十八条 单位负责人应当保证会计机构、会计人员依法履行职责，不得授意、指使、强令会计机构、会计人员违法办理会计事项。

会计机构、会计人员对违反本法和国家统一的会计制度规定的会计事项，有权拒绝办理或者按照职权予以纠正。

第二十九条 会计机构、会计人员发现会计账簿记录与实物、款项及有关资料不相符的，按照国家统一的会计制度的规定有权自行处理的，应当及时处理;无权处理的，应当立即向单位负责人报告，请求查明原因，作出处理。

第三十条 任何单位和个人对违反本法和国家统一的会计制度规定的行为，有权检举。收到检举的部门有权处理的，应当依法按照职责分工及时处理;无权处理的，应当及时移送有权处理的部门处理。收到检举的部门、负责处理的部门应当为检举人保密，不得将检举人姓名和检举材料转给被检举单位和被检举人个人。

第三十一条 有关法律、行政法规规定，须经注册会计师进行审计的单位，应当向受委托的会计师事务所如实提供会计凭证、会计账簿、财务会计报告和其他会计资料以及有关情况。

任何单位或者个人不得以任何方式要求或者示意注册会计师及其所在的会计师事务所出具不实或者不当的审计报告。

财政部门有权对会计师事务所出具审计报告的程序和内容进行监督。

第三十二条 财政部门对各单位的下列情况实施监督：

（一）是否依法设置会计账簿;

（二）会计凭证、会计账簿、财务会计报告和其他会计资料是否真实、完整;

（三）会计核算是否符合本法和国家统一的会计制度的规定;

（四）从事会计工作的人员是否具备专业能力、遵守职业道德。

在对前款第（二）项所列事项实施监督，发现重大违法嫌疑时，国务院财政部门及其派出机构可以向与被监督单位有经济业务往来的单位和被监督单位开立账户的金融机构查询有关情况，有关单位和金融机构应当给予支持。

第三十三条 财政、审计、税务、人民银行、证券监管、保险监管等部门应当依照有关法律、行政法规规定的职责，对有关单位的会计资料实施监督检查。

前款所列监督检查部门对有关单位的会计资料依法实施监督检查后，应当出具检查结论。有关监督检查部门已经作出的检查结论能够满足其他监督检查部门履行本部门职责需要的，其他监督检查部门应当加以利用，避免重复查账。

第三十四条 依法对有关单位的会计资料实施监督检查的部门及其工作人员对在监督检查中知悉的国家秘密和商业秘密负有保密义务。

第三十五条 各单位必须依照有关法律、行政法规的规定，接受有关监督检查部门依法实施的监督检查，如实提供会计凭证、会计账簿、财务会计报告和其他会计资料以及有关情况，不得拒绝、隐匿、谎报。

第五章 会计机构和会计人员

第三十六条 各单位应当根据会计业务的需要，设置会计机构，或者在有关机构中设置会计人员并指定会计主管人员；不具备设置条件的，应当委托经批准设立从事会计代理记账业务的中介机构代理记账。

国有的和国有资产占控股地位或者主导地位的大、中型企业必须设置总会计师。总会计师的任职资格、任免程序、职责权限由国务院规定。

第三十七条 会计机构内部应当建立稽核制度。

出纳人员不得兼任稽核、会计档案保管和收入、支出、费用、债权债务账目的登记工作。

第三十八条 会计人员应当具备从事会计工作所需要的专业能力。

担任单位会计机构负责人（会计主管人员）的，应当具备会计师以上专业技术职务资格或者从事会计工作三年以上经历。

本法所称会计人员的范围由国务院财政部门规定。

第三十九条 会计人员应当遵守职业道德，提高业务素质。对会计人员的教育和培训工作应当加强。

第四十条 因有提供虚假财务会计报告，做假账，隐匿或者故意销毁会计凭证、会计账簿、财务会计报告，贪污，挪用公款，职务侵占等与会计职务有关的违法行为被依法追究刑事责任的人员，不得再从事会计工作。

第四十一条 会计人员调动工作或者离职，必须与接管人员办清交接手续。

一般会计人员办理交接手续，由会计机构负责人（会计主管人员）监交；会计机构负责人（会计主管人员）办理交接手续，由单位负责人监交，必要时主管单位可以派人会同监交。

第六章 法律责任

第四十二条 违反本法规定，有下列行为之一的，由县级以上人民政府财政部门责令限期改正，可以对单位并处三千元以上五万元以下的罚款；对其直接负责的主管人员和其他直接责任人员，可以处二千元以上二万元以下的罚款；属于国家工作人员的，还应当由其所在单位或者有关单位依法给予行政处分：

（一）不依法设置会计账簿的；

（二）私设会计账簿的；

（三）未按照规定填制、取得原始凭证或者填制、取得的原始凭证不符合规定的；

（四）以未经审核的会计凭证为依据登记会计账簿或者登记会计账簿不符合规定的；

（五）随意变更会计处理方法的；

（六）向不同的会计资料使用者提供的财务会计报告编制依据不一致的；

（七）未按照规定使用会计记录文字或者记账本位币的；

（八）未按照规定保管会计资料，致使会计资料毁损、灭失的；

（九）未按照规定建立并实施单位内部会计监督制度或者拒绝依法实施的监督或者不如实提供有关会计资料及有关情况的；

（十）任用会计人员不符合本法规定的。

有前款所列行为之一，构成犯罪的，依法追究刑事责任。

会计人员有第一款所列行为之一，情节严重的，五年内不得从事会计工作。

有关法律对第一款所列行为的处罚另有规定的，依照有关法律的规定办理。

第四十三条 伪造、变造会计凭证、会计账簿，编制虚假财务会计报告，构成犯罪的，依法追究刑事责任。

有前款行为，尚不构成犯罪的，由县级以上人民政府财政部门予以通报，可以对单位并处五千元以上十万元以下的罚款；对其直接负责的主管人员和其他直接责任人员，可以处三千元以上五万元以下的罚款；属于国家工作人员的，还应当由其所在单位或者有关单位依法给予撤职直至开除的行政处分；对其中的会计人员，五年内不得从事会计工作。

第四十四条 隐匿或者故意销毁依法应当保存的会计凭证、会计账簿、财务会计报告，构成犯罪的，依法追究刑事责任。

有前款行为，尚不构成犯罪的，由县级以上人民政府财政部门予以通报，可以对单位并处五千元以上十万元以下的罚款；对其直接负责的主管人员和其他直接责任人员，可以处三千元以上五万元以下的罚款；属于国家工作人员的，还应当由其所在单位或者有关单位依法给予撤职直至开除的行政处分；对其中的会计人员，五年内不得从事会计工作。

第四十五条 授意、指使、强令会计机构、会计人员及其他人员伪造、变造会计凭证、会计账簿，编制虚假财务会计报告或者隐匿、故意销毁依法应当保存的会计凭证、会计账簿、财务会计报告，构成犯罪的，依法追究刑事责任；尚不构成犯罪的，可以处五千元以上五万元以下的罚款；属于国家工作人员的，还应当由其所在单位或者有关单位依法给予降级、撤职、开除的行政处分。

第四十六条 单位负责人对依法履行职责、抵制违反本法规定行为的会计人员以降级、撤职、调离工作岗位、解聘或者开除等方式实行打击报复，构成犯罪的，依法追究刑事责任；尚不构成犯罪的，由其所在单位或者有关单位依法给予行政处分。对受打击报复的会计人员，应当恢复其名誉和原有职务、级别。

第四十七条 财政部门及有关行政部门的工作人员在实施监督管理中滥用职权、玩忽职守、徇私舞弊或者泄露国家秘密、商业秘密，构成犯罪的，依法追究刑事责任；尚不构成犯罪的，依法给予行政处分。

第四十八条 违反本法第三十条规定，将检举人姓名和检举材料转给被检举单位和被检举人个人的，由所在单位或者有关单位依法给予行政处分。

第四十九条 违反本法规定，同时违反其他法律规定的，由有关部门在各自职权范围内依法进行处罚。

第七章 附 则

第五十条 本法下列用语的含义：

单位负责人，是指单位法定代表人或者法律、行政法规规定代表单位行使职权的主要负责人。

国家统一的会计制度，是指国务院财政部门根据本法制定的关于会计核算、会计监督、会计机构和会计人员以及会计工作管理的制度。

第五十一条 个体工商户会计管理的具体办法，由国务院财政部门根据本法的原则另行规定。

第五十二条 本法自 2000 年 7 月 1 日起施行。

附录 B
企业会计准则——基本准则

中华人民共和国财政部令（第76号）

《财政部关于修改〈企业会计准则——基本准则〉的决定》已经财政部部务会议审议通过，现予公布，自公布之日起施行。

部长：楼继伟
2014年7月23日

财政部关于修改《企业会计准则——基本准则》的决定

为了适应我国企业和资本市场发展的实际需要，实现我国企业会计准则与国际财务报告准则的持续趋同，经财政部部务会议决定，将《企业会计准则——基本准则》第四十二条第五项修改为："（五）公允价值。在公允价值计量下，资产和负债按照市场参与者在计量日发生的有序交易中，出售资产所能收到或者转移负债所需支付的价格计量。"

本决定自发布之日起施行。

《企业会计准则——基本准则》根据本决定作相应修改，重新公布。

企业会计准则——基本准则（2006年）

（2006年2月15日财政部令第33号公布，自2007年1月1日起施行。2014年7月23日根据《财政部关于修改〈企业会计准则——基本准则〉的决定》修改）

第一章　总　则

第一条　为了规范企业会计确认、计量和报告行为，保证会计信息质量，根据《中华人民共和国会计法》和其他有关法律、行政法规，制定本准则。

第二条　本准则适用于在中华人民共和国境内设立的企业（包括公司，下同）。

第三条　企业会计准则包括基本准则和具体准则，具体准则的制定应当遵循本准则。

第四条　企业应当编制财务会计报告（又称财务报告，下同）。财务会计报告的目标是向财务会计报告使用者提供与企业财务状况、经营成果和现金流量等有关的会计信息，反映企业管理层受托责任履行情况，有助于财务会计报告使用者作出经济决策。

财务会计报告使用者包括投资者、债权人、政府及其有关部门和社会公众等。

第五条　企业应当对其本身发生的交易或者事项进行会计确认、计量和报告。

第六条 企业会计确认、计量和报告应当以持续经营为前提。

第七条 企业应当划分会计期间，分期结算账目和编制财务会计报告。

会计期间分为年度和中期。中期是指短于一个完整的会计年度的报告期间。

第八条 企业会计应当以货币计量。

第九条 企业应当以权责发生制为基础进行会计确认、计量和报告。

第十条 企业应当按照交易或者事项的经济特征确定会计要素。会计要素包括资产、负债、所有者权益、收入、费用和利润。

第十一条 企业应当采用借贷记账法记账。

第二章 会计信息质量要求

第十二条 企业应当以实际发生的交易或者事项为依据进行会计确认、计量和报告，如实反映符合确认和计量要求的各项会计要素及其他相关信息，保证会计信息真实可靠、内容完整。

第十三条 企业提供的会计信息应当与财务会计报告使用者的经济决策需要相关，有助于财务会计报告使用者对企业过去、现在或者未来的情况作出评价或者预测。

第十四条 企业提供的会计信息应当清晰明了，便于财务会计报告使用者理解和使用。

第十五条 企业提供的会计信息应当具有可比性。

同一企业不同时期发生的相同或者相似的交易或者事项，应当采用一致的会计政策，不得随意变更。确需变更的，应当在附注中说明。

不同企业发生的相同或者相似的交易或者事项，应当采用规定的会计政策，确保会计信息口径一致、相互可比。

第十六条 企业应当按照交易或者事项的经济实质进行会计确认、计量和报告，不应仅以交易或者事项的法律形式为依据。

第十七条 企业提供的会计信息应当反映与企业财务状况、经营成果和现金流量等有关的所有重要交易或者事项。

第十八条 企业对交易或者事项进行会计确认、计量和报告应当保持应有的谨慎，不应高估资产或者收益、低估负债或者费用。

第十九条 企业对于已经发生的交易或者事项，应当及时进行会计确认、计量和报告，不得提前或者延后。

第三章 资　　产

第二十条 资产是指企业过去的交易或者事项形成的、由企业拥有或者控制的、预期会给企业带来经济利益的资源。

前款所指的企业过去的交易或者事项包括购买、生产、建造行为或其他交易或者事项。预期在未来发生的交易或者事项不形成资产。

由企业拥有或者控制，是指企业享有某项资源的所有权，或者虽然不享有某项资源的所有权，但该资源能被企业所控制。

预期会给企业带来经济利益，是指直接或者间接导致现金和现金等价物流入企业的潜力。

第二十一条 符合本准则第二十条规定的资产定义的资源，在同时满足以下条件时，确认为资产：

（一）与该资源有关的经济利益很可能流入企业；

（二）该资源的成本或者价值能够可靠地计量。

第二十二条 符合资产定义和资产确认条件的项目，应当列入资产负债表；符合资产定义、但不符合资产确认条件的项目，不应当列入资产负债表。

第四章 负 债

第二十三条 负债是指企业过去的交易或者事项形成的、预期会导致经济利益流出企业的现时义务。

现时义务是指企业在现行条件下已承担的义务。未来发生的交易或者事项形成的义务，不属于现时义务，不应当确认为负债。

第二十四条 符合本准则第二十三条规定的负债定义的义务，在同时满足以下条件时，确认为负债：

（一）与该义务有关的经济利益很可能流出企业；

（二）未来流出的经济利益的金额能够可靠地计量。

第二十五条 符合负债定义和负债确认条件的项目，应当列入资产负债表；符合负债定义、但不符合负债确认条件的项目，不应当列入资产负债表。

第五章 所有者权益

第二十六条 所有者权益是指企业资产扣除负债后由所有者享有的剩余权益。

公司的所有者权益又称为股东权益。

第二十七条 所有者权益的来源包括所有者投入的资本、直接计入所有者权益的利得和损失、留存收益等。

直接计入所有者权益的利得和损失，是指不应计入当期损益、会导致所有者权益发生增减变动的、与所有者投入资本或者向所有者分配利润无关的利得或者损失。

利得是指由企业非日常活动所形成的、会导致所有者权益增加的、与所有者投入资本无关的经济利益的流入。

损失是指由企业非日常活动所发生的、会导致所有者权益减少的、与向所有者分配利润无关的经济利益的流出。

第二十八条 所有者权益金额取决于资产和负债的计量。

第二十九条 所有者权益项目应当列入资产负债表。

第六章 收 入

第三十条 收入是指企业在日常活动中形成的、会导致所有者权益增加的、与所有者投入资本无关的经济利益的总流入。

第三十一条 收入只有在经济利益很可能流入从而导致企业资产增加或者负债减少、且经济利益的流入额能够可靠计量时才能予以确认。

第三十二条 符合收入定义和收入确认条件的项目，应当列入利润表。

第七章 费　　用

第三十三条 费用是指企业在日常活动中发生的、会导致所有者权益减少的、与向所有者分配利润无关的经济利益的总流出。

第三十四条 费用只有在经济利益很可能流出从而导致企业资产减少或者负债增加、且经济利益的流出额能够可靠计量时才能予以确认。

第三十五条 企业为生产产品、提供劳务等发生的可归属于产品成本、劳务成本等的费用，应当在确认产品销售收入、劳务收入等时，将已销售产品、已提供劳务的成本等计入当期损益。

企业发生的支出不产生经济利益的，或者即使能够产生经济利益但不符合或者不再符合资产确认条件的，应当在发生时确认为费用，计入当期损益。

企业发生的交易或者事项导致其承担了一项负债而又不确认为一项资产的，应当在发生时确认为费用，计入当期损益。

第三十六条 符合费用定义和费用确认条件的项目，应当列入利润表。

第八章 利　　润

第三十七条 利润是指企业在一定会计期间的经营成果。利润包括收入减去费用后的净额、直接计入当期利润的利得和损失等。

第三十八条 直接计入当期利润的利得和损失，是指应当计入当期损益、会导致所有者权益发生增减变动的、与所有者投入资本或者向所有者分配利润无关的利得或者损失。

第三十九条 利润金额取决于收入和费用、直接计入当期利润的利得和损失金额的计量。

第四十条 利润项目应当列入利润表。

第九章 会 计 计 量

第四十一条 企业在将符合确认条件的会计要素登记入账并列报于会计报表及其附注（又称财务报表，下同）时，应当按照规定的会计计量属性进行计量，确定其金额。

第四十二条 会计计量属性主要包括：

（一）历史成本。在历史成本计量下，资产按照购置时支付的现金或者现金等价物的金额，或者按照购置资产时所付出的对价的公允价值计量。负债按照因承担现时义务而实际收到的款项或者资产的金额，或者承担现时义务的合同金额，或者按照日常活动中为偿还负债预期需要支付的现金或者现金等价物的金额计量。

（二）重置成本。在重置成本计量下，资产按照现在购买相同或者相似资产所需支付的现金或者现金等价物的金额计量。负债按照现在偿付该项债务所需支付的现金或者现金等价物的金额计量。

（三）可变现净值。在可变现净值计量下，资产按照其正常对外销售所能收到现金或者现金等价物的金额扣减该资产至完工时估计将要发生的成本、估计的销售费用以及相关税费后的金额计量。

（四）现值。在现值计量下，资产按照预计从其持续使用和最终处置中所产生的未来净现金流入量的折现金额计量。负债按照预计期限内需要偿还的未来净现金流出量的折现金额计量。

（五）公允价值。在公允价值计量下，资产和负债按照市场参与者在计量日发生的有序交易中，出售资产所能收到或者转移负债所需支付的价格计量。

第四十三条　企业在对会计要素进行计量时，一般应当采用历史成本，采用重置成本、可变现净值、现值、公允价值计量的，应当保证所确定的会计要素金额能够取得并可靠计量。

第十章　财务会计报告

第四十四条　财务会计报告是指企业对外提供的反映企业某一特定日期的财务状况和某一会计期间的经营成果、现金流量等会计信息的文件。

财务会计报告包括会计报表及其附注和其他应当在财务会计报告中披露的相关信息和资料。会计报表至少应当包括资产负债表、利润表、现金流量表等报表。

小企业编制的会计报表可以不包括现金流量表。

第四十五条　资产负债表是指反映企业在某一特定日期的财务状况的会计报表。

第四十六条　利润表是指反映企业在一定会计期间的经营成果的会计报表。

第四十七条　现金流量表是指反映企业在一定会计期间的现金和现金等价物流入和流出的会计报表。

第四十八条　附注是指对在会计报表中列示项目所作的进一步说明，以及对未能在这些报表中列示项目的说明等。

第十一章　附　　则

第四十九条　本准则由财政部负责解释。

第五十条　本准则自 2007 年 1 月 1 日起施行。

参考文献

[1] 韩颖. 英汉、汉英双解会计辞典. 北京：清华大学出版社，1993.
[2] 陈今池. 立信英汉财会大词典. 上海：立信会计出版社，1994.
[3] 娄而行. 基础会计新编. 上海：上海财经大学出版社，1998.
[4] 葛家澍，刘峰. 会计学导论. 2版. 上海：立信会计出版社，1999.
[5] 许家林. 西方会计学名著导读. 北京：中国财政经济出版社，2003.
[6] 王俊生. 基础会计学. 北京：中国财政经济出版社，2004.
[7] 崔智敏，陈爱玲，同广明. 会计学基础. 北京：中国人民大学出版社，2005.
[8] 陈少华. 会计学原理. 2版. 厦门：厦门大学出版社，2005.
[9] 王觉. 基础会计. 大连：东北财经大学出版社，2006.
[10] 魏亚平. 会计学基础. 北京：经济科学出版社，2006.
[11] 常勋，肖华. 会计专业英语. 4版. 上海：立信会计出版社，2006.
[12] 李远慧. 基础会计学同步辅导教程. 北京：清华大学出版社，2006.
[13] 段文平. 基础会计学. 上海：立信会计出版社，2007.
[14] 李宗民. 基础会计学. 北京：清华大学出版社，2007.
[15] 陈国辉，迟旭升. 基础会计学. 大连：东北财经大学出版社，2007.
[16] 陈文铭，陈艳. 基础会计习题与案例. 大连：东北财经大学出版社，2007.
[17] 林斌. 基础会计学. 南昌：江西高校出版社，2007.
[18] 财政部会计资格评价中心. 初级会计实务. 北京：中国财政经济出版社，2018.
[19] 中注协组织编写. 会计. 北京：中国财政经济出版社，2018.
[20] 葛家澍，杜兴强. 中级财务会计学：下. 北京：中国人民大学出版社，2007.
[21] 中华会计网校. 会计基础. 北京：人民出版社，2014.
[22] WARREN C S, REEVE J M, FEES P E. Financial accounting. 9th ed. 北京：高等教育出版社，2005.
[23] 财政部会计资格评价中心. 经济法基础. 北京：经济科学出版社，2018.
[24] 财政部会计资格评价中心. 全国专业技术资格考试参考法规汇编. 北京：经济科学出版社，2017.
[25] 杜兴强. 经验会计研究文献回顾. 厦门：厦门大学出版社，2011.
[26] 陆正飞，姜国华，张然. 财务会计与资本市场实证研究：重点文献导读. 2版. 北京：中国人民大学出版社，2013.
[27] http：//www.ifrs.org.
[28] http：//www.ifac.org.
[29] http：//www.kjs.mof.gov.cn.
[30] http：//www.casc.org.cn.

[31] http://www.cicpa.org.cn.
[32] http://www.csrc.gov.cn.
[33] http://www.sse.com.cn.
[34] http://www.szse.cn.
[35] http://www.law-lib.com.
[36] http://www.jingpinke.com.
[37] http://video.jingpinke.com.
[38] http://www.esnai.com.
[39] http://www.chinaacc.com.
[40] http://www.233.com.
[41] http://www.zikao365.com.
[42] http://www.163.com.
[43] http://www.icourse163.org.